Sean mis
✝Discípulos

Be My
✝Disciples

Peter M. Esposito
Presidente/President

Jo Rotunno, MA
Editora/Publisher

Francisco Castillo, DMin
Redactor Principal y Especialista Multicultural
Senior Editor and Multicultural Specialist

Asesores del Programa/Program Advisors
Michael P. Horan, PhD
Elizabeth Nagel, SSD

Edición Bilingüe
Bilingual Edition

El Subcomité para el Catecismo de la Conferencia de Obispos Católicos de los Estados Unidos consideró que este texto catequético, copyright 2014, está en conformidad con el *Catecismo de la Iglesia Católica*.

NÍHIL ÓBSTAT
Rvdo. Mons. Robert Coerver
Censor Librorum

IMPRIMÁTUR
† Reverendísimo Kevin J. Farrell DD
Obispo de Dallas
22 de agosto de 2011

†
In Memoriam
Dedicamos este libro a la memoria de James Bitney, 1947-2013, quien fuera colaborador creativo y revisor de *Be My Disciples* para 1.ᵉʳ y 2.º Grados y de muchos otros programas de RCL Benziger en el transcurso de los años.

El *Níhil Óbstat y el Imprimátur* son declaraciones oficiales de que el material revisado no contiene ningún error doctrinal ni moral. Dichas declaraciones no implican que quienes han otorgado el *Níhil Óbstat* y el *Imprimátur* estén de acuerdo con el contenido, las opiniones o los enunciados expresados.

Agradecimientos
Los fragmentos son tomados o adaptados de *La Biblia Latinoamérica* © 1972, Sociedad Bíblica Católica Internacional (SOBICAIN), Madrid, España, y son usados con permiso. Todos los derechos reservados. No se permite la reproducción de ninguna parte de *La Biblia Latinoamérica* sin el permiso por escrito del propietario del copyright.

Los fragmentos son tomados o adaptados de la traducción al español del Ritual para el Bautismo de los Niños (Cuarta Edición), ©2005; *Ritual para la Confirmación* (Segunda Edición), ©1999, Obra Nacional de la Buena Prensa, A.C. México, D.F. Todos los derechos reservados.

Los fragmentos son tomados o adaptados de la traducción al español del *Misal Romano* (14.ª Edición), ©2005, Obra Nacional de la Buena Prensa, A.C. México, D.F. Todos los derechos reservados.

The Subcommittee on the Catechism, United States Conference of Catholic Bishops, has found this catechetical series, copyright 2014, to be in conformity with the Catechism of the Catholic Church.

NIHIL OBSTAT
Rev. Msgr. Robert Coerver
Censor Librorum

IMPRIMATUR
† Most Reverend Kevin J. Farrell DD
Bishop of Dallas
August 22, 2011

† **In Memoriam**

This book is dedicated to James Bitney, 1947-2013, creative contributing writer and editor for Grades 1 and 2 of *Be My Disciples* and for many other RCL Benziger programs over the years.

The *Nihil Obstat and Imprimatur* are official declarations that the material reviewed is free of doctrinal or moral error. No implication is contained therein that those granting the *Nihil Obstat and Imprimatur* agree with the contents, opinions, or statements expressed.

Acknowledgements

Excerpts are taken and adapted from the *New American Bible* with Revised New Testament and Revised Psalms ©1991, 1986, 1970, Confraternity of Christian Doctrine, Washington, D.C., and are used by permission. All Rights Reserved. No part of the *New American Bible* may be reproduced in any form without permission in writing from the copyright owner.

Excerpts are taken or adapted from the English translation of the *Rite of Baptism*, ©1969; *Rite of Confirmation* (Second Edition), ©1975, International Commission on English in the Liturgy, Inc. (ICEL). All rights reserved.

Excerpts are taken and adapted from the English translation of the *Roman Missal*, ©2010, International Commission on English in the Liturgy, Inc. (ICEL) All rights reserved.

Toll Free   877-275-4725
Fax   800-688-8356

Visit us at RCLBenziger.com
and ByMyDisciples.com

601609 ISBN 978-0-7829-1609-6 (Student Edition)
601666 ISBN 978-0-7829-1666-9 (Catechist Edition)

3rd Printing
July 2017

Contenido

Contents

Unit 6

Bienvenidos a
Sean mis
✝Discípulos

¡Jesús quiere que seas su **discípulo**! Él quiere que lo conozcas y lo sigas. Este año aprenderás muchas cosas nuevas acerca de Jesús. Aprenderás a ser un buen discípulo.

Acerca de mí

Mi nombre es
_____

- -

_____

Soy hijo de Dios.

Unidad 1: Creemos, Parte Uno

Aprenderás acerca del Hijo de Dios, Jesús.
Mira la página 74. Descubre el nombre de la madre de Jesús. Traza su nombre en el renglón.

María

Unidad 2: Creemos, Parte Dos

Aprenderás acerca de la Santísima Trinidad.
Mira la página 132. Descubre el nombre del protector que Jesús prometió enviar. Traza el nombre del protector en el renglón.

Espíritu Santo

Welcome to

Be My Disciples

Jesus wants you to be his **disciple**! He wants you to know about him and follow him. This year you will learn many new things about Jesus. You will learn how to be a good disciple.

All About Me

My name is

JONATHAN

I am a child of God.

Unit 1: We Believe, Part One

You will learn about God's Son, Jesus.
Look on page 75. Find out the name of Jesus' mother. Trace her name on the line.

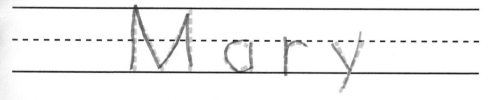

Mary

Unit 2: We Believe, Part Two

You will learn about the Holy Trinity.
Look on page 133. Find out the name of the helper Jesus promised to send. Trace the helper's name on the line.

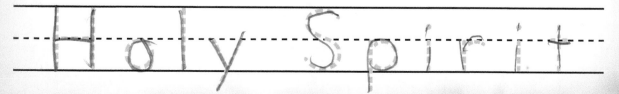

Holy Spirit

Unidad 3: Celebramos, Parte Uno

Aprenderás que cada tiempo eclesiástico nos dice algo acerca de Jesús.

Mira la página 176. Descubre cuándo celebra la Iglesia que Jesús resucitó de entre los muertos. Traza la palabra en el renglón.

Unidad 4: Celebramos, Parte Dos

Aprenderás cómo celebra y cómo reza nuestra Iglesia.

Mira la página 278. Aprende el nombre de la celebración más importante de la Iglesia. Traza la palabra en el renglón.

Unidad 5: Vivimos, Parte Uno

Aprenderás a vivir los Diez Mandamientos.

Mira la página 340. Aprende qué Mandamiento nos enseña a adorar solamente a Dios. Traza la palabra en el renglón.

Unidad 6: Vivimos, Parte Dos

Aprenderás a vivir como hijo de Dios.

Mira la página 444. Aprende quién nos dio el Padre Nuestro. Traza el nombre debajo del dibujo.

Unit 3: We Worship, Part One

You will learn that each of the Church's seasons tell us something about Jesus.

Look on page 177. Find out when the Church celebrates that Jesus was raised from the dead. Trace the word on the line.

Easter

Unit 4: We Worship, Part Two

You will learn how our Church celebrates and prays.

Look on page 279. Learn the name of the most important celebration of the Church. Trace the word on the line.

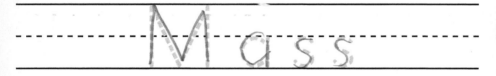

Mass

Unit 5: We Live, Part One

You will learn how to live the Ten Commandments.

Look on page 341. Learn which Commandment teaches us to worship only God. Trace the word on the line.

First

Unit 6: We Live, Part Two

You will learn to live as a child of God.

Look on page 445. Learn who gave us the Our Father. Trace the name under the picture.

Jesus

Escucha la Palabra de Dios

Líder
Nos reunimos para alabar tu Palabra, oh, Señor.

Todos
Felices los que escuchan la Palabra de Dios.
(Escuchan mientras el líder lee de la Biblia.)

Líder
Lectura del Evangelio según Lucas.
(Proclama Lucas 19:1–10.)
Palabra del Señor.

Todos
Gloria a ti, Señor Jesús.

Líder
Pasen al frente en fila e inclínense ante la Biblia.

Listen to God's Word

Leader We gather to praise your Word,
O Lord.

All **Happy are the people
who listen to God's Word.**
*(Listen while the Leader reads from
the Bible.)*

Leader A reading from the Gospel
according to Luke.
(Proclaim Luke 19:1–10.)
The Gospel of the Lord.

All **Praise to you, Lord Jesus Christ.**

Leader Come forward in a line and bow
before the Bible.

Creemos
Parte Uno

Tiempo para los niños

El día estaba terminando. Jesús estaba cansado. Sus amigos querían que descansara.

Pero las mamás y los papás empezaron a llevar a sus hijos para que vieran a Jesús. Los amigos de Jesús les decían: "Váyanse. Jesús está cansado. Ahora no tiene tiempo para los niños."

Jesús dijo a sus amigos:
"¡Esperen! Siempre tengo tiempo para los niños. Dejen que los niños vengan a mí."

Los niños corrieron hacia Jesús. Jesús los recibió y los bendijo a todos. Jesús dijo con una gran sonrisa: "Miren, así es el Cielo."

BASADO EN MARCOS 10:13–16

Time for Children

The day was getting late. Jesus was tired. His friends wanted him to rest. But moms and dads started bringing their children to see Jesus. Jesus' friends said to them, "Go away. Jesus is tired. He has no time for children now."

"Wait!" Jesus said to his friends. "I always have time for children. Let the children come to me."

The children rushed to Jesus. Jesus welcomed and blessed them all. Jesus said with a big smile, "Look, this is what heaven is like."

BASED ON MARK 10:13–16

Lo que he aprendido

¿Qué es lo que ya sabes acerca de estas palabras de fe?

creación

_____

- -

_____

Jesús

_____

- -

_____

Palabras de fe para aprender

Escribe **X** junto a las palabras de fe que sabes. Escribe **?** junto a las palabras de fe que necesitas aprender mejor.

Palabras de fe

____ Biblia   ____ Creador   ____ Hijo de Dios

____ fe   ____ admiración   ____ longanimidad

Tengo una pregunta

¿Qué pregunta te gustaría hacer acerca de la Biblia?

_____

- -

_____

What I Have Learned

What is something you already know about these faith words?

creation

_____

- -

_____

Jesus

_____

- -

_____

Faith Words to Know

Put an **X** next to the faith words you know.
Put a **?** next to the faith words you need to learn more about.

Faith Words

✗	Bible	✗	Creator	✗	Son of God
✗	faith	✗	wonder	✗	kindness

A Question I Have

What question would you like to ask about the Bible?

_____

- -

_____

CAPÍTULO 1

La Biblia

? ¿Cuál es el libro preferido que suelen leerte? ¿Por qué es tu preferido?

Cuando escuchamos un relato de la Biblia, oímos la Palabra de Dios para nosotros. En la Biblia, leemos:

Escuchen la palabra de Dios y obsérvenla. Entonces serán bendecidos. BASADO EN LUCAS 11:28

? Estas palabras de la Biblia, ¿qué te piden que hagas?

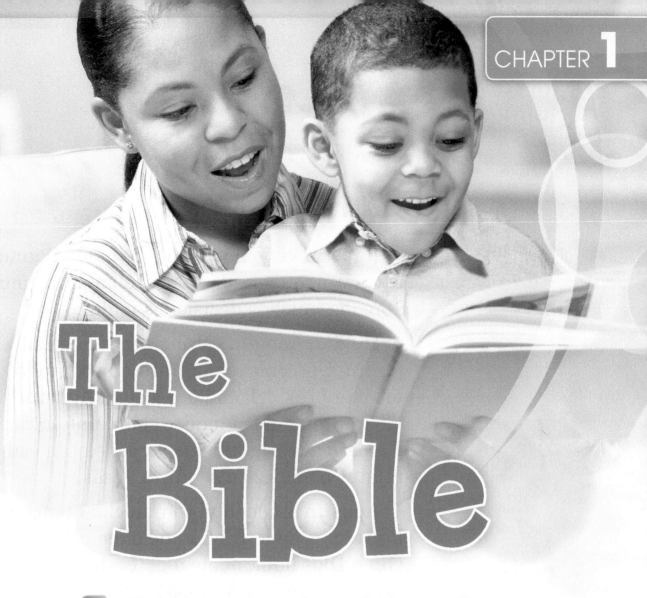

CHAPTER 1

The Bible

? What is a favorite book that someone reads to you?
Why is it your favorite?

When we listen to a story from the Bible, we hear God's Word to us. In the Bible we read:

Listen to God's word and keep it.

Then you will be blessed.   BASED ON LUKE 11:28

? What do these words from the Bible ask you to do?

Poder de los discípulos

Fiel

Los buenos amigos de Jesús son fieles a Él. Son leales a Él. Lo escuchan. Hacen lo que Él dijo e hizo.

La Iglesia sigue a **Jesús**

San Agustín

Lee para mí

Agustín vivió hace muchos años. Cuando era joven, a menudo se metía en problemas. Tomaba muchas decisiones malas.

Un día, Agustín estaba sentado en su jardín. Oyó una voz infantil que cantaba las palabras: "¡Tómala y léela!". Agustín vio la Biblia de su madre sobre una mesa. Empezó a leerla. Se puso a pensar en estos relatos y empezó a seguir a Jesús.

Agustín escuchaba con mucha atención los relatos de la Biblia que oía en la Misa. Oía a Dios hablándole a él. La Iglesia hoy lo honra como San Agustín.

? ¿Qué sucedió cuando Agustín leyó la Biblia?

Faithful

Good friends of Jesus are faithful to him. They are loyal to him. They listen to him. They do what he said and did.

Saint Augustine

Read to Me

Augustine lived many years ago. When he was young, he often got into trouble. He made many bad choices.

One day, Augustine was sitting in his garden. He heard a child's voice sing the words, "Take and read!" Augustine saw his mother's Bible on a table. He began to read it. He thought about these stories and began to follow Jesus.

Augustine listened carefully to the Bible stories he heard at Mass. He heard God speaking to him. The Church honors him today as Saint Augustine.

? What happened when Augustine read the Bible?

Enfoque en la fe
¿Qué nos dice la
Biblia acerca de
Dios?

Palabra de fe
▶ **Biblia**
La Biblia es la
Palabra de Dios
escrita. Es la propia
Palabra de Dios para
nosotros.

Acerca de la Biblia

Dios eligió a personas para que lo
ayudaran a escribir la **Biblia.** La Biblia
es la Palabra de Dios escrita. Es un libro
sagrado porque es la propia Palabra de
Dios para nosotros. La Biblia también nos
habla del amor de Dios por nosotros.

Actividad

Dibuja o escribe acerca de tu relato preferido
de la Biblia. Comparte tu relato con un
compañero.

About the Bible

God chose people to help write the **Bible**. The Bible is the written Word of God. It is a holy book because it is God's very own Word to us. The Bible also tells us about God's love for us.

Faith Focus
What does the Bible tell us about God?

Faith Word
Bible
The Bible is the written Word of God. It is God's very own Word to us.

Draw or write about your favorite story from the Bible. Share your story with a partner.

Activity

Felipe fue uno de los doce primeros Apóstoles. Los Apóstoles fueron los primeros líderes de la Iglesia. Felipe era un hombre curioso. Quería saber todo lo que pudiera sobre Jesús y sus enseñanzas.

Un hombre aprende acerca de Dios

Un día, un hombre estaba leyendo la Biblia. Felipe era un seguidor, o discípulo, de Jesús. Vio al hombre y corrió hacia él.

Felipe le preguntó: "¿Entiendes lo que estás leyendo?". El hombre dijo: "No. Necesito ayuda." Felipe le habló al hombre acerca del amor de Dios. Felipe le habló al hombre acerca de Jesús. El hombre se hizo seguidor de Jesús. Se convirtió en un miembro de la Iglesia.

BASADO EN HECHOS DE LOS APÓSTOLES 8:26–40

? ¿Qué le dijo Felipe al hombre?

A Man Learns about God

One day a man was reading the Bible. Philip was a follower, or disciple, of Jesus. He saw the man and ran up to him.

Philip asked, "Do you understand what you are reading?"

The man said. "No. I need help."

Philip told the man about God's love.

Philip told the man about Jesus.

The man became a follower of Jesus.

He became a member of the Church.

BASED ON ACTS OF THE APOSTLES 8:26–40

? **What did Philip tell the man?**

god loves us

Los católicos creen

Lecturas en la Misa

Dios nos habla por medio de la Biblia. En la Misa, las lecturas nos enseñan sobre el amor de Dios y nos ayudan a aprender a seguir a Jesús.

Aprender acerca de Dios

Felipe ayudó al hombre a comprender un relato de la Biblia. Ayudó al hombre a hacerse seguidor de Jesús.

En la Misa, escuchamos las lecturas de la Biblia. El sacerdote o el diácono nos ayudan a comprender lo que oímos. Esto nos ayuda a aprender a seguir a Jesús.

Actividad

Cuando te leen la Biblia, ¿qué haces?
Traza las líneas punteadas para averiguarlo.

escucho

Learning about God

Philip helped the man to understand a story in the Bible. He helped the man become a follower of Jesus.

At Mass, we listen to readings from the Bible. The priest or deacon helps us understand what we heard. This helps us learn how to follow Jesus.

Activity

When the Bible is read to you, what do you do? Trace the dotted lines to find out.

listen

Yo sigo a Jesús

La Biblia es la Palabra de Dios para ti. Cuando escuchas la Biblia en la Misa, Dios está hablándote. Cuando tú y tu familia leen la Biblia en tu hogar, Dios está hablándoles. Cuando haces estas cosas, eres un seguidor de Jesús fiel y leal.

Actividad

Leer la Palabra de Dios

Dibújate a ti y a tu familia leyendo la Biblia en tu hogar.

Marca (√) la manera en que escucharás cómo Dios te habla en la Biblia.

Esta semana,

☐ escucharé las lecturas en la Misa.

☐ le pediré a alguien que me lea un relato de la Biblia.

Reza: "Gracias, Espíritu Santo, por ayudarme a escuchar la Palabra de Dios y a seguir a Jesús. Amén".

The Bible is God's Word to you. When you listen to the Bible at Mass, God is speaking to you. When you and your family read the Bible at home, God is speaking to you. When you do these things, you are a faithful and loyal follower of Jesus.

I Follow Jesus

Reading God's Word

Draw you and your family reading the Bible at home.

 My Faith Choice

Check (√) how you will listen to God speaking to you in the Bible.

This week I will

☐ listen to the readings at Mass.

☐ ask someone to read a Bible story to me.

 Pray, "Thank you, Holy Spirit, for helping me listen to the Word of God and follow Jesus. Amen."

Repaso del capítulo

Traza líneas para terminar las oraciones.

1. La Biblia nos habla sobre

2. Escuchamos la Palabra de Dios

3. La Biblia es la

4. Agustín leyó la Biblia y empezó a

Palabra de Dios escrita.

el amor de Dios por nosotros.

seguir a Jesús

en la Misa.

Oración para escuchar

Líder Oh, Dios, abre nuestros oídos.
Ayúdanos a escuchar tu Palabra.

Todos **Ayúdanos a escuchar tu Palabra.**

Líder Escuchen la Palabra de Dios.
Luego piensen en lo que oyeron.

Lector Actúen como hijos de Dios.
Obedezcan a sus padres. Amen a los demás, tal como lo hizo Jesús.

BASADO EN EFESIOS 5:1, 6:1

Lector *Levanten la Biblia y digan:*
Palabra de Dios.

Todos **Te alabamos, Señor.**

Chapter Review

Draw lines to finish the sentences.

1. The Bible tells us about
2. We hear the Word of God
3. The Bible is the written
4. Augustine read the Bible and began to

Word of God.

God's love for us.

follow Jesus.

at Mass.

TO HELP YOU REMEMBER

1. The Bible is God's Word to us.

2. Stories in the Bible teach us about God's love.

3. We listen to the Bible at Mass.

A Listening Prayer

Leader O God, open our ears.
Help us listen to your Word.

All **Help us listen to your Word.**

Leader Listen to the Word of God.
Then think about what you hear.

Reader Act as children of God.
Obey your parents. Love others,
just as Jesus did.

BASED ON EPHESIANS 5:1, 6:1.

Reader Hold up the Bible and say:
The word of the Lord.

All **Thanks be to God.**

Con mi familia

Esta semana...

En el capítulo 1, "La Biblia", su niño aprendió que:

- Dios es el autor real de la Biblia.
- La Biblia es la Palabra de Dios inspirada y escrita.
- El Espíritu Santo inspiró a los escritores humanos de la Biblia para asegurar que la Palabra de Dios se transmitiera exactamente.
- Un fiel seguidor de Jesús lee la Biblia y sigue las enseñanzas de la Iglesia.

Para saber más sobre otras enseñanzas de la Iglesia, consulten el *Catecismo de la Iglesia Católica*, 101–133, y el *Catecismo Católico de los Estados Unidos para los Adultos*, páginas 11–15.

■ Compartir la Palabra de Dios

Lean juntos Hechos de los Apóstoles 8:26–40, acerca del apóstol Felipe. O lean la adaptación del relato de la página 26. Comenten por qué es importante leer la Biblia todos los días.

■ Vivimos como discípulos

El hogar cristiano con la familia es una escuela de discipulado. Elijan una o más de las siguientes actividades para hacer en familia, o creen una actividad similar ustedes mismos.

- Durante la semana, elijan un momento para leer la Biblia en familia. Hablen sobre las maneras en que el pasaje o el relato de la Biblia que leyeron los ayuda a vivir como una familia católica.

- Ayuden a su niño a desarrollar buenos hábitos que le permitan convertirse en un fiel seguidor de Jesús. Desarrollen las cosas que su niño ya hace; por ejemplo, rezar cada día, ayudar en el hogar con los quehaceres o tratar a los demás con amabilidad.

■ Nuestro viaje espiritual

En esta sección, aprenderán algunas de las principales disciplinas espirituales de la Iglesia. Estas disciplinas nos ayudan a formar los buenos hábitos de vivir como fieles seguidores de Jesús. La oración diaria es una de estas disciplinas. En este capítulo, su niño rezó y escuchó las Sagradas Escrituras. Lean y recen juntos la oración de la página 32. Este tipo de oración se llama *lectio divina*.

Para hallar más ideas sobre las maneras en que su familia puede vivir como discípulos de Jesús, visiten **seanmisdiscipulos.com**

With My Family

This Week . . .

In chapter 1, "The Bible," your child learned:

▶ God is the real author of the Bible.

▶ The Bible is the inspired, written Word of God.

▶ The Holy Spirit inspired the human writers of the Bible to assure that God's Word would be accurately communicated.

▶ A faithful follower of Jesus reads the Bible and follows the teachings of the Church.

For more about related teachings of the Church, see the *Catechism of the Catholic Church*, 101–133, and the *United States Catholic Catechism for Adults*, pages 11–15.

■ Sharing God's Word

Read together Acts of the Apostles 8:26–40 about Philip the Apostle. Or read the adaptation of the story on page 27. Talk about why it is important to read the Bible every day.

■ We Live as Disciples

The Christian home and family is a school of discipleship. Choose one or more of the following activities to do as a family or design a similar activity of your own.

▶ Throughout the week choose a time to read the Bible as a family. Talk about ways the Bible passage or story you read helps your family live as a Catholic family.

▶ Help your child develop good habits that help him or her become a faithful follower of Jesus. Build on the things your child is already doing; for example, praying each day, helping out at home with chores, or treating others kindly.

■ Our Spiritual Journey

In this section, you will learn some of the major spiritual disciplines of the Church. These disciplines help us form the good habits of living as faithful followers of Jesus. Daily prayer is one of those disciplines. In this chapter, your child prayed and listened to Scripture. Read and pray together the prayer on page 33. This type of prayer is called *lectio divina*.

For more ideas on ways your family can live as disciples of Jesus, visit **BeMyDisciples.com**

CAPÍTULO 2

Dios nos ama

❓ Nombra a las personas que te conocen y te aman. ¿Cómo te demuestran que te aman?

La Biblia nos dice que Dios nos ama. Escucha estas palabras de la Biblia sobre el amor de Dios por ti.

Señor, tú me ves y me conoces.

Sabes si me siento o me levanto.

Sabes qué pienso y a dónde voy.

Sabes todo lo que hago.   Basado en el Salmo 139:1-6

❓ ¿Qué dicen estas palabras acerca de Dios?

CHAPTER 2

God Loves Us

❓ Name the people who know and love you. How do they show you that they love you?

The Bible tells us that God loves us. Listen to these words from the Bible about God's love for you.

> Lord, you see me and know me.
> You know when I sit and when I stand.
> You know what I think and where I go.
> You know everything I do. BASED ON PSALM 139:1–6

❓ What do these words say about God?

Poder de los discípulos

Benignidad

Los seguidores de Jesús somos generosos. Compartimos nuestras cosas con los demás. Rezamos por ellos. Les mostramos nuestra benignidad.

La Iglesia sigue a
Jesús

Santa Rosa de Lima

Rosa conocía y amaba a Dios. Sabía que Dios la amaba. Ayudaba a los demás a conocer el amor de Dios.

Rosa vivía con su familia en Lima, Perú. Rosa ayudaba a cuidar el jardín de la familia. Cultivaba flores y alimentos. Vendía las flores y entregaba el dinero a los pobres y a los enfermos. Esto los hacía sentirse mejor.

Rosa era amable y generosa. Ayudaba a las personas a aprender cuánto las amaba Dios.

Santa Rosa de Lima nos muestra cómo amar a Dios y cómo ayudar a los demás. Puedes rezarle a Santa Rosa. Pídele que también te ayude a compartir el amor de Dios.

Actividad

Querida Santa Rosa:

Ayúdame a demostrar mi amor por

_____

- -

_____

Saint Rose of Lima *Read to Me*

Rose knew and loved God. She knew that God loved her. She helped others know about God's love.

Rose lived with her family in Lima in the country of Peru. Rose helped take care of the family garden. She grew flowers and food. She sold flowers and gave the money to the poor and the sick. This made them feel better.

Rose was kind and generous. She helped people learn how much God loved them.

Saint Rose of Lima shows us how to love God and help others. You can pray to Saint Rose. Ask her to help you share God's love too.

Activity

Dear Saint Rose,

Help me to show my love for

_____

- -

_____

Enfoque en la fe
¿Quién nos ayuda a conocer a Dios y a creer en Él?

Palabras de fe

fe
La fe es un don de Dios. Nos ayuda a conocer a Dios y a creer en Él.

creer
Creer significa que tenemos fe en Dios. Significa entregarte a Dios con todo tu corazón.

Sabemos que Dios nos ama

Dios nos conoce y nos ama todo el tiempo.

Dios quiere que lo conozcamos y lo amemos a Él también.

La Biblia tiene muchos relatos de personas que tenían **fe** en Dios. Ellas escuchaban a Dios. Llegaron a conocerlo y a **creer** en él.

Este es un relato de la Biblia sobre la fe. Abrahán y Sara vivieron mucho tiempo antes que Jesús. Dios eligió a Abrahán para que fuera un gran líder. Dios le hizo una promesa. Dios dijo:

Tú serás el padre de muchas naciones. Los bendeciré a ti y a tu esposa Sara. Pronto serán padres de un hijo.

BASADO EN GÉNESIS 17:4, 15–16

Abrahán y Sara escucharon a Dios e hicieron lo que Él pidió. Tuvieron fe en Dios y creyeron en sus promesas.

? ¿Qué le prometió Dios a Abrahán?

We Know God Loves Us

Faith Focus
Who helps us to know God and believe in him?

God knows us and loves us all the time.

God wants us to know and love him too.

The Bible has many stories of people who had **faith** in God. They listened to God. They came to know and **believe** in him.

Here is a Bible story about faith. Abraham and Sarah lived a long time before Jesus. God chose Abraham to be a great leader. God made him a promise. God said,

Faith Words

faith
Faith is a gift from God. It helps us to know God and to believe in him.

believe
To believe means to have faith in God. It means to give yourself to God with all your heart.

You will be the father of many nations.
I will bless you and your wife Sarah.
You will soon become the parents of
a son.   BASED ON GENESIS 17:4, 15–16

Abraham and Sarah listened to God and did what he asked. They had faith in God and believed in his promises.

? What did God promise Abraham?

Isaac

Isaac es el hijo que Dios les prometió a Abrahán y a Sara. El nombre Isaac significa "él ríe". Isaac trajo mucha alegría y felicidad a sus padres.

Jesús nos ayuda a conocer a Dios

Muchos años después de que Abrahán y Sara murieran, Dios nos envió a su Hijo, Jesús. Jesús es el Hijo de Dios.

Jesús nos ayuda a conocer mejor a Dios y su amor. Jesús nos ayuda a creer en Dios y a tener fe en Él.

Jesús enseñó una y otra vez cuánto nos ama Dios. Nos enseñó que Dios es amor.

Actividad

Colorea los espacios. Pinta las **X** de un color y las **O** de otro color. Descubre quién nos enseña más acerca de Dios.

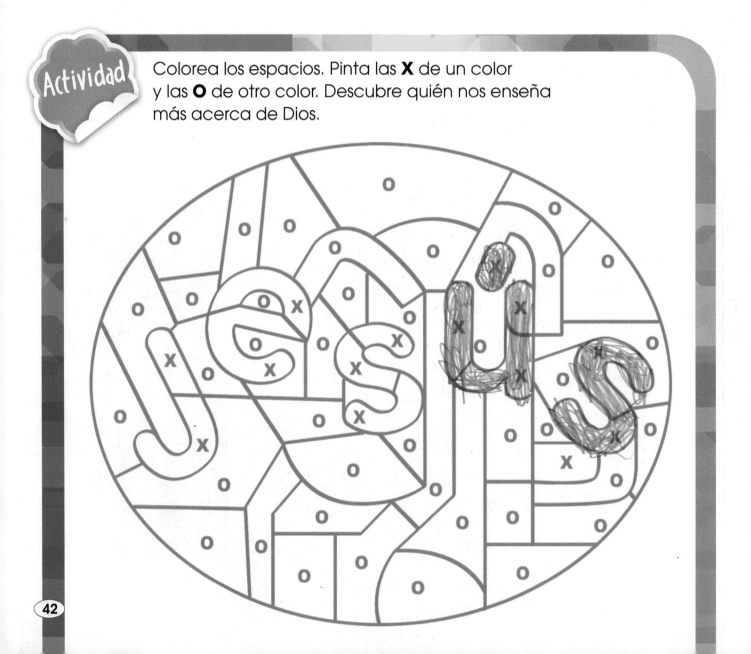

Jesus Helps Us to Know God

Many years after Abraham and Sarah died, God sent his Son Jesus to us. Jesus is the Son of God.

Jesus helps us best to know God and his love. Jesus helps us to believe in God and have faith in him.

Jesus taught over and over again how much God loves us. He taught us that God is love.

Color the spaces. Make the **X**s one color and the **O**s another color. Find out who teaches us the most about God.

Activity

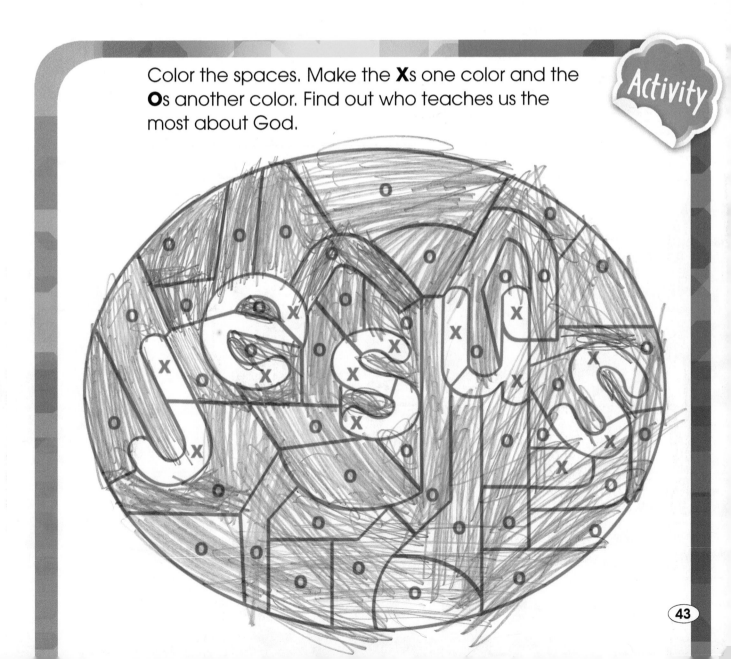

43

Señal de la Cruz

Los católicos hacen la Señal de la Cruz. Esto demuestra que tenemos fe en Dios. Decimos: "En el nombre del Padre y del Hijo y del Espíritu Santo. Amén".

Nuestra familia nos ayuda a conocer a Dios

Dios nos dio el don de una familia. Nuestra familia nos ayuda a crecer en nuestra fe. Nos ayuda a conocer a Dios y a creer en Él. Nuestra familia nos ayuda a entregarnos a Dios con todo nuestro corazón.

Actividad

Traza las palabras. Descubre algo importante acerca de Dios.

Dios

nos ama.

Our Family Helps Us Know God

God gave us the gift of a family. Our families help us grow in our faith. They help us know God and believe in him. Our families help us give ourselves to God with all our hearts.

Activity

Trace the words. Discover one important thing about God.

God
loves us.

45

Yo sigo a Jesús

Tu familia y la Iglesia te ayudan a aprender cuánto te ama Dios. Puedes ayudar a tu familia y a tus amigos a aprender cuánto los ama Dios. Puedes tratarlos de la manera en que Jesús nos lo pidió. Puedes ser amable y generoso con ellos.

Actividad

Compartir el amor de Dios

En un corazón, dibuja las personas que te ayudan a aprender acerca de Dios. En el segundo corazón, dibújate a ti mismo compartiendo el amor de Dios.

Mi elección de fe

Marca (√) lo que harás. Esta semana, ayudaré a los demás a saber cuánto los ama Dios. Yo

☐ les contaré a los demás acerca de Dios.

☐ le demostraré a mi familia cuánto la amo.

☐ le agradeceré a Dios por su amor.

 Reza: "Gracias, Espíritu Santo, por ayudarme a demostrar mi amor por Dios. Amén".

Your family and the Church help you to learn how much God loves you. You can help your family and friends learn how much God loves them. You can treat them the way Jesus asked. You can be kind and generous to them.

I Follow Jesus

Activity

Sharing God's Love

In one heart, draw people helping you learn about God. In the second heart, draw yourself sharing God's love.

My Faith Choice

Check (√) what will you do. This week I will help others know how much God loves them. I will

☐ tell others about God.

☐ show my family I love them.

☐ thank God for his love.

 Pray, "Thank you, Holy Spirit, for helping me to show my love for God. Amen."

Repaso del capítulo

Completa las oraciones. Colorea el ☐ *que está junto a la mejor opción.*

1. _____ significa tener fe en Dios.

   ▨ Creer

   ☐ Esperar

2. La fe es un don de _____.

   ☐ nuestros amigos

   ☐ Dios

Señal de la Cruz

Hacemos la señal de la cruz para empezar nuestras oraciones. Haz la señal de la cruz con tu clase.

En el nombre del Padre

y del Hijo

y del Espíritu Santo.

Amén.

Chapter Review

Complete the sentences. Color the ☐
next to the best choice.

1. To _____ means to have faith in God.

    believe

   ☐ hope

2. Faith is a gift from _____.

   ☐ our friends

    God

> TO HELP YOU REMEMBER

1. God's gift of faith helps us come to know him and believe in him.

2. Jesus is the Son of God. He helps us to know how much God loves us and to have faith in God.

3. Our family and our Church help us to know, love, and serve God.

Sign of the Cross

We pray the Sign of the Cross to begin our prayers. Pray the Sign of the Cross with your class.

 In the name of the Father,

 and of the Son,

 and of the Holy Spirit.

 Amen.

Con mi familia

Esta semana...

En el capítulo 2, "Dios nos ama", su niño aprendió que:

▶ Dios se ha revelado a sí mismo y nos invita a creer en Él y en su amor por nosotros.

▶ Jesucristo es quien más nos revela acerca de Dios y su amor por nosotros.

▶ Jesús es el Hijo de Dios. Es la plenitud de la Revelación de Dios.

▶ Nuestra familia y nuestra Iglesia nos ayudan a crecer en la fe en Dios y en el amor por Él.

Para saber más sobre otras enseñanzas de la Iglesia, consulten el *Catecismo de la Iglesia Católica,* 80–95 y 142–175, y el *Catecismo Católico de los Estados Unidos para los Adultos,* páginas 35–47.

■ Compartir la Palabra de Dios

Lean juntos Juan 13:31–35 de la Biblia familiar o de una versión de la Biblia para niños. Enfatice que cuando nos tratamos mutuamente, así como Jesús les dijo a sus discípulos que hicieran, demostramos nuestro amor por Dios y por los demás. También les demostramos a los demás cuánto los ama Dios.

■ Vivimos como discípulos

El hogar cristiano con la familia es una escuela de discipulado. Es el primer lugar donde los niños aprenden a vivir como discípulos. Elijan una o más de las siguientes actividades para hacer en familia, o creen una actividad similar ustedes mismos.

▶ Reúnan una lista de nombres de las personas que los hayan ayudado o que estén ayudando a su familia a crecer en la fe y en el amor por Dios. Recen por estas personas a la hora de la comida en familia.

▶ Nombren las formas en que, en su familia, son generosos unos con otros y con otras personas. Recuerden a los niños que, cuando son generosos, están viviendo como Jesús enseñó.

■ Nuestro viaje espiritual

La benignidad es un hábito de ser discípulos de Jesús. Compartir generosamente nuestras bendiciones espirituales y materiales con los demás, especialmente con los necesitados, es una de las disciplinas o prácticas espirituales fundamentales de la vida cristiana. Esta disciplina se conoce como limosna. Hagan de la limosna una de las características destacadas de su vida familiar. Recen juntos: Querido Jesús, dame un corazón benigno.

Para hallar más ideas sobre las maneras en que su familia puede vivir como discípulos de Jesús, visiten **seanmisdiscipulos.com**

With My Family

This Week . . .

In chapter 2, "God Loves Us," your child learned:

- God has revealed himself and invites us to believe in him and his love for us.
- Jesus Christ reveals the most about God and his love for us.
- Jesus is the Son of God. He is the fullness of God's Revelation.
- Our family and our Church help us grow in faith in God and in love for him.

For more about related teachings of the Church, see the *Catechism of the Catholic Church*, 80–95 and 142–175, and the *United States Catholic Catechism for Adults*, pages 35–47.

Sharing God's Word

Read together John 13:31-35 from your family Bible or from a children's version of the Bible. Emphasize that when we treat one another as Jesus told his disciples to do, we show our love for God and for one another. We also show others how much God loves them.

We Live as Disciples

The Christian home and family is a school of discipleship. It is the first place where children learn to live as disciples. Choose one or more of the following activities to do as a family or design a similar activity of your own.

- Compile a list of the names of people who have helped or who are helping your family grow in faith and in your love for God. Pray for these people at a family meal.
- Name the ways your family is generous to each other and to other people. Remind your children that when they are generous they are living as Jesus taught.

Our Spiritual Journey

Generosity is a habit of being a disciple of Jesus. Generously sharing our spiritual and material blessings with others, especially people in need, is one of the foundational spiritual disciplines, or practices, of the Christian life. This discipline is known as almsgiving. Make almsgiving one of the hallmarks of your family's life. Pray together: Dear Jesus, give me a generous heart.

For more ideas on ways your family can live as disciples of Jesus, visit **BeMyDisciples.com**

CAPÍTULO 3

Dios, nuestro Padre y Creador

? ¿Cuál es tu parte preferida de la creación?

Cierra los ojos y mira todas las cosas hermosas que hay en el mundo. Escucha lo que la Biblia nos dice acerca del mundo.

¡Oh, Dios, todo lo que hiciste

es maravilloso!   BASADO EN EL SALMO 136:4

? ¿Qué te dicen estas palabras de la Biblia acerca del mundo que hizo Dios?

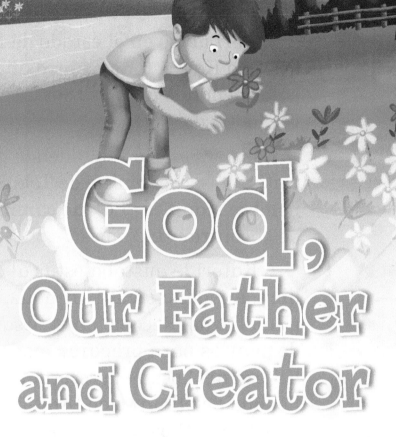

CHAPTER 3

God, Our Father and Creator

? What is your favorite part of creation?

Close your eyes and see all the beautiful things in the world. Listen to what the Bible tells us about the world.

O God, everything you made is wonderful!

BASED ON PSALM 136:4

? What do these words from the Bible tell you about the world God made?

Kateri Tekakwitha Lee para mí

Kateri nació en el estado de Nueva York. Cuando Kateri tenía cuatro años, una enfermedad le dañó los ojos. Apenas podía ver la luz del sol.

Las personas de su aldea le pusieron a Kateri el sobrenombre de Tekakwitha. Este nombre significa "La que camina tratando de encontrar su camino".

A Kateri le gustaba estar al aire libre. Ayudaba a cultivar maíz, frijoles y calabazas. Recogía en el bosque raíces de plantas para preparar medicinas. La belleza del bosque le recordaba a Dios. La llenaba de admiración. Kateri iba allí para hablar con Dios y escucharlo.

La Iglesia Católica la honra como Santa Kateri Tekakwitha. Las cosas que hizo y que dijo nos muestran cómo vivir como discípulos de Jesús.

? ¿Por qué era importante para Kateri estar en el bosque?

Kateri Tekakwitha Read to Me

Kateri was born in the state of New York. When Kateri was four years old, her eyes were harmed by an illness. She could hardly see in the sunlight.

The people of her village gave Kateri the nickname Tekakwitha. This name means "The one who walks trying to find her way."

Kateri loved the outdoors. She helped grow corn, beans, and squash. She picked roots of plants in the forest to make medicines. The beauty of the forest reminded her of God. It filled her with wonder. Kateri went there to talk with God and listen to him.

The Catholic Church honors her as Saint Kateri Tekakwitha. The things she did and said show us how to live as disciples of Jesus.

? Why was being in the forest important to Kateri?

Enfoque en la fe
¿Qué nos dicen las cosas que vemos y oímos en la creación acerca de Dios?

Palabras de fe
Creador
Dios es el Creador. Él creó todo desde el amor y sin ninguna ayuda.

imagen de Dios
Somos creados a imagen de Dios. Somos los hijos de Dios.

Dios hizo todo

Dios es el **Creador** del mundo. Solo, Dios creó el Cielo y la Tierra. Lo hizo todo por amor. La Biblia nos dice:

Dios miró lo que había hecho.
Vio que todo era muy bueno.

BASADO EN GÉNESIS 1:31

Piensa en tu parte preferida de la creación de Dios. Dibújala. Comparte lo que te muestra acerca de Dios.

Actividad

God Made Everything

God is the **Creator** of the world.
God alone made Heaven and Earth.
He made everything out of love.
The Bible tells us,

God looked at everything he made.
He saw that it was very good.

BASED ON GENESIS 1:31

Activity Think of your favorite part of God's creation. Draw a picture of it. Share what it tells you about God.

Dios crea a las personas

Dios es el Creador de todas las personas. Creó a todas las personas para que fueran una **imagen de Dios.** En la Biblia, leemos:

Dios hizo a las personas a su imagen. Las bendijo y les pidió que cuidaran todo lo que Él había hecho. Dios dijo que todo lo que había hecho era muy bueno.

BASADO EN GÉNESIS 1:26–31

Dios ama a todas las personas. Somos muy especiales para Dios. Nos creó para que seamos felices con Él ahora en la Tierra y para siempre en el Cielo.

❓ ¿Por qué eres especial para Dios?

God Creates People

God is the Creator of all people. He creates every person to be an **image of God.** In the Bible we read,

God made people in his image. He blessed them and told them to take care of everything he made. God said everything he made was very good.

BASED ON GENESIS 1:26–31

God loves every person. We are very special to God. He created us to be happy with him now on Earth and forever in Heaven.

? Why are you special to God?

Dios es nuestro Padre amoroso

Todas las personas son creadas por Dios. El Dios Creador es nuestro Padre amoroso.

Por esa razón la Biblia nos dice que somos hijos de Dios.

Jesús nos ayudó a saber y a creer que Dios es nuestro Padre. Nos enseñó a rezar: "Padre Nuestro, que estás en el cielo..."

BASADO EN LUCAS 11:2

Dios Padre nos ama y nos conoce a cada uno por nuestro nombre. Jesús nos dijo que Dios Padre cuida a toda su creación. Él cuida a todas las personas.

Demostramos que amamos a Dios Padre cuando nos cuidamos. Demostramos nuestro amor por Dios cuando cuidamos a la creación.

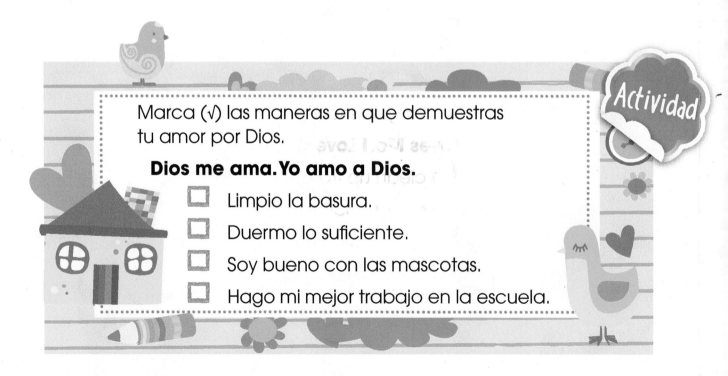

Actividad

Marca (√) las maneras en que demuestras tu amor por Dios.

Dios me ama. Yo amo a Dios.

- ☐ Limpio la basura.
- ☐ Duermo lo suficiente.
- ☐ Soy bueno con las mascotas.
- ☐ Hago mi mejor trabajo en la escuela.

God Is Our Loving Father

Every person is created by God. God the Creator is our loving Father.

This is why the Bible tells us we are children of God.

Jesus helped us to know and believe that God is our Father. He taught us to pray, "Our Father, who art in heaven . . ."

BASED ON LUKE 11:2

Catholics Believe

The Our Father

The Church prays the Our Father every day. We pray the Our Father at Mass. We tell God we know he loves and cares for us. We love God.

God the Father loves us and knows each of us by name. Jesus told us that God the Father cares for all his creation. He cares for all people.

We show we love God our Father when we take care of ourselves. We show our love for God when we take care of creation.

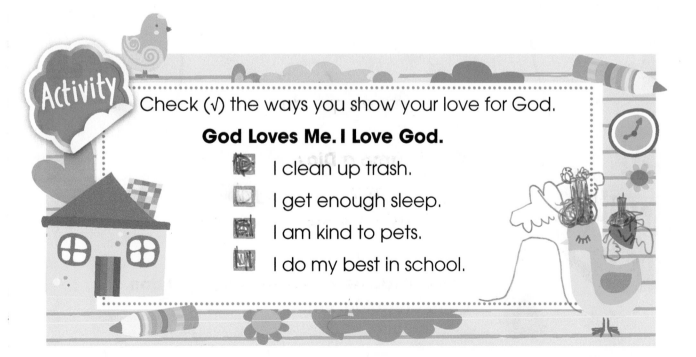

Activity

Check (√) the ways you show your love for God.

God Loves Me. I Love God.

- I clean up trash.
- I get enough sleep.
- I am kind to pets.
- I do my best in school.

Yo sigo a Jesús

Dios es maravilloso. Él es muy bueno con nosotros. El mundo nos muestra lo maravilloso que es Dios. El mundo es un don de Dios para todos. Una manera en que puedes agradecer a Dios es ayudando a cuidar las cosas que hay en el mundo.

Actividad

Cuidar la creación de Dios

En la ficha de rompecabezas, haz un dibujo de ti mismo cuidando algo de la creación de Dios.

Mi elección de fe

Esta semana, cuidaré la creación de Dios. Trataré de hacer lo que dibujé en el rompecabezas.

 Reza: "Gracias, Dios. Gracias por el don de tu creación. Amén".

God is wonderful. He is so very good to us. The world shows us how wonderful God is. The world is God's gift to everybody. One way you can say thank you to God is to help take care of the things in the world.

Caring for God's Creation

Activity

In the puzzle piece, draw a picture of yourself taking care of something in God's creation.

This week I will take care of God's creation. I will try to do what I have drawn in the puzzle.

My Faith Choice

 Pray, "Thank you, God. Thank you for the gift of your creation. Amen."

1. Dios es el Creador. Hizo el mundo entero por amor.

2. Creó a las personas a imagen de Dios.

3. Jesús nos enseñó que Dios es nuestro Padre.

Repaso del capítulo

Traza líneas para completar las oraciones.

Columna A	Columna B
1. Jesús	hizo todo por amor.
2. Las personas	nos enseñó a llamar Padre Nuestro a Dios.
3. Dios	están hechas a imagen de Dios.

¡Gracias, Señor!

Una oración con pictogramas usa dibujos que nos ayudan a rezar. Usa una palabra para cada dibujo. Recen juntos la oración.

TODOS **Gracias, Dios, por tu ♥.**

Lector 1 Tú hiciste el ☀ y la 🌙.

TODOS **Gracias, Dios, por tu ♥.**

Lector 2 Hiciste las ⛰ y los 🌳.

TODOS **Gracias, Dios, por tu ♥.**

Lector 3 Tú hiciste a las 👨‍👩‍👧‍👦.

TODOS **Gracias, Dios, por tu ♥.**
¡Me hiciste a Mí! BASADO EN EL SALMO 148

Chapter Review

Draw lines to complete the sentences.

Column A

1. Jesus
2. People
3. God

Column B

made everything out of love.

taught us to call God our Father.

are made in the image of God.

▶ **TO HELP YOU REMEMBER**

1. God is the Creator. He made the whole world out of love.

2. God created people in the image of God.

3. Jesus taught us that God is our Father.

Thank You, God!

A rebus prayer uses pictures to help us pray. Use a word for each picture. Pray the prayer together.

ALL   **Thank you, God, for your ♥.**

Reader 1   You made the ☀ and 🌙.

ALL   **Thank you, God, for your ♥.**

Reader 2   You made ⛰ and 🌳.

ALL   **Thank you, God, for your ♥.**

Reader 3   You made the 👪.

ALL   **Thank you, God, for your ♥. You made ME!**   BASED ON PSALM 148

Con mi familia

Esta semana...

En el capítulo 3, "Dios, nuestro Padre y Creador", su niño aprendió que:

▶ Dios es el Creador. Toda la creación de Dios es buena. Todo lo bueno existe porque Dios lo creó por amor.

▶ Dios creó a todas las personas a su imagen. Creó a las personas con todas sus diferencias.

▶ Dios es nuestro Padre. Su amor por sus hijos no tiene límites.

▶ Respondemos al amor del Dios Creador ayudando a cuidar la creación.

Para saber más sobre otras enseñanzas de la Iglesia, consulten el *Catecismo de la Iglesia Católica,* 232–248 y 268–314, y el *Catecismo Católico de los Estados Unidos para los Adultos,* páginas 53–56, 67–68.

Compartir la Palabra de Dios

Lean juntos el relato de la Biblia de Génesis 1:26–31 sobre la creación de las personas. O lean la adaptación del relato de la página 58. Enfatice que todas las personas son una imagen de Dios.

Vivimos como discípulos

El hogar cristiano con la familia es una escuela de discipulado. Es el primer lugar donde los niños aprenden a vivir como discípulos. Elijan una o más de las siguientes actividades para hacer en familia, o creen una actividad similar ustedes mismos.

▶ Dios creó a cada persona desde el amor. Túrnense para compartir lo que les gusta de cada persona.

▶ Inviten a su hijo a que ayude a mantener limpio el hogar. Expliquen de qué manera esta es una manera de agradecer a Dios por los muchos dones que le dio a su familia.

Nuestro viaje espiritual

La oración es una de las principales disciplinas espirituales de la vida cristiana. Una de las cinco principales formas de oración es agradecer a Dios. Inviten a todos a cerrar los ojos y ver sus partes preferidas de la creación. Piensen en cuánto nos ama Dios y, en silencio, recen: "Dios, eres tan maravilloso".

Para hallar más ideas sobre las maneras en que su familia puede vivir como discípulos de Jesús, visiten **seanmisdiscipulos.com**

With My Family

This Week . . .

In chapter 3, "God, Our Father and Creator," your child learned:

▶ God is the Creator. All God's creation is good. Everything good exists because God created it out of love.

▶ God created every person in his image. He created people with all their differences.

▶ God is our Father. There is no limit to his love for his children.

▶ We respond to God the Creator's love by helping to take care of creation.

For more about related teachings of the Church, see the *Catechism of the Catholic Church,* 232–248 and 268–314, and the *United States Catholic Catechism for Adults,* pages 53–56, 67–68.

◼ Sharing God's Word

Read together the Bible story in Genesis 1:26–31 about the creation of people. Or read the adaptation of the story on page 59. Emphasize that every person is an image of God.

◼ We Live as Disciples

The Christian home and family is a school of discipleship. It is the first place where children learn to live as disciples. Choose one or more of the following activities to do as a family or design a similar activity of your own.

▶ God created each person out of love. Take turns sharing what you like about each person.

▶ Invite your child to take part in keeping your home clean. Explain how this is one way of thanking God for his many gifts to your family.

◼ Our Spiritual Journey

Prayer is one of the main spiritual disciplines of the Christian life. Giving thanks to God is one of the five main forms of prayer. Invite everyone to close their eyes and see their favorite part of creation. Think of how much God loves us and silently pray, "God you are so wonderful."

For more ideas on ways your family can live as disciples of Jesus, visit **BeMyDisciples.com**

CAPÍTULO 4

Jesús, Hijo de Dios

? ¿Cómo celebras tu cumpleaños?

Los cumpleaños son días maravillosos. San Lucas nos cuenta sobre el nacimiento de Jesús. Nos dice:

María y José llegaron a Belén. Tuvieron que quedarse en un establo con animales. Durante la noche, nació Jesús. María lo envolvió en pañales y lo acostó en un pesebre. BASADO EN LUCAS 2:1–7

? ¿Qué más sabes sobre el nacimiento de Jesús?

CHAPTER 4

Jesus, the Son of God

❓ How do you celebrate your birthday?

Birthdays are wonderful days. Saint Luke tells us about the birthday of Jesus. He tells us:

Mary and Joseph came to Bethlehem. They had to stay in a stable with animals. During the night, Jesus was born. Mary wrapped him in cloth. She laid him in a manger. BASED ON LUKE 2:1–7

❓ What else do you know about the birth of Jesus?

Longanimidad

Vivimos la virtud de la longanimidad tratando a los demás como queremos que nos traten a nosotros.

La Iglesia sigue a
Jesús

¡Tenemos lugar!

Lee para mí

Daniela y todos los habitantes de San Carlos estaban emocionados. Ya casi era Navidad. Era el momento de celebrar Las Posadas.

Durante nueve noches, las personas caminaron juntas por las calles. Se eligió a dos personas para que fueran María y José. Todos caminaron detrás de ellos. Llevaban velas encendidas.

María y José tocaron muchas puertas. José decía:

—Mi esposa tendrá pronto un bebé. ¿Tienen lugar para nosotros en su casa?

Todos respondían:

—No tenemos lugar.

Finalmente, una familia le dijo a José:

—¡Tenemos lugar! Pasen.

Daniela estaba muy emocionada. Fue su familia la que respondió: "¡Tenemos lugar! Pasen".

? ¿Cómo demostraron Daniela y su familia su longanimidad hacia María y José?

We Have Room!

Read to Me

Disciple Power

Kindness

We live the virtue of kindness by treating others as we want to be treated.

Daniella and everyone in San Carlos was excited. It was almost time for Christmas. It was time to celebrate Las Posadas.

For nine nights, the people walked together in the streets. Two people were chosen to be Mary and Joseph. Everyone walked behind them. They carried lighted candles.

Mary and Joseph knocked on many doors. Joseph said, "My wife will soon have a baby. Do you have room for us in your home?" All answered, "We have no room." Finally, one family said to Joseph, "We have room! Come in."

Daniella was very excited. Her family was the one who answered, "We have room! Come in."

? How did Daniella and her family show kindness to Mary and Joseph?

Palabras de fe
Hijo de Dios
Jesús es el Hijo de Dios. Jesús es verdaderamente Dios y verdaderamente hombre.

Sagrada Familia
La Sagrada Familia es la familia de Jesús, María y José.

El Hijo de Dios

Cada año, en Navidad, recordamos y celebramos el nacimiento de Jesús. Jesús es el único hijo de María y el **Hijo de Dios.** Jesús es verdaderamente Dios y verdaderamente hombre.

La Biblia nos dice que los ángeles les contaron a los pastores sobre el nacimiento de Jesús. Leemos:

Los pastores se apresuraron y encontraron a María, a José y a Jesús. Les contaron a todos acerca de Jesús y alabaron a Dios por todo lo que oyeron y vieron.

BASADO EN LUCAS 2:15–17, 20

Actividad

Haz un dibujo de ti mismo hablando a los demás acerca de Jesús. Haz lo que hicieron los pastores.

The Son of God

At Christmas each year we remember and celebrate the birth of Jesus. Jesus is the only son of Mary and the **Son of God**. Jesus is truly God and truly man.

The Bible tells us that angels told shepherds about the birth of Jesus. We read,

The shepherds rushed and found Mary, Joseph, and Jesus. They told everyone about Jesus and praised God for all they heard and saw.

BASED ON LUKE 2:15–17, 20

Faith Words
Son of God
Jesus is the Son of God. Jesus is truly God and truly man.

Holy Family
The Holy Family is the family of Jesus, Mary, and Joseph.

Activity

Draw a picture of you telling others about Jesus. Do what the shepherds did.

Ana y Joaquín

Santa Ana y San Joaquín eran los padres de María. Eran los abuelos de Jesús. Ayudaron a María a amar a Dios y a confiar en Él. La Iglesia celebra su día el 26 de julio.

La Sagrada Familia

María es la madre de Jesús, el Hijo de Dios. José es el padre adoptivo de Jesús. A Jesús, María y José les decimos la **Sagrada Familia.** La Sagrada Familia vivía en un pueblo llamado Nazaret.

María y José demostraron su amor por Jesús. Cuidaron muy bien a Jesús mientras crecía. Jesús creció en su amor por Dios y por las personas.

Actividad

Escribe los nombres *Jesús, María* y *José* debajo de los dibujos.

_____   _____   _____

The Holy Family

Mary is the mother of Jesus, the Son of God. Joseph is the foster father of Jesus. We call Jesus, Mary, and Joseph the **Holy Family**. The Holy Family lived in a town called Nazareth.

Mary and Joseph showed their love for Jesus. They took very good care of Jesus as he was growing up. Jesus grew in his love of God and of people.

Activity

Write the names *Jesus, Mary,* and *Joseph* under their pictures.

Joseph   Mary   Jesus

Los católicos creen

Señor, ten piedad

En la Misa, rezamos: "Señor, ten piedad". Piedad es otra palabra para describir longanimidad. Jesús nos dijo que Dios bendice a las personas que son buenas y muestran misericordia.

Jesús comparte el amor de Dios

Cuando Jesús creció, enseñó a los demás acerca de Dios. Compartió el amor de Dios con todos. Jesús nos mostró cómo tratar a las personas. Jesús trató a todos con longanimidad y respeto.

Respetar significa tratar a todas las personas como hijos de Dios. Tenemos que tratar a todos con longanimidad y respeto. Tenemos que compartir el amor de Dios con las personas.

Actividad

Colorea el ♡ en las fotos de las personas que muestran longanimidad y respeto.

Jesus Shares God's Love

When Jesus grew up, he taught others about God. He shared God's love with everyone. Jesus showed us how to treat people. Jesus treated everyone with kindness and respect.

Respect means to treat every person as a child of God. We are to treat everyone with kindness and respect. We are to share God's love with people.

Activity

Color the ♥s in the photos of people showing kindness and respect.

Yo sigo a JESÚS

Dios es siempre bueno con las personas. Jesús compartió la longanimidad de Dios con las personas. Tú eres un discípulo de Jesús. Eres bueno con las personas. Las tratas con respeto. Cuando haces estas cosas, tú eres una señal del amor de Dios.

Actividad

En la cometa, dibújate a ti mismo siendo bueno con alguien.

Soy bueno

Mi elección de fe

Esta semana, haré lo que dibujé en la cometa. Yo

_____

- -

_____

 Reza: "Gracias, Espíritu Santo, por ayudarme a ser bueno con los demás como Jesús enseñó. Amén".

God is always kind to people. Jesus shared God's kindness with people. You are a disciple of Jesus. You are kind to people. You treat them with respect. When you do these things, you are a sign of God's love.

I Follow Jesus

Activity

I Am Kind

make my parents comfortable

In the kite draw yourself being kind to someone.

This week I will do what I drew in the kite. I will

_____

- - - - - - - - - - - - - - - -

_____

My Faith Choice

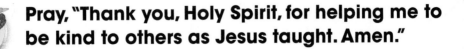 **Pray, "Thank you, Holy Spirit, for helping me to be kind to others as Jesus taught. Amen."**

Repaso del capítulo

Encierra en un círculo la palabra que completa mejor cada oración.

1. Jesús es el _____ de Dios.

(Hijo)   Ángel

2. _____ es la madre de Jesús.

Ana   María

3. _____ es el padre adoptivo de Jesús.

Joaquín   José

Jesús

Jesús, te amo

Demostramos que amamos a Jesús tratando a las personas así como Él lo hizo. Aprende a decir esta oración con señas.

"Jesús, te amo."

Reza esta oración en la mañana y en la noche. Enseña a tu familia a decir esta oración con señas. Pídeles que la recen contigo.

Te amo.

Chapter Review

Circle the word that best completes each sentence.

1. Jesus is the _____ of God.

(Son)   Angel

2. _____ is the mother of Jesus.

Anne   (Mary)

3. _____ is the foster father of Jesus.

Joachim   (Joseph)

Jesus, I Love You

We show that we love Jesus by treating people as he did. Learn to sign this prayer.

"Jesus, I love you."

Pray this prayer in the morning and at night. Teach your family to sign the prayer. Ask them to pray it with you.

Jesus

I love you.

Con mi familia

Esta semana...

En el capítulo 4, "Jesús, Hijo de Dios", su niño aprendió que:

▶ Jesús es el único hijo de María y el Hijo de Dios.

▶ Gabriel le anunció a María que sería la madre del Salvador, el Hijo de Dios, a quien tenía que llamar Jesús.

▶ El Hijo de Dios se hizo verdaderamente humano sin dejar de ser Dios. Este misterio de la fe se llama Encarnación. Jesús es verdaderamente Dios y verdaderamente hombre.

▶ A Jesús, María y José les decimos la Sagrada Familia. La vida de Jesús en la Sagrada Familia lo preparó para la obra que el Padre lo envió a realizar.

Para saber más sobre otras enseñanzas de la Iglesia, consulten el *Catecismo de la Iglesia Católica*, 456–478 y 512–560, y el *Catecismo Católico de los Estados Unidos para los Adultos*, páginas 77–87, 143–149.

■ Compartir la Palabra de Dios

Lean juntos Lucas 2:1–20, acerca de los pastores que se apresuraron para ir a ver a Jesús recién nacido. O lean la adaptación del relato de la página 72. Enfaticen que Jesús es verdaderamente Dios y verdaderamente hombre. Él es el único hijo de María y el Hijo de Dios.

■ Vivimos como discípulos

El hogar cristiano con la familia es una escuela de discipulado. Elijan una o más de las siguientes actividades para hacer en familia, o creen una actividad similar ustedes mismos.

▶ Hablen juntos sobre las maneras en que los miembros de la familia son buenos los unos con los otros. Expliquen cómo las acciones y las palabras de longanimidad demuestran el amor de una persona por Dios.

▶ Elijan hacer una actividad familiar que demuestre longanimidad por personas que no sean miembros de la familia. Por ejemplo, visiten en familia a alguien que esté solo o ayuden a un vecino anciano.

■ Nuestro viaje espiritual

El Gran Mandamiento es el precepto rector de la vida cristiana. Es el resumen o principio fundacional tanto de la vida humana como de la vida cristiana. En este capítulo, su niño comunicó por señas un acto de caridad, usando el lenguaje de señas estadounidense. Animen a su niño para que les enseñe las señas de la oración de la página 80. Récenla juntos con frecuencia.

Para hallar más ideas sobre las maneras en que su familia puede vivir como discípulos de Jesús, visiten **seanmisdiscipulos.com**

With My Family

This Week . . .

In chapter 4, "Jesus, the Son of God," your child learned:

▶ Jesus is the only son of Mary and the Son of God.

▶ Gabriel announced to Mary that she would become the mother of the Savior, the Son of God who she was to name Jesus.

▶ The Son of God became truly human without giving up being God. This mystery of faith is called the Incarnation. Jesus is truly God and truly man.

▶ We call Jesus, Mary, and Joseph the Holy Family. Jesus' life in the Holy Family prepared him for the work the Father sent him to do.

For more about related teachings of the Church, see the *Catechism of the Catholic Church*, 456–478 and 512–560, and the *United States Catholic Catechism for Adults*, pages 77–87, 143–149.

■ Sharing God's Word

Read together Luke 2:1–20 about the shepherds who rushed to see the newly born Jesus. Or read the adaptation of the story on page 73. Emphasize that Jesus is truly God and truly man. He is the only son of Mary and the Son of God.

■ We Live as Disciples

The Christian home and family is a school of discipleship. Choose one or more of the following activities to do as a family or design a similar activity of your own.

▶ Talk together about the ways that family members are kind to each other. Explain how acts and words of kindness show a person's love for God.

▶ Choose to do a family activity that shows kindness to people who are not members of your family. For example, as a family visit someone who is lonely or help an elderly neighbor.

■ Our Spiritual Journey

The Great Commandment is the guiding precept of the Christian life. It is the summary or foundational principle of human as well as Christian living. In this chapter your child signed an act of love using American Sign Language. Encourage your child to teach you to sign the prayer on page 81. Pray it often together.

For more ideas on ways your family can live as disciples of Jesus, visit **BeMyDisciples.com**

Unidad 1: Repaso

Nombre _____

A. Elije la mejor palabra

Completa las oraciones. Colorea el círculo junto a la mejor opción.

1. La Biblia es la Palabra misma _____ para nosotros.

◯ de la Iglesia   ◯ de Dios

2. La fe es un don de Dios que nos ayuda a conocer a Dios y a _____ Él.

◯ amar   ◯ creer en

3. Jesús trató a _____ personas con respeto.

◯ todas las   ◯ algunas

4. Jesús es el _____ de Dios.

◯ Hombre   ◯ Hijo

5. _____ es la Madre de Jesús.

◯ María   ◯ Ana

B. Muestra lo que sabes

Encierra en un círculo los números que están junto a las palabras que hablan acerca de Jesús.

1. Hijo de Dios

2. Espíritu Santo

3. Padre amoroso

4. enseñar a los demás sobre Dios

5. compartir el amor de Dios con todos

Unit 1 Review

A. Choose the Best Word

Complete the sentences. Color the circle next to the best choice.

1. The Bible is _____ own Word to us.

　○ the Church's　　● God's

2. Faith is a gift from God that helps us to know

　God and to _____ him.

　○ love　　● believe in

3. Jesus treated _____ people with respect.

　● all　　○ some

4. Jesus is the _____ of God.

　○ Man　　● Son

5. _____ is the Mother of Jesus.

　● Mary　　○ Anne

B. Show What You Know

Circle the numbers next to the words that tell about Jesus.

1. Son of God

2. Holy Spirit

3. Loving Father

4. taught others about God

5. shared God's love with everyone

C. Escritura y tú

¿Cuál fue tu relato preferido acerca de Jesús en esta unidad? Dibuja algo que sucedió en el relato. Cuéntaselo a tu clase.

D. Sé un discípulo

1. *¿Acerca de qué Santo o persona virtuosa disfrutaste aprender más en esta unidad? Escribe el nombre aquí. Cuenta a tu clase lo que esta persona hizo para seguir a Jesús.*

_____

- -

_____

_____

- -

_____

2. *¿Qué puedes hacer para ser un buen discípulo de Jesús?*

_____

- -

_____

_____

- -

_____

C. Connect with Scripture

What was your favorite story about Jesus in this unit? Draw something that happened in the story. Tell your class about it.

D. Be a Disciple

1. *What Saint or holy person did you enjoy hearing about in this unit? Write the name here. Tell your class what this person did to follow Jesus.*

_____

- -

_____

_____

- -

_____

2. *What can you do to be a good disciple of Jesus?*

_____

- -

_____

_____

- -

_____

El Divino Niño Jesús

> La devoción por el Divino Niño Jesús comienza el 16 de diciembre y finaliza el día de Nochebuena.

Los católicos de Colombia tienen una manera especial de prepararse para la Navidad. Le rezan durante nueve días al Niño Jesús. Rezar nueve días seguidos se llama rezar una novena. Las familias arman primero su árbol de Navidad y su pesebre. Luego, el 16 de diciembre, empiezan sus oraciones.

Se reúnen en la casa para rezar, cantar, comer juntos y hasta bailar. El día de Nochebuena, terminan la novena. Entonces abren los regalos del Niño Jesús.

Algunos rezan la novena en otros momentos del año. Entonces se reza otra novena. También dan dinero, pan y chocolate para los pobres. Dan gracias al Niño Jesús por ser tan bueno con ellos. Algunas familias van a hacer su novena a una iglesia especial, pero la mayoría reza en la casa.

? ¿Qué podrías hacer tú para mostrar cuánto amas al Divino Niño Jesús?

The Divine Child Jesus

Catholics in Colombia have a special way to get ready for Christmas. They pray for nine days to the Child Jesus. Praying for nine days in a row is called a novena. Families first put up their Christmas trees and their Nativity sets. Then on December 16 they begin their prayers.

They gather at home to pray, sing, eat together, and even dance. On Christmas Eve they finish the novena. Then they open gifts from the Child Jesus.

Some people pray the novena at other times during the year. The people pray another novena. They also give money, bread, and chocolate for the poor. They thank the Child Jesus for being so good to them. Some families go to a special church to make their novena, but most pray at home.

? What could you do to show how much you love the Divine Child Jesus?

The devotion to the Divine Child Jesus begins on December 16 and ends on Christmas Eve.

La Última Cena

La noche antes de morir, Jesús comió una comida especial con sus Apóstoles. Esto es lo que Jesús dijo e hizo.

Jesús tomó algo de pan. Le dio gracias a Dios. Partió el pan. Lo compartió con sus amigos y dijo: "Coman este pan. Esto es mi cuerpo."

Luego Jesús tomó una copa llena de vino. La pasó a sus amigos y dijo: "Tomen esto y beban. Esta es la copa de mi sangre. Cuando coman este pan y beban este vino, me recordarán."

BASADO EN 1.ª CORINTIOS 11:23–26

We Believe
Part Two

The Last Supper

On the night before he died, Jesus ate a special meal with his Apostles. Here is what Jesus said and did.

Jesus took some bread. He gave thanks to God. He broke the bread. He shared the bread with his friends and said, "Eat this bread. It is my body."

Then Jesus took a cup filled with wine. He gave the cup to his friends and said, "Take this and drink. This is the cup of my blood. When you eat this bread and drink this wine, you remember me."

BASED ON 1 CORINTHIANS 11:23–26

Lo que he aprendido

¿Qué es lo que ya sabes acerca de estas palabras de fe?

María

_____

- -

_____

La Santísima Trinidad

_____

- -

_____

Palabras de fe para aprender

Escribe **X** junto a las palabras de fe que sabes. Escribe **?** junto a las palabras de fe que necesitas aprender mejor.

Palabras de fe

____ ángeles   ____ esperanza   ____ Iglesia

____ valor   ____ Espíritu Santo   ____ católico

Tengo una pregunta

¿Qué pregunta te gustaría hacer acerca de la Iglesia?

_____

- -

_____

What I Have Learned

What is something you already know about these faith words?

Mary

_____

- -

_____

The Holy Trinity

_____

- -

_____

Faith Words to Know

Put an **X** next to the faith words you know.
Put a **?** next to the faith words you need to learn more about.

Faith Words

____ angels   ____ hope   ____ Church

____ courage   ____ Holy Spirit ____ Catholic

A Question I Have

What question would you like to ask about the Church?

_____

- -

_____

CAPÍTULO 5

María, Madre de Jesús

? ¿Cuál es tu historia familiar preferida?

En la Biblia, oímos relatos acerca de María. El ángel Gabriel le dijo a María:

Ave María, Dios está contigo.

BASADO EN LUCAS 1:42

? ¿Qué te dicen estas palabras de la Biblia acerca de Dios?

CHAPTER 5

Mary, the Mother of Jesus

 What is your favorite family story?

In the Bible, we hear stories about Mary. The angel Gabriel said to Mary:

Hail Mary, God is with you.

BASED ON LUKE 1:42

 What do these words from the Bible tell you about God?

Poder de los discípulos

Valor

La virtud del valor nos ayuda a confiar en Dios y a vivir nuestra fe.

La Iglesia sigue a **Jesús**

Santa Teodora Guérin

Hace mucho tiempo, cuando Ana Teresa Guérin era pequeña, quiso servir a Dios. A los 25 años, Ana Teresa se hizo Hermana de la Providencia y tomó el nombre de Hermana Santa Teodora. Enseñó a los niños y cuidó a los pobres y los enfermos de Francia.

Después de 16 años, un obispo de Estados Unidos necesitaba ayuda. Así que la Madre Teodora viajó a Estados Unidos con cinco monjas para construir escuelas y orfanatos.

Al principio, la Madre Teodora y las monjas tenían frío y estaban solas. Con los años, la gente aprendió a confiar en las hermanas. Como María, la Madre Teodora vivió una vida de valor. Siempre confió en Dios.

La Iglesia honra a la Madre Teodora Guérin como Santa y celebra su día el 3 de octubre.

? ¿Cómo demuestras que confías en Dios?

Courage

The virtue of courage helps us to trust in God and live our faith.

Saint Théodore Guérin

A long time ago, when Anne-Thérèse Guérin was a child, she wanted to serve God. When she was 25 years-old, Anne-Thérèse became a Sister of Providence and took the name, Sister Saint Théodore. She taught children and cared for the poor and sick in France.

After 16 years, a bishop in the United States needed some help. So Mother Théodore went with five nuns to America to build schools and orphanages.

At first, Mother Théodore and the nuns were cold and lonely. Over the years, people learned to trust the sisters. Like Mary, Mother Théodore lived a life of courage. She always trusted God.

The Church honors Mother Théodore Guérin as a Saint and celebrates her feast day on October 3.

? How do you show that you trust God?

Palabra de fe
ángeles
Los ángeles honran y glorifican a Dios. Son los mensajeros y los ayudantes de Dios.

Dios ama a María

Los **ángeles** son mensajeros de Dios. Dios envió al ángel Gabriel a una joven mujer llamada María. El ángel le dio a María este mensaje de Dios. Gabriel dijo:

"Bendita eres, María. El Espíritu Santo vendrá a ti. Tendrás un bebé. El nombre del bebé será Jesús. Él será llamado Hijo de Dios."

María escuchó atentamente al ángel Gabriel. Luego le dijo a Gabriel: —Sí, haré lo que Dios quiere que haga.

BASADO EN LUCAS 1:28, 31, 35, 38

Encuentra un compañero. Hagan una dramatización de lo que sucedió cuando el ángel Gabriel le dio a María el mensaje de Dios. Uno de ustedes hará el papel del ángel. El otro el de María.

God Loves Mary

Angels are messengers of God. God sent the angel Gabriel to a young woman named Mary. The angel gave Mary this message from God. Gabriel said,

"You are blessed, Mary. The Holy Spirit will come to you. You will have a baby. The baby's name will be Jesus. He will be called the Son of God."

Mary listened carefully to the angel Gabriel. Then she said to Gabriel, "Yes, I will do what God wants me to do."

BASED ON LUKE 1:28, 31, 35, 38

Faith Focus
What does the Bible tell us about Mary?

Faith Word
angels
Angels give honor and glory to God. They are God's messengers and helpers.

Activity

Find a partner. Act out what happened when the angel Gabriel gave Mary the message from God. One of you will take the part the angel. One of you will be Mary.

San Juan Diego

Juan Diego caminaba muchas millas para ir a Misa todos los días. Un día, María se le apareció en la colina del Tepeyac. Le dijo a Juan que construyera una iglesia en ese sitio y lo envió al obispo. Pronto se construyó una iglesia. Personas de todo el mundo visitan la iglesia de María.

Decir "sí" a Dios

María le dijo "sí" a Dios. María tenía fe en Dios y confiaba en Él. María amaba a Dios con todo su corazón.

Dios nos pide que nosotros también tengamos fe en Él. Dios nos pide que confiemos en Él y que lo amemos con todo nuestro corazón.

Tenemos fe y confiamos en que Dios estará siempre con nosotros. Confiamos en que Dios siempre nos ama. Demostramos que amamos a Dios cuando le decimos "sí" como hizo María.

Actividad

Marca (√) maneras en que puedes decir "sí" a Dios. Digo "sí" a Dios cuando

___ rezo todos los días.

___ me porto mal.

___ ayudo en casa.

___ comparto mis juguetes.

___ juego sin pelear.

___ digo "gracias".

Say Yes to God

Mary said yes to God. Mary had faith in God and trusted him. Mary loved God with her whole heart.

God asks us to have faith in him too. God asks us to trust him and to love him with our whole heart.

We have faith and trust that God will always be with us. We trust that God always loves us. We show we love God when we say yes to him as Mary did.

Activity

Check (√) ways you can say yes to God. I say yes to God when I

___ Pray every day.   ___ Share my toys.

___ Act mean.   ___ Play fairly.

___ Help at home.   ___ Say "Thank you."

Los católicos creen

Días festivos

Cada año, la Iglesia honra y demuestra nuestro amor por María en días especiales. Estos se llaman días festivos. Cada año, el 1 de enero, celebramos el día de María, Madre de Dios. Este es un día de precepto. Tenemos la responsabilidad de participar en la celebración de la Misa.

Dios eligió a María

Dios eligió a María para que fuera la madre de Jesús. María cuidó a Jesús. A María le decimos Madre de Dios. María es muy especial.

Jesús quiere que María también nos ame y nos cuide. Él nos la dio como nuestra madre especial. María reza por nosotros.

Celebramos el día de María, Madre de Dios el 1 de enero. Ella le reza a su hijo, Jesús, por nosotros.

? ¿Por qué María es nuestra madre especial?

God Chose Mary

God chose Mary to be the mother of Jesus. Mary cared for Jesus. We call Mary the Mother of God. Mary is very special.

Jesus wants Mary to love and care for us, too. He gave her to us as our special mother. Mary prays for us.

We celebrate the Feast of Mary, the Holy Mother of God on January 1. She prays to her son, Jesus, for us.

? Why is Mary our special mother?

Yo sigo a Jesús

María demostró su fe y su amor por Dios. El valor puede ayudarte a demostrar tu fe en Dios. Demuestras tu fe en Dios y tu amor por Él con lo que dices y lo que haces.

Actividad

Confío en Dios

Elije una manera en que puedes demostrar tu valor como seguidor de Jesús. Dibuja o escribe acerca de eso en este espacio.

Mi elección de fe

Esta semana, demostraré mi fe en Dios y mi amor por Él. Yo

_____

- -

_____

Reza: "Gracias, Dios, por ayudarme a demostrar mi fe en ti y mi amor por ti. Amén".

Mary showed her faith and love for God. Courage can help you show your faith in God. You show your faith and love for God by what you say and what you do.

Activity

I Trust in God

Choose one way you can show your courage as a follower of Jesus. Draw or write about it in this space.

This week I will show my faith and love for God. I will

_____

- -

_____

My Faith Choice

Pray, "Thank you, God, for helping me to show my faith and love for you. Amen."

Repaso del capítulo

Completa las oraciones. Colorea el ◯ que está junto a la mejor opción.

1. María le dijo "____" a Dios.

    ● Sí   ◯ No

2. El valor nos ayuda a ____ en Dios.

    ◯ confiar   ◯ conocer

3. San Juan Diego caminaba a ____ todos los días.

    ◯ la escuela   ◯ Misa

Oración salmódica

Los salmos son oraciones que están en la Biblia. Rezamos un salmo durante la Misa. Recen juntos:

Líder   Escuchamos la Palabra de Dios, como María.

Dichosas son las personas que escuchan la Palabra de Dios.

BASADO EN EL SALMO 1:1–2

Todos   **Dichosas son las personas que escuchan la Palabra de Dios.**

Líder   Le decimos "sí" a Dios, como María.

Todos   **Dichosas son las personas que escuchan la Palabra de Dios.**

Chapter Review

Complete the sentences. Color the ○ next to the best choice.

1. Mary said, "____" to God.

　⬤ Yes　　　○ No

2. Courage helps us to ____ God.

　○ trust　　　○ know

3. Saint Juan Diego walked to ____ every day.

　○ school　　　○ Mass

▶ **TO HELP YOU REMEMBER**

1. God chose Mary to be the mother of Jesus.

2. The Bible tells us about Mary's faith in God.

3. Mary loves and trusts God.

Psalm Prayer

Psalms are prayers in the Bible. We pray a psalm during Mass. Pray together:

Leader　We listen to God's Word, like Mary.

Happy are the people who listen to God's Word. BASED ON PSALM 1:1–2

All　**Happy are the people who listen to God's Word.**

Leader　We say "yes" to God, like Mary.

All　**Happy are the people who listen to God's Word.**

Con mi familia

Esta semana...

En el capítulo 5, "María, Madre de Jesús", su niño aprendió que:

▶ El relato del Evangelio acerca de la Anunciación nos cuenta que el ángel Gabriel le anunció a María que Dios la había elegido para que fuera la madre de Jesús.

▶ María es la madre de Jesús, el Hijo de Dios. María es la Madre de Dios.

▶ El relato del Evangelio acerca de la Anunciación comparte con nosotros la fe y la confianza de María en Dios y su amor por Él.

▶ El valor nos ayuda a confiar en Dios y a vivir nuestra fe, aun en momentos difíciles.

Para saber más sobre otras enseñanzas de la Iglesia, consulten el *Catecismo de la Iglesia Católica*, 484–507, y el *Catecismo Católico de los Estados Unidos para los Adultos*, páginas 141–149.

Compartir la Palabra de Dios

Lean juntos Lucas 1:26–38, el relato del Evangelio acerca de la Anunciación. O lean la adaptación del relato de la página 96. Enfaticen la fe y la confianza de María en Dios y su amor por Él.

Vivimos como discípulos

El hogar cristiano con la familia es una escuela de discipulado. Elijan una o más de las siguientes actividades para hacer en familia, o creen una actividad similar ustedes mismos.

▶ Enseñen a su niño las respuestas de la Misa "Te alabamos, Señor" y "Gloria a ti, Señor Jesús". Guíen a su niño para que use estas respuestas adecuadamente cuando su familia participe en la celebración de la Misa.

▶ El valor es la virtud que nos ayuda a confiar en Dios y a vivir nuestra fe. Ayuden a su niño a reconocer las maneras en que su familia vive esta virtud. Recuérdenle que cuando dicen "sí" a Dios, están viviendo como discípulos de Jesús.

Nuestro viaje espiritual

Los Salmos son una confesión de fe en forma de canción. Desde los tiempos de David hasta hoy, el rezo de los Salmos ha nutrido la fe del Pueblo de Dios. Una oración así es personal y comunitaria a la vez. Memoricen versos de los Salmos, como el de la página 106, y récenlos espontáneamente para responder a las distintas circunstancias de su vida.

Para hallar más ideas sobre las maneras en que su familia puede vivir como discípulos de Jesús, visiten **seanmisdiscipulos.com**

With My Family

This Week . . .

In chapter 5, "Mary, the Mother of Jesus," your child learned:

▶ The Gospel account of the Annunciation tells us about the angel Gabriel announcing to Mary that God had chosen her to be the mother of Jesus.

▶ Mary is the mother of Jesus, the Son of God. Mary is the Mother of God.

▶ The Gospel account of the Annunciation shares with us Mary's faith and trust in God and her love for him.

▶ Courage helps us trust in God and live our faith, even in difficult times.

For more about related teachings of the Church, see the *Catechism of the Catholic Church,* 484–507, and the *United States Catholic Catechism for Adults,* pages 141–149.

■ Sharing God's Word

Read together Luke 1:26–38, the Gospel account of the Annunciation. Or read the adaptation of the story on page 97. Emphasize Mary's faith and trust in God and her love for him.

■ We Live as Disciples

The Christian home and family is a school of discipleship. Choose one or more of the following activities to do as a family or design a similar activity of your own.

▶ Teach your child the Mass responses "Thanks be to God" and "Praise to you, Lord Jesus Christ." Guide your child to use these responses properly when your family takes part in the celebration of the Mass.

▶ Courage is the virtue that helps us trust God and live our faith. Help your child to recognize the ways your family is living this virtue. Remind them that when they say yes to God, they are living as disciples of Jesus.

■ Our Spiritual Journey

The Psalms are a confession of faith in song. From the times of David until the present, the praying of the psalms has nourished the faith of the People of God. Such prayer is both personal and communal. Memorize psalm verses such as the one on page 107 and integrate praying them spontaneously to respond to the various circumstances of your life.

For more ideas on ways your family can live as disciples of Jesus, visit **BeMyDisciples.com**

CAPÍTULO 6

Jesús comparte el amor de Dios

? **¿Cómo se demuestran amor los miembros de una familia?**

Jesús siempre comparte el amor de Dios con las personas. Él dijo:

"Dejen que los niños vengan a mí. Si quieren entrar en el Reino de Dios, sean como un niño." Luego Jesús tomó a los niños en sus brazos y los bendijo.

BASADO EN MARCOS 10:14-16

? **¿Cómo les demuestras a los demás que Dios los ama?**

CHAPTER 6

Jesus shares God's Love

❓ How do family members show love for one another?

Jesus always shares God's love with people. He said,

"Let the children come to me. If you want to enter God's kingdom, become like a child." Then Jesus took the children in his arms and blessed them.

BASED ON MARK 10:14–16

❓ How do you show others that God loves them?

Poder
de los
discípulos

Esperanza

La virtud de la esperanza nos ayuda a recordar que un día viviremos en plena felicidad con Dios en el Cielo para siempre.

La Iglesia sigue a
Jesús

Santa Gianna

Santa Gianna Beretta Molla fue esposa, madre y doctora. Durante su vida, cuidó a muchas personas. Todos recordaban su sonrisa y su atención a los demás.

Gianna creía que cuidar a los enfermos demostraba el amor de Dios. Si sus pacientes no tenían dinero, ella dejaba que le pagaran con comida. A veces, ella misma pagaba sus medicinas.

Gianna era una doctora que cuidaba a los niños. Ayudaba a las madres a aprender cómo cuidarse a sí mismas y a sus hijos.

En 1955, Gianna se casó con Pietro Molla y pronto tuvieron tres hijos. Ella los ayudó a ellos y a todas las personas a tener esperanza en Dios.

? ¿Quiénes son algunas de las personas que comparten el amor de Dios contigo?

Disciple Power

Hope

The virtue of hope helps us to remember that one day we may live in happiness with God forever in Heaven.

Saint Gianna

Saint Gianna Beretta Molla was a wife, a mother, and a doctor. She cared for many people in her life. They all remembered her smile and her care for others.

Gianna believed that caring for the sick showed God's love. If her patients did not have money to pay her, she let them give her food. Sometimes she paid for their medicine herself.

Gianna was a doctor who cared for children. She helped mothers learn how to take care of themselves and their children.

In 1955 Gianna married Pietro Molla and soon they had three children. She helped them and all people have hope in God.

? Who are some of the people who share God's love with you?

Palabras de fe

cruz
La cruz es una señal del amor de Dios. Nos recuerda que Jesús murió en una cruz para que podamos vivir en el Cielo para siempre.

Resurrección
Dios hace volver a Jesús de entre los muertos a una nueva vida.

Jesús nos ama

Jesús compartió siempre el amor de Dios con las personas. Ayudó a las personas de muchas maneras. Jesús perdonó a las personas que lo lastimaron.

Algunas personas no querían que Jesús enseñara y ayudara a los demás. Hicieron que mataran a Jesús en una **cruz**. Esto se llama la Crucifixión.

Como nos amaba, Jesús murió en una cruz por todos nosotros. Perdonó a las personas que lo pusieron en la Cruz. Él nos perdona cuando pecamos. Jesús murió para que pudiéramos vivir con Él en el Cielo para siempre.

Actividad

Traza las palabras. Reza la oración con un compañero para agradecer a Jesús por su amor.

Gracias, Jesús.

Jesus Loves Us

Jesus always shared God's love with people. He helped people in many ways. Jesus forgave the people who hurt him.

Some people did not want Jesus to teach and help others. They had Jesus killed on a **cross**. This is called the Crucifixion.

Because he loved us, Jesus died on a cross for all of us. He forgave the people who put him on the Cross. He forgives us when we sin. Jesus died so that we could live with him forever in Heaven.

Faith Focus
How did Jesus show his love for us?

Faith Words

cross
The cross is a sign of God's love. It reminds us that Jesus died on a cross so that we could live forever in Heaven.

Resurrection
God's raising Jesus from the dead to new life.

Activity

Trace the words. Pray the prayer with a partner to thank Jesus for his love.

Thank you,

Jesus.

Personas de fe

Santa María Magdalena

María Magdalena era una discípula de Jesús. Fue una de las mujeres que fueron al sepulcro. Las mujeres fueron las primeras que supieron que Jesús había resucitado de entre los muertos. La Iglesia celebra su día el 22 de julio.

Jesús está vivo

Después de que Jesús murió en la Cruz, su amigos enterraron su cuerpo en un sepulcro. Tres días más tarde, algunas mujeres, que eran discípulas o seguidoras de Jesús, fueron al lugar donde lo habían enterrado. Las mujeres se sorprendieron con lo que vieron y oyeron. La Biblia nos dice:

Cuando las mujeres llegaron al sepulcro, vieron hombres vestidos con túnicas blancas. Los hombres dijeron: "Jesús no está aquí. Resucitó de entre los muertos. Vayan y díganselo a los demás discípulos de Jesús."

BASADO EN LUCAS 24:1–4, 6; MATEO 28:7

Las mujeres hicieron lo que les dijeron. Fueron con los otros discípulos. Les dijeron que Jesús había resucitado de entre los muertos. Esto se llama **Resurrección**.

Actividad

Imagina que estuviste con las mujeres en el sepulcro de Jesús. ¿Qué les contarías a las personas? Compártelo con tu clase.

Jesus Is Alive

After Jesus died on the Cross, his friends buried his body in a tomb. Three days later some women who were disciples, or followers, of Jesus went to the place where Jesus was buried. The women were surprised at what they saw and heard. The Bible tells us,

When the women came to the tomb, they saw men in white robes. "Jesus is not here," the men said. "He has been raised from the dead. Go and tell the other disciples of Jesus."

BASED ON LUKE 24:1–4, 6; MATTHEW 28:7

The women did what they were told. They went to the other disciples. They told them that Jesus was raised from the dead. This is called the **Resurrection**.

Activity

Pretend you were with the women at the tomb of Jesus. What would you tell people? Share with your class.

Los católicos creen

Fiesta de la Candelaria

Cada año, el 2 de febrero, la Iglesia bendice las velas. Este día se llama Fiesta de la Candelaria. Usamos estas velas en las iglesias y en nuestro hogar. Nos recuerdan al Jesús Resucitado, la Luz del Mundo. Nosotros también tenemos que ser luces en el mundo.

Jesús regresó a su Padre

Después de que Jesús resucitara de entre los muertos, permaneció con sus discípulos durante cuarenta días. El Jesús Resucitado dijo a sus discípulos que hablaran con todas las personas del mundo acerca de Él. Jesús les dijo a los discípulos que invitaran a todos a creer en Él y a ser bautizados.

Luego, Jesús regresó a su Padre en el Cielo. A esto le decimos Ascensión. Después de morir, tenemos la esperanza de que nosotros también regresaremos a Dios Padre en el Cielo.

Escucha el relato de la Ascensión de Jesús al Cielo. Haz una dramatización con tus amigos.

Actividad

Jesus Returned to His Father

After Jesus was raised from the dead, he stayed with his disciples for forty days. The Risen Jesus told his disciples to tell everyone in the world about him. Jesus told the disciples to invite everyone to believe in him and to be baptized.

Then Jesus returned to his Father in Heaven. We call this the Ascension. After we die, we hope that we too will return to God the Father in Heaven.

Activity

Listen to the story of Jesus' Ascension into Heaven. Act it out with your friends.

Yo sigo a Jesús

La virtud de la esperanza nos ayuda a confiar en el amor de Dios. Cuando les hablas a los demás acerca de Jesús, estás compartiendo el amor de Dios con las personas. Eres una luz en el mundo.

Actividad

¡Jesús está vivo!

Haz un a cartel que hable a las personas acerca de Jesús. Usa tu cartel como recordatorio para actuar como seguidor de Jesús.

Mi elección de fe

Esta semana, compartiré mi cartel. Le hablaré a alguien acerca de Jesús. Diré:

_____

_____

_____

Reza: "Gracias, Jesús, por enseñarme a ser una luz en el mundo. Amén".

The virtue of hope helps us to trust in God's love. When you tell others about Jesus, you are sharing God's love with people. You are a light in the world.

I Follow Jesus

Jesus Is Alive!

Make a poster that tells people about Jesus. Use your poster as a reminder to act as a follower of Jesus.

This week I will share my poster. I will tell someone about Jesus. I will say:

_____

- -

_____

My Faith Choice

 Pray, "Thank you, Jesus, for teaching me how to be a light in the world."

Repaso del capítulo

Traza líneas que vayan de las palabras de la Columna A a las oraciones de la Columna B para completarlas.

Columna A

1. perdona

2. resucitó

3. cruz

Columna B

a. Jesús _____ de entre los muertos.

b. Jesús murió en una _____ por todos nosotros.

c. Jesús nos _____ cuando pecamos.

Acto de esperanza

La Iglesia nos da una oración especial que se llama Acto de esperanza. En esta oración, le decimos a Dios que siempre confiamos en su amor por nosotros. Para nosotros, su palabra es siempre verdadera. Recen juntos esta oración.

**Dios mío,
Tú siempre nos amas.
Siempre eres bueno con nosotros.
Tu palabra es siempre verdadera.
Con tu ayuda, tenemos la esperanza
de vivir contigo en el Cielo.
Amén.**

Chapter Review

Draw lines from the words in Column A to the sentences that they complete in Column B.

Column A

1. forgives

2. raised

3. cross

Column B

a. Jesus was _____ from the dead.

b. Jesus died on a _____ for all of us.

c. Jesus _____ us when we sin.

TO HELP YOU REMEMBER

1. Jesus loved us so much that he gave his life for us.

2. Jesus' rising from the dead is called his Resurrection.

3. Jesus returned to his Father in Heaven.

An Act of Hope

The Church gives us a special prayer called the Act of Hope. In this prayer, we tell God we always trust in his love for us. His word to us is always true. Pray this prayer together.

**O my God,
you always love us.
You are always good to us.
Your word to us is always true.
With your help, we hope that
we will live with you in Heaven.
Amen.**

Con mi familia

Esta semana...

En el capítulo 6, "Jesús comparte el amor de Dios", su niño aprendió que:

▶ Jesús mostró su gran amor por nosotros al morir en la cruz.

▶ Tres días después de su muerte, Jesús resucitó de entre los muertos. Cuarenta días más tarde, Jesús ascendió, o regresó, a su Padre en el Cielo.

▶ Antes de ascender al Cielo, Jesús encomendó a los discípulos que evangelizaran el mundo. Esto significa que tenían que hablarles a todas las personas acerca de Jesús y su enseñanza. Fueron a convertir a todas las personas en discípulos y a bautizarlas.

▶ La esperanza es la virtud que nos recuerda el amor de Dios y nos ayuda confiar en Él. Tenemos la esperanza de que un día viviremos en plena felicidad con Dios en el Cielo para siempre.

Para saber más sobre otras enseñanzas de la Iglesia, consulten el *Catecismo de la Iglesia Católica,* 561, 620–621, 629, 656–665, y el *Catecismo Católico de los Estados Unidos para los Adultos* páginas 77–87.

◼ Compartir la Palabra de Dios

Lean Lucas 24:1-12, el relato de la Resurrección. O lean la adaptación del relato de la página 116. Enfaticen que, como hicieron los primeros discípulos, tenemos que hablar a las personas acerca de Jesús.

◼ Vivimos como discípulos

El hogar cristiano con la familia es una escuela de discipulado. Elijan una o más de las siguientes actividades para hacer en familia, o creen una actividad similar ustedes mismos.

▶ Jesús nos dice que tenemos que ser luces en el mundo. Cada noche, durante la cena, enciendan una vela como parte de la oración a la hora de cenar. Túrnense para hablar sobre cómo, ese día, cada miembro de la familia fue una luz en el mundo.

▶ Es difícil conocer a todos en la parroquia. Cada mes, hagan un esfuerzo por presentarse como familia a una familia nueva de la parroquia.

◼ Nuestro viaje espiritual

Nuestra peregrinación espiritual es un viaje de esperanza. Es con confianza que creemos que la promesa de Dios de la vida eterna se hará realidad. Aprendan un acto de esperanza y ayuden a su hijo a aprenderlo. Récenlo regularmente.

Para hallar más ideas sobre las maneras en que su familia puede vivir como discípulos de Jesús, visiten **seanmisdiscipulos.com**

With My Family

This Week . . .

In chapter 6, "Jesus Shares God's Love," your child learned:

▶ Jesus showed his great love for us by dying on the cross.

▶ Three days after his death, Jesus was raised from the dead. Forty days later, Jesus ascended, or returned, to his Father in Heaven.

▶ Before he ascended to Heaven, Jesus commanded the disciples to evangelize the world. This means they were to tell all people about Jesus and his teaching. They were to make disciples of all people and to baptize them.

▶ Hope is the virtue that helps us remember and trust in God's love. We hope that one day we will live in happiness with God forever in Heaven.

For more about related teachings of the Church, see the *Catechism of the Catholic Church*, 561, 620–621, 629, 656–665, and the *United States Catholic Catechism for Adults*, pages 77–87.

■ Sharing Gods Word

Read Luke 24:1-12, the account of the Resurrection. Or read the adaptation of the story on page 117. Emphasize that as the first disciples did, we are to tell people about Jesus.

■ We Live as Disciples

The Christian home and family is a school of discipleship. Choose one or more of the following activities to do as a family or design a similar activity of your own.

▶ Jesus tells us that we are to be lights in the world. Each night at dinner, light a candle as part of your mealtime prayer. Take turns telling about how each family member was a light in the world that day.

▶ It is difficult to know everyone in your parish. Each month make an effort to introduce yourselves as a family to one new family in your parish.

■ Our Spiritual Journey

Our spiritual pilgrimage is a journey of hope. It is with confidence that we trust that God's promise of eternal life will come true. Learn and help your child learn an act of hope. Pray it regularly.

For more ideas on ways your family can live as disciples of Jesus, visit **BeMyDisciples.com**

CAPÍTULO 7

El Espíritu Santo, nuestro Protector

[?] ¿Quiénes son algunas de las personas que te ayudan a aprender cosas nuevas?

Todos necesitan maestros y protectores. El Espíritu Santo es el maestro y protector especial que Jesús nos envió.

Jesús dijo a sus discípulos: "Dios, mi Padre, les enviará al Espíritu Santo. El Espíritu Santo será su protector". BASADO EN JUAN 14:26

[?] ¿Qué sabes acerca del Espíritu Santo?

CHAPTER 7

The Holy Spirit, Our Helper

? Who are some of the people who help you to learn new things?

Everyone needs teachers and helpers. The Holy Spirit is the special teacher and helper whom Jesus sent to us.

> Jesus told his disciples, "God, my Father, will send you the Holy Spirit. The Holy Spirit will be your helper."   BASED ON JOHN 14:26

? What do you know about the Holy Spirit?

Consejo

El consejo es otra palabra para describir la ayuda que nos da un buen maestro. El consejo es un Don del Espíritu Santo. Este don ayuda a que elijamos vivir como seguidores de Jesús.

La Iglesia sigue a **Jesús**

Signos del Espíritu Santo

Podemos aprender acerca de Dios de muchas maneras diferentes, a través de ilustraciones y palabras. Algunas iglesias tienen vitrales. Pueden mostrar a Jesús, María, los Santos o los símbolos del Espíritu Santo. Las llamas de fuego y una paloma blanca son dos símbolos del Espíritu Santo.

La luz que brilla a través de los vitrales nos recuerda el amor de Dios por nosotros. El Espíritu Santo nos ayuda a compartir ese amor con los demás.

Actividad

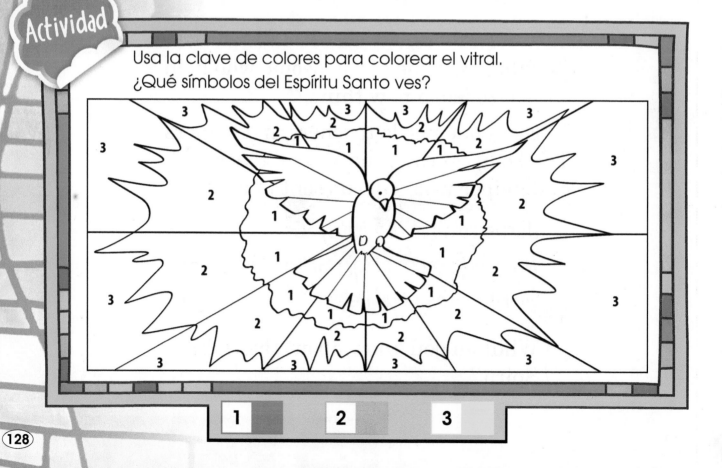

Usa la clave de colores para colorear el vitral.
¿Qué símbolos del Espíritu Santo ves?

| 1 | | 2 | | 3 |

The Church Follows **Jesus**

Read to Me

Signs of the Holy Spirit

We can learn about God in many different ways, through words and pictures. Some churches have stained-glass windows. They may show Jesus, Mary, the Saints, or symbols of the Holy Spirit. Flames of fire and a white dove are two symbols of the Holy Spirit.

The light shining through stained-glass windows reminds us of God's love for us. The Holy Spirit helps us to share that love with others.

Disciple Power

Counsel

Counsel is another word for the help that a good teacher gives us. Counsel is a Gift of the Holy Spirit. This gift helps us choose to live as followers of Jesus.

Activity

Use the color key to color the stained-glass window. What symbols for the Holy Spirit do you see?

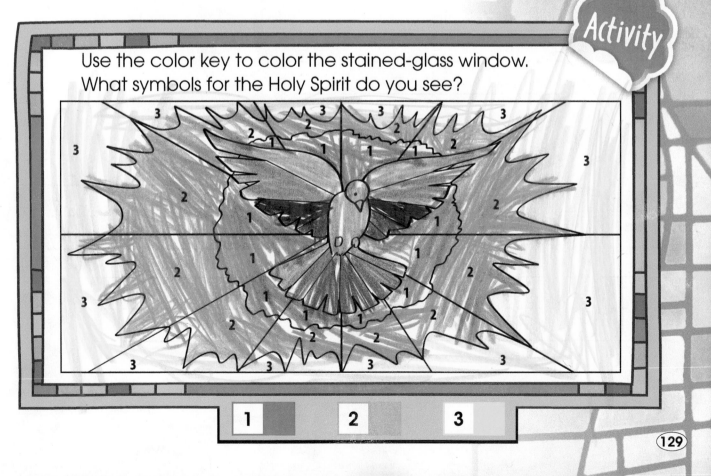

| 1 | 2 | 3 |

129

Enfoque en la fe
¿Cómo nos ayuda
y nos enseña el
Espíritu Santo?

Palabras de fe

Espíritu Santo
El Espíritu Santo es la
Tercera Persona de
la Santísima Trinidad.
El Espíritu Santo está
siempre con nosotros
para ser nuestro
protector.

Santísima Trinidad
La Santísima Trinidad
es un Dios en Tres
Personas Divinas:
Dios Padre, Dios Hijo
y Dios Espíritu Santo.

El Espíritu Santo está con nosotros

Jesús nos enseñó que hay solo un Dios.
Jesús es el Hijo de Dios. Él nos enseñó acerca
de Dios Padre y Dios **Espíritu Santo.**

Jesús nos enseñó que hay un Dios en
Tres Personas Divinas. Enseñó que hay
un Dios, que es Dios Padre, Dios Hijo
y Dios Espíritu Santo. Esto se llama la
Santísima Trinidad.

Un trébol nos ayuda a recordar que
hay Tres Personas Divinas en un Dios.
Traza el nombre de
estas Personas
en las tres hojas.

Actividad

Padre

Hijo

Espíritu Santo

The Holy Spirit Is with Us

Jesus taught us that there is only one God. Jesus is the Son of God. He taught us about God the Father and God the **Holy Spirit**.

Jesus taught us that there is One God in Three Divine Persons. He taught that there is One God, who is God the Father, God the Son, and God the Holy Spirit. This is called the **Holy Trinity**.

Faith Focus
How does the Holy Spirit help and teach us?

Faith Words
Holy Spirit
The Holy Spirit is the Third Person of the Holy Trinity. The Holy Spirit is always with us to be our helper.

Holy Trinity
The Holy Trinity is One God in Three Divine Persons—God the Father, God the Son, and God the Holy Spirit.

Activity

A shamrock helps us remember that there are Three Divine Persons in One God. Trace the name of these Persons in the three Leaves.

Father

Son

Holy Spirit

San Patricio

San Patricio era un obispo. Enseñó a los habitantes de Irlanda sobre la Santísima Trinidad. La Iglesia celebra el día de San Patricio el 17 de marzo.

La promesa de Jesús

Jesús hizo una promesa a sus amigos. Les prometió que Dios Padre les enviaría un protector. Jesús dijo:

El Padre les enviará un protector que estará siempre con ustedes.

BASADO EN JUAN 14:16

Dios Espíritu Santo es el protector que el Padre enviaría.

Jesús dijo a sus amigos que el Espíritu Santo sería su maestro y protector.

El Espíritu Santo nos ayuda a entender lo que Jesús dijo e hizo. El Espíritu Santo nos ayuda a vivir como seguidores de Jesús.

Actividad

Colorea con un color los espacios que tienen una **X**, y con otros colores, los espacios que tienen una **O**. Descubre el nombre de la Tercera Persona de la Santísima Trinidad.

Jesus' Promise

Jesus made a promise to his friends. He promised that God the Father would send them a helper. Jesus said,

The Father will give you a helper who will always be with you.

BASED ON JOHN 14:16

God the Holy Spirit is the helper whom the Father would send.

Jesus told his friends that the Holy Spirit would be their teacher and helper.

The Holy Spirit helps us understand what Jesus said and did. The Holy Spirit helps us live as Jesus' followers.

Faith-Filled People

Saint Patrick

Saint Patrick was a bishop. He taught people in Ireland about the Holy Trinity. The Church celebrates the feast day of Saint Patrick on March 17.

Activity

Color the spaces with **X**s one color and the spaces with **O**s other colors. Find out the name of the Third Person of the Holy Trinity.

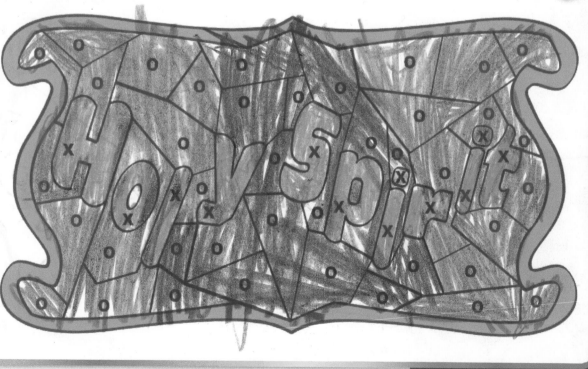

Signos y símbolos

Los signos y símbolos nos ayudan a entender el significado de lo que Dios nos ha dicho. La Iglesia usa una hermosa paloma blanca como signo del Espíritu Santo.

El don del Espíritu Santo

El Espíritu Santo es la Tercera Persona de la Santísima Trinidad. Recibimos por primera vez el don del Espíritu Santo en el Bautismo. El Espíritu Santo está siempre con nosotros.

El Espíritu Santo nos enseña a rezar. El Espíritu Santo nos ayuda a aprender lo que Jesús enseñó.

El Espíritu Santo nos ayuda y nos enseña a seguir a Jesús. Jesús dijo a sus seguidores:

> Ámense los unos a los otros como yo los amo.
>
> BASADO EN JUAN 13:34

El Espíritu Santo nos ayuda y nos enseña a amar a Dios y a amarnos los unos a los otros.

Actividad

En cada casilla, escribe el número de la ilustración que se relaciona con cada una de las oraciones.

☐ Ayudo a mi comunidad.

☐ Ayudo a mi familia.

☐ Rezo mis oraciones.

The Gift of the Holy Spirit

The Holy Spirit is the Third Person of the Holy Trinity. We first receive the gift of the Holy Spirit at Baptism. The Holy Spirit is always with us.

The Holy Spirit teaches us to pray. The Holy Spirit helps us learn what Jesus taught.

The Holy Spirit helps and teaches us to follow Jesus. Jesus told his followers,

Love one another as I love you.

BASED ON JOHN 13:34

The Holy Spirit helps and teaches us to love God and one another.

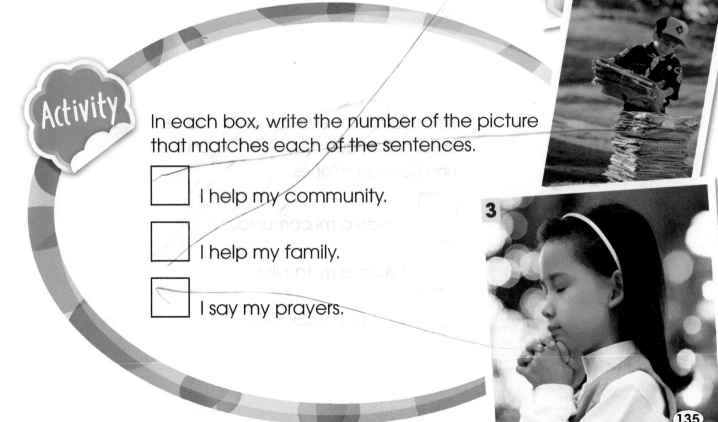

Activity

In each box, write the number of the picture that matches each of the sentences.

☐ I help my community.

☐ I help my family.

☐ I say my prayers.

Yo sigo a Jesús

Dios Espíritu Santo está siempre contigo. El Espíritu Santo es tu protector y tu maestro. El Espíritu Santo te ayuda a tomar buenas decisiones como seguidor de Jesús.

Actividad

Enséñame a amar

Haz un dibujo del Espíritu Santo ayudándote a demostrar amor.

Mi elección de fe

Esta semana, recordaré hacer lo que dibujé o escribí.

 Reza: "Gracias, Espíritu Santo, por ayudarme a demostrar mi amor como Jesús enseñó. Amen".

God the Holy Spirit is always with you. The Holy Spirit is your helper and teacher. The Holy Spirit helps you to make good choices as a follower of Jesus.

I Follow Jesus

Teach Me to Love

Draw about the Holy Spirit helping you show love.

This week I will remember to do what I drew or wrote about.

My Faith Choice

Pray, "Thank you, Holy Spirit, for helping me to show my love as Jesus taught. Amen."

1. El Espíritu Santo nos ayuda y nos enseña a rezar.

2. El Espíritu Santo nos ayuda a saber lo que Jesús enseñó.

3. El Espíritu Santo nos ayuda y nos enseña a hacer lo que Jesús nos pidió que hiciéramos.

Repaso del capítulo

Encierra en un círculo los nombres de la sopa de letras.
Comparte lo que cada nombre dice acerca de Dios.

Padre	Hijo	Espíritu Santo

```
Q   P   A   D   R   E   R   D
W   H   I   J   O   I   P   W
E   S   P   I   R   I   T   U
P   S   A   N   T   O   D   P
```

Ven, Espíritu Santo

Aprende esta oración al Espíritu Santo.
Récenla juntos. Usa gestos al rezar.

Ven,
Espíritu Santo,
llena nuestro corazón con
el fuego de
tu amor.
Amén.

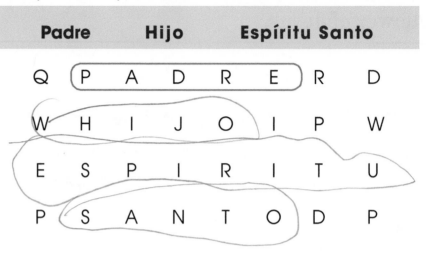

Chapter Review

Circle the names in the puzzle. Share what each name tells about God.

Father	Son	Holy Spirit

```
Q  F  A  T  H  E  R
W  S  O  N  E  O  P
H  O  L  Y  C  M  S
L  S  P  I  R  I  T
```

▶ TO HELP YOU REMEMBER

1. The Holy Spirit helps and teaches us to pray.

2. The Holy Spirit helps us to know what Jesus taught.

3. The Holy Spirit helps and teaches us to do what Jesus asked us to do.

Come, Holy Spirit

Learn this prayer to the Holy Spirit.
Pray it together. Use gestures to pray.

**Come,
Holy Spirit,
fill our hearts with
the fire of
your love.
Amen.**

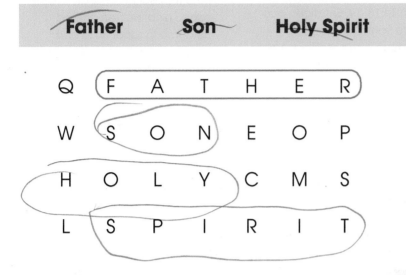

Con mi familia

Esta semana...

En el capítulo 7, "El Espíritu Santo, nuestro Protector", su niño aprendió que:

▶ La Santísima Trinidad es el misterio de Un Dios en Tres Personas Divinas. Antes de que Jesús muriera, prometió a los discípulos que no los dejaría solos y que el Padre les enviaría al Intérprete.

▶ El Espíritu Santo es el Intérprete que el Padre envió y que está siempre con nosotros. El Espíritu Santo nos ayuda a saber, a creer y a vivir lo que Jesús enseñó.

▶ El consejo es un Don del Espíritu Santo que nos ayuda a tomar buenas decisiones, como Jesús enseñó.

Para saber más sobre otras enseñanzas de la Iglesia, consulten el *Catecismo de la Iglesia Católica*, 232–248 y 683–741, y el *Catecismo Católico de los Estados Unidos para los Adultos*, páginas 101–110.

◼ Compartir la Palabra de Dios

Lean juntos el relato del Evangelio de Juan 14:15–19. Enfaticen que el Espíritu Santo, el Intérprete, está siempre con nosotros para enseñarnos y ayudarnos a vivir como Jesús enseñó.

◼ Vivimos como discípulos

El hogar cristiano con la familia es una escuela de discipulado. Elijan una o más de las siguientes actividades para hacer en familia, o creen una actividad similar ustedes mismos.

▶ Hagan tarjetas de oración, usando la Oración al Espíritu Santo de la página 138. Decoren las tarjetas con signos y símbolos del Espíritu Santo. Conserven las tarjetas para que les recuerden que el Espíritu Santo está siempre con su familia como maestro y protector.

▶ Esta semana, su niño aprendió acerca de la Santísima Trinidad. Ahora es un buen momento para repasar la Señal de la Cruz con su niño. Hablen acerca de cómo la señal de la cruz nombra a las tres Personas de la Santísima Trinidad.

◼ Nuestro viaje espiritual

Dar consejo es una de las Obras de Misericordia Espirituales. Hagan al Espíritu Santo el centro de su proceso de toma de decisiones y enseñen a su niño a hacer lo mismo. Enseñen a su niño a respetar el consejo de adultos confiables, como padres, maestros y familiares mayores. En este capítulo, su niño aprendió a rezar al Espíritu Santo. Lean y recen juntos la oración que está en la página 138.

Para hallar más ideas sobre las maneras en que su familia puede vivir como discípulos de Jesús, visiten **seanmisdiscipulos.com**

With My Family

This Week . . .

In chapter 7, "The Holy Spirit, Our Helper," your child learned:

▶ The Holy Trinity is the mystery of One God in Three Divine Persons. Before Jesus died, he promised the disciples that he would not leave them alone, and that the Father would send them the Advocate.

▶ The Holy Spirit is the Advocate whom the Father sent and who is always with us. The Holy Spirit helps us to know, believe, and live what Jesus taught.

▶ Counsel is a Gift of the Holy Spirit that helps us to make good decisions, as Jesus taught.

For more about related teachings of the Church, see the *Catechism of the Catholic Church,* 232–248 and 683–741, and the *United States Catholic Catechism for Adults,* pages 101–110.

■ Sharing God's Word

Read together the Gospel story in John 14:15–19. Emphasize that the Holy Spirit, the Advocate, is always with us to teach and help us to live as Jesus taught.

■ We Live as Disciples

The Christian home and family is a school of discipleship. Choose one or more of the following activities to do as a family, or design a similar activity of your own.

▶ Make prayer cards, using the Prayer to the Holy Spirit on page 139. Decorate the cards with signs and symbols of the Holy Spirit. Keep the cards to remind you that the Holy Spirit is always with your family as teacher and helper.

▶ This week your child learned about the Holy Trinity. Now is a good time to review the Sign of the Cross with your child. Talk about how the Sign of the Cross names all three Persons of the Holy Trinity.

■ Our Spiritual Journey

To give counsel is one of the Spiritual Works of Mercy. Make the Holy Spirit the center of your decision-making process and teach your child to do the same. Teach your child to respect the counsel of trusted adults, such as parents, teaches, and older family members. In this chapter, your child learned a prayer to the Holy Spirit. Read and pray together the prayer on page 139.

For more ideas on ways your family can live as disciples of Jesus, visit **BeMyDisciples.com**

La Iglesia

? ¿Qué actividades hacen juntos como familia?

Cada uno de nosotros pertenecemos a nuestra familia. También pertenecemos a la familia de la Iglesia. La Biblia nos dice:

Los primeros miembros de la Iglesia pasaban tiempo juntos. Recordaban a Jesús. Compartían unos con otros todo lo que tenían. Rezaban juntos. Partían el pan y lo compartían juntos. Juntos alababan a Dios.

BASADO EN HECHOS DE LOS APÓSTOLES 2:42

? ¿Qué hace tu familia en la iglesia?

CHAPTER 8

The Church

 What do you do together as a family?

Each of us belongs to our family. We also belong to the family of the Church. The Bible tells us:

> The first members of the Church spent time together. They remembered Jesus. They shared all they had with one another. They prayed together. They broke and shared bread together. Together they praised God.

BASED ON ACTS OF THE APOSTLES 2:42

 What does your family do at church?

San Pablo

Lee para mí

Los miembros de la Iglesia son una comunidad. Hacen juntos muchas cosas que honran a Jesús. Una de las cosas que hacen es hablar a los demás sobre Jesús.

San Pablo fue uno de los primeros miembros de la Iglesia. Le contó a muchas personas acerca de Jesús. Viajó por tierra y por mar a lugares lejanos para hablar a las personas acerca de Jesús.

Hoy en día, la Iglesia le cuenta a personas de todo el mundo acerca de Jesucristo, así como lo hizo San Pablo. Mostramos reverencia por San Pablo y por todos los Santos.

? ¿A quiénes conoces en la Iglesia? ¿Qué te enseñan a ti y a otras personas acerca de Jesús?

Saint Paul

Read to Me

The members of the Church are a community. They do many things together that honor Jesus. One of the things that they do is to tell others about Jesus.

Saint Paul was one of the first members of the Church. He told many people about Jesus. He traveled by land and by sea to faraway lands to tell people about Jesus.

Today, the Church tells people all over the world about Jesus Christ, just as Saint Paul did. We show reverence for Saint Paul and all holy people.

? Who do you know in the Church? How do they teach you and other people about Jesus?

Disciple Power

Reverence

The Holy Spirit gives us the gift of reverence. We show reverence to someone when we honor them and give them great respect.

Enfoque en la fe
¿Quién nos ayuda
a vivir como
seguidores de Jesús?

Palabras de fe
Iglesia
La Iglesia es el
Pueblo de Dios que
cree en Jesús y vive
como sus seguidores.

Católicos
Los católicos son
seguidores de Jesús
y miembros de la
Iglesia Católica.

Nuestra familia de la Iglesia

Al Pueblo de Dios que cree en Jesús y vive como sus seguidores, se le llama **Iglesia**.

Después de que Jesús resucitado regresara a su Padre en el Cielo, los discípulos fueron a la ciudad de Jerusalén. El Espíritu Santo vino a ellos como Jesús lo había prometido.

Lee lo que sucedió:

Los discípulos estaban juntos en una habitación. El poder del Espíritu Santo los llenó. BASADO EN HECHOS DE LOS APÓSTOLES 2:1-4

El Espíritu Santo ayudó a los discípulos a contarles a las personas acerca de Jesús. Invitaron a las personas a ser bautizadas. Así empezó la misión de la Iglesia.

Escribe o dibuja algo que Jesús haya hecho y que puedas compartir con los demás. Cuéntale a un compañero. El Espíritu Santo te ayudará.

Actividad

Our Church Family

The People of God who believe in Jesus and live as his followers are called the **Church**.

After the Risen Jesus returned to his Father in Heaven, the disciples went to the city of Jerusalem. The Holy Spirit came to the them as Jesus had promised.

Read what happened:

The disciples were together in a room. The power of the Holy Spirit filled them. BASED ON ACTS OF THE APOSTLES 2:1–4

The Holy Spirit helped the disciples tell people about Jesus. They invited people to be baptized. The work of the Church began.

Faith Focus
Who helps us to live as followers of Jesus?

Faith Words
Church
The Church is the People of God who believe in Jesus and live as his followers.

Catholics
Catholics are followers of Jesus and members of the Catholic Church.

Activity

Write or draw something Jesus did that you can share with others. Tell a partner. The Holy Spirit will help you.

San Pedro Apóstol

San Pedro Apóstol fue uno de los primeros discípulos de Jesús. Jesús eligió a Pedro para que fuera el primer líder de toda la Iglesia. La Iglesia celebra el día de San Pedro y San Pablo el 29 de junio.

Somos católicos

La Iglesia Católica se remonta a los tiempos de Jesús y los Apóstoles. Pertenecemos a la Iglesia Católica. Nos unimos a la Iglesia Católica cuando nos bautizamos.

Los **católicos** son seguidores de Jesucristo. Hacemos lo que Jesús nos enseñó. Aprendemos acerca de Dios y su amor por nosotros. Enseñamos a los demás acerca de Jesús. Trabajamos juntos para ayudar a los demás.

Rezamos juntos y compartimos nuestro amor por Jesús.

Actividad

Halla la letra que corresponde a cada número.
Escribe la letra en la línea que está encima del número.
Descubre tres cosas que hacen los católicos.

A	B	C	D	E	F	G	H	I	J	K	L	M
1	2	3	4	5	6	7	8	9	10	11	12	13
N	O	P	Q	R	S	T	U	V	W	X	Y	Z
14	15	16	17	18	19	20	21	22	23	24	25	26

A   P   R   E   N   D   E   N
1   16   18   5   14   4   5   14

R   E   Z   A   N
18   5   26   1   14

A   Y   T   D   A   N
1   25   21   4   1   14

We Are Catholics

The Catholic Church goes all the way back to Jesus and the Apostles. We belong to the Catholic Church. We join the Catholic Church when we are baptized.

Catholics are followers of Jesus Christ. We do what Jesus taught us. We learn about God and his love for us. We teach others about Jesus. We work together to help others.

We pray together and share our love for Jesus.

Activity

Find the letter that goes with each number. Write the letter on the line above the number. Find out three things that Catholics do.

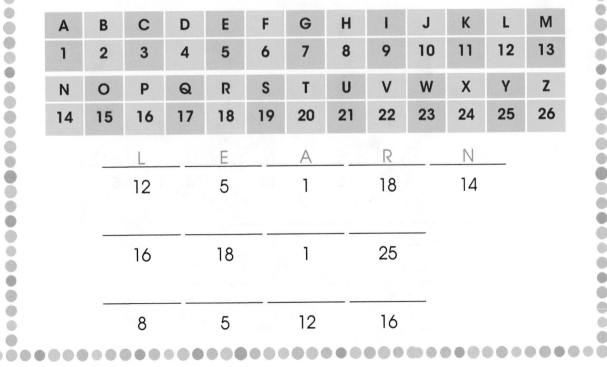

A	B	C	D	E	F	G	H	I	J	K	L	M
1	2	3	4	5	6	7	8	9	10	11	12	13

N	O	P	Q	R	S	T	U	V	W	X	Y	Z
14	15	16	17	18	19	20	21	22	23	24	25	26

L E A R N
12 5 1 18 14

___ ___ ___ ___
16 18 1 25

___ ___ ___ ___
8 5 12 16

Los católicos creen

El Papa

El Papa es el líder de toda la Iglesia Católica. El Papa nos ayuda a vivir como seguidores de Jesús.

Los Santos

Los miembros de la Iglesia nos muestran cómo vivir como seguidores de Jesús. Algunas de estas personas son Santas. Los santos son adultos y niños de todo el mundo. Ahora viven con Dios en el Cielo. La Iglesia ha nombrado muchos Santos.

María, Madre de Jesús, es la Santa más importante de todos. Podemos rezarle a María y a los otros Santos. Todos los Santos nos ayudan a vivir como hijos de Dios. Quieren que vivamos como seguidores de Jesús. Quieren que seamos felices con Dios en la Tierra y en el Cielo.

? ¿Quiénes te muestran cómo vivir como hijo de Dios? ¿Cómo te lo muestran?

Papa Francisco

San José   Santa María

The Saints

Members of the Church show us how to live as followers of Jesus. Some of these people are called Saints. Saints are grown-ups and children from all over the world. They now live with God in Heaven. The Church has named many Saints.

Mary, Mother of Jesus, is the greatest Saint of all. We can pray to Mary and the other Saints. All of the Saints help us to live as children of God. They want us to live as followers of Jesus. They want us to be happy with God on Earth and in Heaven.

? Who shows you how to live as a child of God? How do they show you?

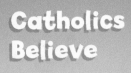

Catholics Believe

The Pope

The Pope is the leader of the whole Catholic Church. The Pope helps us to live as followers of Jesus.

Pope Francis

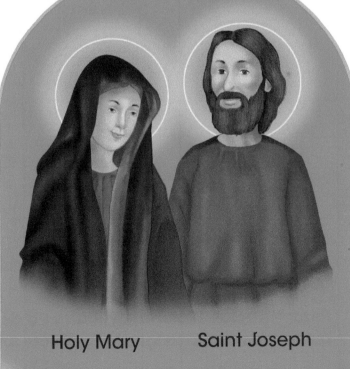

Holy Mary   Saint Joseph

Yo sigo a JESÚS

El Espíritu Santo te da el don de la reverencia. Este don te ayuda a honrar a Dios. Honras a Dios cuando lo sirves a Él y a los demás como Jesús enseñó. Demuestras que eres un buen católico.

Actividad

Honrar a Dios y a los demás

En una huella, muestra cómo honrarás a Dios. En la otra huella, muestra cómo honrarás a los demás.

Mi elección de fe

Puedo demostrar reverencia hacia Dios y los demás. Esta semana, haré lo que dibujé en las huellas de arriba.

Reza: "Gracias, Dios, por ayudarme a demostrar que pertenezco a la Iglesia Católica. Amén".

The Holy Spirit gives you the gift of reverence. This gift helps you to honor God. You honor God when you serve him and others as Jesus taught. You show that you are a good Catholic.

Activity

Honoring God and Others

In one footstep, show how you will honor God. In the other footstep, show how you will honor others.

I can show reverence to God and others. This week I will do what I drew in the footsteps above.

My Faith Choice

 Pray, "Thank you, God, for helping me to show that I belong to the Catholic Church. Amen."

1. El Espíritu Santo ayuda a todos los miembros de la Iglesia.

2. La Iglesia nos ayuda a hacer lo que Jesús nos enseñó.

3. Los Santos nos ayudan a vivir como seguidores de Jesús.

Repaso del capítulo

Colorea el círculo que está junto a la palabra que completa mejor cada oración.

1. El _____ vino a los seguidores de Jesús en Pentecostés.

   ◯ Santos   ⬤ Espíritu Santo

2. _____ es la Santa más importante.

   ◯ Pedro   ◯ María

3. Pablo contó a muchas personas acerca de _____.

   ◯ Jesús   ◯ María

Letanía de los Santos

Alabamos y agradecemos a Dios por los Santos en la letanía. Recen juntos.

Líder Santa María, Madre de Dios,

Todos **ruega por nosotros.**

Líder San Pablo,

Todos **ruega por nosotros.**

Líder Santa Ana, Madre de María

Todos **ruega por nosotros.**

Líder Todos los Santos y las Santas,

Todos **rueguen por nosotros.**

Chapter Review

Color the circle next to the word that best completes each sentence.

1. The _____ came to Jesus' followers on Pentecost.

   ○ Saints   ◉ Holy Spirit

2. _____ is the greatest Saint.

   ○ Peter   ○ Mary

3. Paul told many people about _____.

   ○ Jesus   ○ Mary

TO HELP YOU REMEMBER

1. The Holy Spirit helps all members of the Church.

2. The Church helps us to do what Jesus taught us.

3. The Saints help us to live as followers of Jesus.

Litany of the Saints

We praise and thank God for the Saints in a litany prayer. Pray together.

Leader	Holy Mary, Mother of God,
All	**pray for us.**
Leader	Saint Paul,
All	**pray for us.**
Leader	Saint Anne, Mother to Mary,
All	**pray for us.**
Leader	All holy men and women,
All	**pray for us.**

Con mi familia

Esta semana...

En el capítulo 8, ""La Iglesia", su niño aprendió que:

▶ La Iglesia empezó en Pentecostés. En Pentecostés, el Espíritu Santo se posó sobre los discípulos, y ellos recibieron el poder para salir y predicar a los demás acerca de Jesús. Así empezó la misión que Jesús le dio a la Iglesia.

▶ Dios nos ha llamado a todos en Cristo para que seamos su Iglesia, el nuevo Pueblo de Dios. Cristo es la Cabeza de la Iglesia, el Cuerpo de Cristo. Nosotros somos miembros de la Iglesia. Creemos en Jesucristo y en todo lo que nos reveló.

▶ Trabajamos juntos como Cuerpo de Cristo para compartir con los demás nuestro amor por Jesús. Los Santos nos brindan ejemplos de cómo vivir como discípulos de Jesucristo en el mundo actual.

▶ El Espíritu Santo nos da el don de la reverencia. Este don nos inspira a honrar a Dios sirviéndolo a Él y a los demás.

Para saber más sobre otras enseñanzas de la Iglesia, consulten el *Catecismo de la Iglesia Católica,* 737–741 y 748–801, y el *Catecismo Católico de los Estados Unidos para los Adultos,* páginas 111–123.

■ Compartir la Palabra de Dios

Lean juntos el relato bíblico de Hechos 2:1–41 sobre Pentecostés o lean la adaptación del relato de la página 146. Enfaticen que, en Pentecostés, el Espíritu Santo vino a los discípulos, y que los discípulos empezaron la misión de la Iglesia.

■ Vivimos como discípulos

El hogar cristiano con la familia es una escuela de discipulado. Elijan una o más de las siguientes actividades para hacer en familia, o creen una actividad similar ustedes mismos.

▶ Identifiquen y nombren maneras en que ustedes viven como miembros de la Iglesia Católica. Por ejemplo, participamos de la Misa, ayudamos a los pobres y los hambrientos, ayudamos a nuestros prójimos necesitados, o visitamos y cuidamos a los enfermos.

▶ Los Santos nos muestran cómo vivir como seguidores de Jesús. Si su parroquia tiene el nombre de un Santo, dediquen tiempo esta semana para averiguar más acerca de él. Hablen acerca de cómo este u otro Santo, si su parroquia no tiene el nombre de un Santo, los ayuda a vivir como una familia cristiana.

■ Nuestro viaje espiritual

La Iglesia es la Comunión de los Santos. Cuando morimos, nuestra vida cambia, pero no termina. Los Santos de la Iglesia siguen siendo nuestros compañeros en nuestro viaje terrenal. En este capítulo, su hijo rezó una parte de la letanía de los santos. Lean y recen juntos la oración que está en la página 154.

Para hallar más ideas sobre las maneras en que su familia puede vivir como discípulos de Jesús, visiten

seanmisdiscipulos.com

With My Family

This Week . . .

In chapter 8, In chapter 8, "The Church," your child learned:

▶ The Church began on Pentecost. On Pentecost, the Holy Spirit came upon the disciples, and they received the power to go out and preach to others about Jesus. The work that Jesus gave to the Church began.

▶ God has called us together in Christ to be his Church, the new People of God. Christ is the Head of the Church, the Body of Christ. We are members of the Church. We believe in Jesus Christ and in everything he revealed to us.

▶ We work together as the Body of Christ to share our love for Jesus with others. The Saints provide us with examples of how to live as disciples of Jesus Christ in the world today.

▶ The Holy Spirit gives us the gift of reverence. This gift inspires us to honor God by serving him and others.

For more about related teachings of the Church, see the *Catechism of the Catholic Church,* 737–741 and 748–801, and the *United States Catholic Catechism for Adults,* pages 111–123.

■ Sharing God's Word

Read together the Bible story in Acts 2:1–41 about Pentecost or read the adaptation of the story on page 147. Emphasize that on Pentecost the Holy Spirit came to the disciples, and the disciples began the work of the Church.

■ We Live as Disciples

The Christian home and family is a school of discipleship. Choose one or more of the following activities to do as a family, or design a similar activity of your own.

▶ Identify and name ways that you live as members of the Catholic Church. For example, we take part in Mass, we help the poor and hungry, we help a neighbor in need, or we visit the sick.

▶ The Saints show us how to live as followers of Jesus. If your parish is named after a saint, take time this week to find out more about the Saint. Talk about how this saint or another Saint, if your parish is not named after a Saint, helps you live as a Christian family.

■ Our Spiritual Journey

The Church is the Communion of Saints. When we die, our life is changed but not ended. The Saints of the Church continue to be our companions on our earthly journey. In this chapter, your child prayed part of the Litany of the Saints. Read and pray together the prayer on page 155.

For more ideas on ways your family can live as disciples of Jesus, visit **BeMyDisciples.com**

Unidad 2: **Repaso**

A. Elije la mejor palabra

Completa las oraciones. Colorea el círculo junto a la mejor opción.

1. Dios eligió a _____ para que fuera la madre de Jesús.

○ Gabriel ◉ María

2. Jesús nos _____ tanto que dio su vida por nosotros.

◉ amó ○ extrañó

3. Jesús regresó a su Padre en _____.

◉ el Cielo ○ Nazaret

4. El _____ nos ayuda y nos enseña a rezar.

○ Creador ◉ Espíritu Santo

5. Los _____ de la Iglesia nos ayudan a vivir como seguidores de Jesús.

◉ Santos ○ ángeles

B. Muestra lo que sabes

Encierra en un círculo los números que están junto a las palabras que hablan acerca de la Santísima Trinidad.

1. Dios Padre

2. María, Madre de Dios

3. Jesús Hijo

4. el Espíritu Santo

5. el Pueblo de Dios

6. los Santos

Unit 2 Review

A. Choose the Best Word

Complete the sentences. Color the circle next to the best choice.

1. God chose _____ to be the mother of Jesus.

○ Gabriel   ● Mary

2. Jesus _____ us so much that he gave his life for us.

● loved   ○ missed

3. Jesus returned to his Father in _____.

● Heaven   ○ Nazareth

4. The _____ helps and teaches us to pray.

○ Creator   ● Holy Spirit

5. The _____ of the Church help us to live as followers of Jesus.

● Saints   ○ angels

B. Show What You Know

Circle the numbers next to the words that tell about the Holy Trinity.

1. God the Father   **4.** the Holy Spirit

2. Mary, the Mother of God   **5.** the People of God

3. Jesus the Son   **6.** the Saints

C. La Escritura y tú

¿Cuál fue tu relato preferido acerca de Jesús en esta unidad? Dibuja algo que sucedió en el relato. Cuéntaselo a tu clase.

D. Sé un discípulo

1. *¿Acerca de qué Santo o persona virtuosa disfrutaste aprender más en esta unidad? Escribe el nombre aquí. Cuenta a tu clase lo que esta persona hizo para seguir a Jesús.*

_____

_____

_____

_____

_____

2. *¿Qué puedes hacer para ser un buen discípulo de Jesús?*

_____

_____

_____

_____

_____

C. Connect with Scripture

What was your favorite story about Jesus in this unit? Draw something that happened in the story. Tell your class about it.

D. Be a Disciple

1. *What Saint or holy person did you enjoy hearing about in this unit? Write the name here. Tell your class what this person did to follow Jesus.*

Saint paul

2. *What can you do to be a good disciple of Jesus?*

help others

Celebramos la Solemnidad de Nuestra Señora de Guadalupe el 12 de diciembre.

México: Nuestra Señora de Guadalupe

Nuestra Señora de Guadalupe es uno de los nombres de nuestra Bienaventurada Madre María. Ella se le apareció a un pobre llamado Juan Diego en México hace casi quinientos años. Quiso mostrar el amor de Dios por todas las personas, especialmente por los pobres.

Celebramos esta maravillosa aparición todos los años el 12 de diciembre. En la ciudad de México hay una iglesia especial para honrar a Nuestra Señora de Guadalupe. Personas de todo el país vienen a la ciudad de México para celebrar allí. Le agradecen por responder a sus plegarias.

Afuera de la iglesia, tocan las bandas y giran los bailarines. Todas las ciudades tienen una fiesta. Lanzan fuegos artificiales. Casi todas las familias arman un altar para María. Encienden velas y le llevan flores. Todos muestran su amor por María, Nuestra Señora de Guadalupe.

? ¿También tú puedes rezarle a Nuestra Señora de Guadalupe. ¿Qué te gustaría decirle?

Mexico: Our Lady of Guadalupe

We celebrate the Feast of Our Lady of Guadalupe on December 12.

Our Lady of Gaudalupe is a name for our Blessed Mother Mary. She appeared to a poor man named Juan Diego in Mexico almost five hundred years ago. She wanted to show God's love for all people, especially the ones who were poor.

We celebrate this wonderful appearance every year on December 12. In Mexico City there is a special church to honor Our Lady of Guadalupe. People from all over the country come to Mexico City to celebrate there. They thank her for answering their prayers.

Outside the church, bands play and dancers twirl. Every city has a fiesta. They set off fireworks. Almost every family puts up an altar for Mary. They light candles and bring flowers. Everyone shows their love for Mary, Our Lady of Guadalupe.

? You can pray to Our Lady of Gaudalupe too. What would you like to tell her?

¡Vengan, síganme!

Jesús miró hacia el agua y vio a Simón y a Andrés, que estaban pescando. Los llamó y les dijo: "Vengan, síganme y yo los haré pescadores de hombres en vez de peces."

Los dos hermanos dijeron: "¡Sí!". Y siguieron a Jesús.

Enseguida, Jesús vio a otros dos pescadores llamados Santiago y Juan. Ellos estaban arreglando las redes.

Jesús les dijo: "Vengan, síganme." Los hermanos dijeron: "¡Sí!". Y siguieron a Jesús.

BASADO EN MARCOS 1:16–20

We Worship

Part One

Come, Follow Me

Jesus looked out on the water and saw Simon and Andrew fishing. He called to them, "Come, follow me. I will teach you how to catch people, instead of fish."

The two brothers said, "Yes!" Off they went to follow Jesus.

Soon, Jesus spied two more fishermen named James and John. They were fixing their fishing nets.

"Come, follow me," Jesus said. The brothers said, "Yes!" Off they went to follow Jesus.

BASED ON MARK 1:16–20

Lo que he aprendido

¿Qué es lo que ya sabes acerca de estas palabras de fe?

Evangelio

_____

- -

_____

Bautismo

_____

- -

_____

Palabras de fe para aprender

Escribe **X** junto a las palabras de fe que sabes. Escribe **?** junto a las palabras de fe que necesitas aprender mejor.

Palabras de fe

_____ Pascua   _____ modestia   _____ Matrimonio

_____ Sacramentos   _____ bondad

Tengo una pregunta

¿Qué pregunta te gustaría hacer acerca de los Sacramentos?

_____

- -

_____

What I Have Learned

What is something you already know about these faith words?

Gospel

_____

- -

_____

Baptism

_____

- -

_____

Faith Words to Know

Put an **X** next to the faith words you know.
Put a **?** next to the faith words you need
to learn more about.

Faith Words

____ Easter ____ modesty ____ Marriage

____ Sacraments ____ goodness

A Question I Have

What question would you like to ask about
the Sacraments?

_____

- -

_____

CAPÍTULO 9

La Iglesia celebra a Jesús

? De las estaciones, o tiempos, del año, ¿cuál es tu preferida?

También la Iglesia tiene tiempos. Escuchemos lo que nos dice la Biblia sobre los tiempos del año. En la Biblia, Dios nos dice:

Hay un tiempo para todo. Hay en el año un momento para todo.

BASADO EN ECLESIASTÉS 3:1

? De los tiempos del año que celebras con la Iglesia, ¿cuál es tu preferido?

CHAPTER 9

The Church Celebrates Jesus

? What is your favorite season, or time, of the year?

The Church has seasons too. Let us listen to what the Bible tells us about the seasons of the year. In the Bible, God tells us:

There is a season for everything. There is a time of the year for everything.

BASED ON ECCLESIASTES 3:1

? What is your favorite time of the year that you celebrate with the Church?

Prudencia

La prudencia nos ayuda a pedir consejo a otros cuando tomamos decisiones importantes. Una persona prudente hace buenas elecciones. Nuestra familia de la Iglesia nos ayuda a hacer buenas elecciones.

La Iglesia sigue a **Jesús**

Celebrar el domingo Lee para mí

El domingo es el Día del Señor. Maya López y su familia celebran el domingo de muchas maneras.

Maya y su familia se reúnen con su familia de la Iglesia para adorar a Dios en la Misa. Todos los domingos, ellos recuerdan que Jesús resucitó de entre los muertos.

El domingo es un día especial también para la familia. La familia de Maya pasa junta muchos momentos. A veces visitan parientes. Otras veces se reúnen para compartir una comida especial. Ellos celebran que su familia forme parte de la familia de Dios.

? ¿Cómo celebra tu familia el domingo como el Día del Señor?

The Church Follows Jesus

Celebrating Sunday Read to Me

Sunday is the Lord's Day. Maya Lopez and her family keep Sunday holy in many ways.

Maya and her family gather with their Church family to worship God at Mass. Every Sunday they remember that Jesus was raised from the dead.

Sunday is a special family day too. Maya's family spends time together. Sometimes they visit relatives. Sometimes they gather for a special dinner. They celebrate that their family is part of God's family.

❓ How does your family celebrate Sunday as the Lord's Day?

Disciple Power

Prudence

Prudence helps us ask advice from others when making important decisions. A prudent person makes good choices. Our Church family helps us to make good choices.

171

Palabras de fe
año eclesiástico
El año eclesiástico se compone de cuatro tiempos. Estos son: Adviento, Navidad, Cuaresma y Pascua.

Pascua
La Pascua es un tiempo del año eclesiástico. Es la época del año cuando celebramos que Jesús resucitó de entre los muertos.

Los tiempos del año eclesiástico

Las diferentes épocas del **año eclesiástico** se llaman tiempos. Cada tiempo del año eclesiástico nos cuenta algo acerca de Jesús. Durante todo el año, recordamos el amor de Dios por nosotros.

Los tiempos del año eclesiástico son el Adviento, la Navidad, la Cuaresma, la Pascua y el Tiempo Ordinario. Cada tiempo del año eclesiástico tiene su color propio. Esto nos ayuda a recordar el tiempo del año eclesiástico que estamos celebrando.

Adviento

El Adviento es el primer tiempo del año eclesiástico. El tiempo de Adviento dura cuatro semanas. La corona de Adviento nos recuerda que debemos prepararnos para la Navidad. Preparamos nuestro corazón para Jesús. El color del Adviento es el morado.

Actividad

Colorea tres velas de morado y una vela de rosado en la corona de Adviento. Di cómo tu parroquia o tu familia usa una corona como esta para celebrar el Adviento.

The Seasons of the Church's Year

The different times of the **Church's year** are called its seasons. Each season of the Church's year tells us something about Jesus. All year long we remember God's love for us.

Advent, Christmas, Lent, Easter, and Ordinary Time are the seasons and time of the Church's year. Each season of the Church's year has its own color. This helps us to remember the season of the Church's year we are celebrating.

Advent

Advent is the first season of the Church's year. The Advent season is four weeks long. The Advent wreath reminds us to prepare for Christmas. We get our hearts ready for Jesus. The color for Advent is purple.

Faith Focus
What is the Church's year?

Faith Words

Church's year
The Church's year is made up of four seasons. They are Advent, Christmas, Lent, and Easter.

Easter
Easter is a season of the Church's year. It is the time of the year when we celebrate that Jesus was raised from the dead.

Activity

Color three candles purple and one candle pink in the Advent wreath. Tell how your parish or your family uses an Advent wreath to celebrate Advent.

173

San José fue el esposo de María y el padre adoptivo de Jesús. Un ángel le dijo a José que María iba a tener un bebé. Un ángel les dijo a María y a José que al bebé le pusieran de nombre Jesús. La Iglesia celebra el día de San José el 19 de marzo.

Navidad

La Navidad viene después del Adviento. Durante el tiempo de Navidad recordamos el nacimiento de Jesús. Él es el Hijo de Dios, que vino a la Tierra a vivir con nosotros. Jesús es el don más grandioso que Dios nos ha dado.

La Iglesia no celebra la Navidad un solo día. El tiempo de Navidad dura dos o tres semanas. Para celebrar la Navidad usamos el color blanco.

Actividad

Mira la ilustración. Cuenta a un compañero el relato de Navidad. Pide a un compañero que te cuente el relato de Navidad.

Christmas

Christmas comes after Advent. During the Christmas season we remember the birth of Jesus. He is God's Son who came to live on Earth with us. Jesus is God's greatest gift to us.

The Church's celebration of Christmas is not just one day. The season of Christmas lasts two or three weeks. We use the color white to celebrate Christmas.

Activity

Look at the picture. Tell the Christmas story to a classmate. Ask a classmate to tell you the Christmas story.

Días de Precepto

Además del domingo, los católicos tienen la responsabilidad de participar en la Misa otros días. Estos días se llaman días de precepto.

Cuaresma

Durante la Cuaresma recordamos que Jesús murió por nosotros en la Cruz. También nos preparamos para la Pascua. El tiempo de Cuaresma empieza el Miércoles de Ceniza y dura cuarenta días. El color de la Cuaresma es el morado.

Pascua

Durante la **Pascua** celebramos que Jesús resucitó de entre los muertos. Este es el tiempo más importante del año eclesiástico. El tiempo de Pascua dura alrededor de siete semanas. El cirio pascual se enciende para recordarnos que Jesús ha resucitado. El color de la Pascua es el blanco.

Tiempo Ordinario

Durante el Tiempo Ordinario, escuchamos relatos de la Biblia acerca de lo que dijo y lo que hizo Jesús. Aprendemos a ser seguidores de Jesús. El color del Tiempo Ordinario es el verde.

Actividad

Colorea los símbolos de Cuaresma, Pascua y Tiempo Ordinario. Usa los colores de los tiempos.

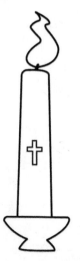

Lent

During Lent we remember that Jesus died for us on the Cross. We also get ready for Easter. The season of Lent begins on Ash Wednesday and lasts forty days. The color for Lent is purple.

Easter

During **Easter** we celebrate that Jesus was raised from the dead. This is the most important time of the Church's year. The season of Easter lasts about seven weeks. The Easter candle is lighted to remind us that Jesus is risen. The color for Easter is white.

Ordinary Time

During Ordinary Time we listen to Bible stories about what Jesus said and did. We learn to be followers of Jesus. The color for Ordinary Time is green.

Activity

Color the symbols for Lent, Easter, and Ordinary Time. Use the colors of the seasons.

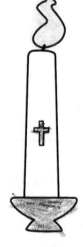

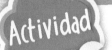

Yo sigo a Jesús

Cuando celebras los tiempos de la Iglesia, estás haciendo una buena elección. La prudencia te ayuda, a ti y también a los demás, a hacer esa buena elección.

Actividad

Celebrar a Jesús todo el año

Mira la ilustración. ¿Qué tiempo de la Iglesia muestra?

_____

- -

_____

Mi elección de fe

Voy a celebrar el tiempo del año eclesiástico en el que estamos ahora. Voy a

_____

- -

_____.

Reza: "Gracias, Espíritu Santo, por ayudarme a celebrar el año eclesiástico. Amén".

When you celebrate the Church's seasons, you are making a good choice. Prudence helps you to make that good choice and others too.

Celebrating Jesus All Year

Look at the picture. Which season of the Church does it show?

Easter

I will celebrate the season of the Church's year that we are in right now. I will

_____

- -

_____

Pray, "Thank you, Holy Spirit, for helping me to celebrate the Church's year. Amen."

1. La Iglesia tiene épocas y tiempos del año especiales.

2. El año eclesiástico se compone del Adviento, la Navidad, la Cuaresma, la Pascua y el Tiempo Ordinario.

3. El domingo es el Día del Señor.

Repaso del capítulo

Traza líneas para unir los tiempos de la Iglesia con lo que celebramos.

Tiempo	Lo que celebramos
1. Pascua	Nos preparamos para la Pascua.
2. Navidad	Celebramos que Jesús resucitó de entre los muertos.
3. Cuaresma	Nos preparamos para la Navidad.
4. Adviento	Recordamos el nacimiento de Jesús.

Te alabamos, Señor

Cuando adoramos a Dios, le decimos que solo Él es Dios. Recen juntos esta oración de alabanza.

Jesús nos enseñó a alabar a Dios.

Te alabamos, Señor.

A la mañana y a la noche,

Te alabamos, Señor.

En verano y en otoño,

Te alabamos, Señor.

En invierno y en primavera

Te alabamos, Señor.

Chapter Review

Draw lines to match the Church seasons with what we celebrate.

Season	What We Celebrate
1. Easter	We get ready for Easter.
2. Christmas	We celebrate that Jesus was raised from the dead.
3. Lent	We get ready for Christmas.
4. Advent	We remember the birth of Jesus.

Lord, We Praise You

When we worship God, we tell him that only he is God. Pray this prayer of praise together.

Jesus taught us to praise God.

Lord, we praise you.

In the morning and the night,

Lord, we praise you.

In the summer and the fall,

Lord, we praise you.

In the winter and the spring

Lord, we praise you.

Con mi familia

Esta semana...

En el capítulo 9, "La Iglesia celebra a Jesús", su niño aprendió que:

▶ El año eclesiástico tiene tiempos especiales al igual que el año calendario. Los tiempos y las épocas del año eclesiástico son el Adviento, la Navidad, la Cuaresma, la Pascua y el Tiempo Ordinario.

▶ El domingo es el Día del Señor.

▶ Durante el año eclesiástico nos unimos a Cristo todo el año y participamos de su obra de Salvación. Todo el año damos gracias y alabamos a Dios.

▶ La virtud de la prudencia nos ayuda a hacer buenas elecciones constantemente. Por ejemplo, ir a Misa los domingos.

Para saber más sobre otras enseñanzas de la Iglesia, consulten el *Catecismo de la Iglesia Católica,* 1163–1173, y el *Catecismo Católico de los Estados Unidos para los Adultos,* páginas 173, 175, 178.

Compartir la Palabra de Dios

Lean juntos el Salmo 150. Enfaticen que, durante todo el año litúrgico, la Iglesia alaba y agradece a Dios. Hablen de las maneras en que su familia ya está agradeciendo y alabando a Dios.

Vivimos como discípulos

El hogar cristiano con la familia es una escuela de discipulado. Elijan una o más de las siguientes actividades para hacer en familia, o creen una actividad similar ustedes mismos.

▶ Cuando participen de la Misa esta semana, miren a su alrededor y escuchen todos los signos que les indican qué tiempo del año eclesiástico se está celebrando ahora. Muéstrenselos a su niño y hablen de ellos con él.

▶ Elijan una actividad que los ayude a celebrar en casa, en familia, el tiempo litúrgico actual. Por ejemplo, durante el Adviento pueden hacer un calendario de Adviento que los ayude a anticiparse y prepararse para la Navidad.

Nuestro viaje espiritual

Alabar a Dios es una de las cinco formas de oración principales que pertenecen a la tradición de la Iglesia. En este capítulo, en la página 180, su niño rezó una oración de alabanza. Recen en familia esta versión de la oración de alabanza.

Para hallar más ideas sobre las maneras en que su familia puede vivir como discípulos de Jesús, visiten **seanmisdiscipulos.com**

With My Family

This Week . . .

In chapter 9, "The Church Celebrates Jesus," your child learned.

▶ The Church's year has special seasons just as the calendar year has. The seasons and time of the Church's year are Advent, Christmas, Lent, Easter, and Ordinary Time.

▶ Sunday is the Lord's Day.

▶ During the Church's year we join with Christ all year long and share in his work of Salvation. All year long we give thanks and praise to God.

▶ The virtue of prudence helps us to consistently make good choices. This includes taking part in Mass on Sunday.

For more about related teachings of the Church, see the *Catechism of the Catholic Church*, 1163–1173, and the *United States Catholic Catechism for Adults*, pages 173, 175, 178.

■ Sharing God's Word

Read together Psalm 150. Emphasize that throughout the liturgical year, the Church gives praise and thanksgiving to God. Talk about the ways in which your family is already giving thanks and praise to God.

■ We Live as Disciples

The Christian home and family is a school of discipleship. Choose one or more of the following activities to do as a family, or design a similar activity of your own.

▶ When you take part in Mass this week, look around and listen for all the signs that tell you what season of the Church year the Church is now celebrating. Point them out to your child and talk about them with her or him.

▶ Choose an activity that helps you celebrate the current liturgical season as a family at home. For example, during Advent you can use an Advent calendar to help anticipate and prepare for Christmas.

■ Our Spiritual Journey

Praising God is one of the five main forms of prayer that are part of the Church's tradition. In this chapter, your child prayed a prayer of praise on page 181. Pray this version of a prayer of praise as a family.

For more ideas on ways your family can live as disciples of Jesus, visit **BeMyDisciples.com**

CAPÍTULO 10

Signos del amor de Dios

? ¿Qué días y qué tiempos especiales celebra tu familia?

Una vez Jesús participó en una celebración especial. Juan Bautista bautizó a Jesús en el río Jordán.

Al momento de salir del agua, Jesús vio desaparecer las nubes. El Espíritu Santo, en forma de paloma, se posó sobre Él.

Y una voz del cielo dijo: "Tú eres mi Hijo, el Amado". BASADO EN MARCOS 1:10–11

? ¿Por qué Dios Padre ama tanto a Jesús?

CHAPTER 10

Signs of God's Love

? What special days and times does your family celebrate?

One time Jesus took part in a special celebration. John the Baptist baptized Jesus in the Jordan River.

As Jesus came up out of the water, he saw the clouds disappear. The Holy Spirit, like a dove, came down upon him.

A voice from the sky said, "You are my Son, the One I love."   BASED ON MARK 1:10–11

? Why does God the Father love Jesus so much?

Poder de los discípulos

Hospitalidad

Demostramos hospitalidad cuando recibimos a los demás como hijos de Dios. Mostramos que respetamos a los demás.

La Iglesia sigue a **Jesús**

Lee para mí

Proyecto Estrella de Mar

Un día, los niños de la parroquia Divino Redentor estaban aprendiendo acerca del Bautismo con su maestra, la señora Murphy. La señora Murphy preguntó:
—¿Qué ven que ocurre en un Bautismo?

Carter levantó la mano.

—El sacerdote derrama agua sobre el bebé y el bebé recibe una vela —dijo.

La señora Murphy explicó:

—Sí, a ustedes también les dieron una vela encendida cuando los bautizaron. La vela nos recuerda que Jesús nos dijo que fuéramos luces en el mundo. Cuando vivimos nuestro Bautismo, somos luces en el mundo.

Los niños de la clase de la señora Murphy querían ser luces en el mundo. Entonces crearon el Proyecto Estrella de Mar. Reunieron ropa y otras cosas para mandárselas a los niños de Jamaica. Los niños de la Parroquia Divino Redentor fueron luces brillantes para los niños de Jamaica.

? ¿Qué puede hacer tu clase para que ustedes sean luces en el mundo?

Disciple Power

Hospitality

We demonstrate hospitality when we welcome others as God's children. We show that we respect others.

Project Star Fish Read to Me

One day, the children at Divine Redeemer Parish were learning about Baptism with their teacher, Mrs. Murphy. Mrs. Murphy asked, "What do you see happen at a Baptism?"

Carter raised his hand. "The priest pours water on the baby and the baby gets a candle," he said.

Mrs. Murphy explained. "Yes, at your Baptism you were given a lighted candle too. The candle reminds us that Jesus told us to be lights in the world. When we live our Baptism, we are lights in the world."

Mrs. Murphy's class wanted to be lights in the world. They started Project Star Fish. They gave clothing and other things to children in the country of Jamaica. The children of Divine Redeemer Parish were bright lights for the children of Jamaica.

? What can your class do to be lights in the world?

Palabras de fe
Sacramentos
Los Sacramentos son los siete signos del amor de Dios y las celebraciones que Jesús le dio a la Iglesia.

Bautismo
El Bautismo es el primer Sacramento que celebramos. En el Bautismo, recibimos el don de Dios de la vida y nos hacemos miembros de la Iglesia.

Dios está con nosotros

Jesús le dio a la Iglesia siete celebraciones y signos especiales del amor de Dios. A estas celebraciones las llamamos **Sacramentos**. Los Siete Sacramentos celebran que Dios está con nosotros. Ellos son:

Bautismo

Confirmación

Eucaristía

Penitencia y Reconciliación

Unción de los Enfermos

Orden Sagrado

Matrimonio

En los Siete Sacramentos, Dios comparte su amor y su vida con nosotros. Cada uno de los Sacramentos nos ayuda a acercarnos más a Dios.

Actividad

Traza las letras. Descubre el nombre del primer Sacramento que celebramos.

Bautismo

God Is with Us

Jesus gave the Church seven special signs and celebrations of God's love. We call these celebrations **Sacraments**. The Seven Sacraments celebrate that God is with us. They are:

Baptism

Confirmation

Eucharist

Penance and Reconciliation

Anointing of the Sick

Holy Orders

Matrimony

In the Seven Sacraments, God shares his love and life with us. Each of the Sacraments helps us to grow closer to God.

Faith Focus
What do we celebrate at Baptism and Confirmation?

Faith Words
sacraments
The Sacraments are the seven signs and celebrations of God's love that Jesus gave the Church.

Baptism
Baptism is the first Sacrament that we celebrate. In Baptism, we receive the gift of God's life and become members of the Church.

Activity

Trace the letters. Discover the name of the first Sacrament that we celebrate.

Baptism

Padrinos

Los padrinos nos ayudan a crecer en la fe. Nos muestran cómo amar a Dios y a las demás personas como enseñó Jesús.

Celebramos el Bautismo

El **Bautismo** es el primer Sacramento que celebramos. Nos hacemos miembros de la Iglesia.

El sacerdote o el diácono nos derrama agua sobre la cabeza o nos sumerge en el agua tres veces. Mientras hace eso, dice: "Yo te bautizo en el nombre del Padre, y del Hijo, y del Espíritu Santo. Amén".

El agua derramada y las palabras que dice nos indican que, en el Bautismo, recibimos el don de la vida de Dios. Recibimos el don del Espíritu Santo.

El Pecado Original y cualquier otro pecado que hayamos cometido quedan perdonados. El Pecado Original es el primer pecado que cometieron Adán y Eva. Nosotros nacemos con este pecado.

Actividad

Escribe tu nombre en el renglón. Lee lo que sucedió en tu Bautismo.

Mi nombre es _____

Me bautizaron con ⬤ .

Recibí el don del ⬤ .

Recibí una ⬤ encendida.

We Celebrate Baptism

Baptism is the first Sacrament that we celebrate. We become members of the Church.

The priest or deacon pours water on our heads or puts us in the water three times. As he does this, he says, "I baptize you in the name of the Father, and of the Son, and of the Holy Spirit. Amen."

The pouring of water and the saying of the words tell us we receive the gift of God's life in Baptism. We receive the gift of the Holy Spirit.

Original Sin and any other sins that we have committed are forgiven. Original Sin is the first sin committed by Adam and Eve. We are born with this sin.

Activity

Write your name on the line. Read about what happened at your Baptism.

_____

My name is _

_____.

I was baptized with 〇 .

I received the gift of the 〇 .

I received a lighted 〇 .

Cirio bautismal

En el Bautismo, recibimos una vela encendida. Esto nos recuerda que debemos vivir como seguidores de Jesús, quien es la Luz del mundo. Nosotros debemos ser luces en el mundo.

Celebramos la Confirmación

Celebramos la Confirmación después de que nos bautizan. A veces, celebramos la Confirmación justo después del Bautismo, el mismo día. Si celebramos el Bautismo durante la infancia, generalmente celebramos la Confirmación cuando somos mayores.

En la Confirmación, el obispo o el sacerdote que el obispo designa, conduce la celebración. Durante la celebración, nos frota la frente con un óleo especial. El óleo se llama Santo Crisma. Mientras nos frota el Crisma, dice: "Recibe por esta señal el don del Espíritu Santo".

Luego, el obispo o el sacerdote dice: "La paz esté contigo". Nosotros respondemos: "Y con tu espíritu". El Espíritu Santo nos enseña y nos ayuda a vivir nuestro Bautismo. Nos ayuda a vivir como seguidores de Jesús. Nos enseña y nos ayuda a ser luces en el mundo.

Actividad

Termina esta oración al Espíritu Santo.

Espíritu Santo, ayúdame a

_____

- -

_____

_____

- -

_____. Amén.

We Celebrate Confirmation

We celebrate Confirmation after we are baptized. Sometimes, we celebrate Confirmation right after Baptism, on the same day. If we celebrate Baptism when we are infants, we usually celebrate Confirmation when we are older.

At Confirmation, the bishop, or the priest named by the bishop, leads the celebration of Confirmation. During the celebration, he rubs special oil on the front of our heads. The oil is called Sacred Chrism. As he rubs the Chrism, he says, "Be sealed with the Gift of the Holy Spirit."

The bishop or priest then says, "Peace be with you." We respond, "And with your spirit with you." The Holy Spirit teaches and helps us to live our Baptism. He helps us live as followers of Jesus. He teaches and helps us to be lights in the world.

Activity

Finish this prayer to the Holy Spirit.

Holy Spirit, help me to

_____

- -

_____

_____

- -

_____. Amen.

Yo sigo a Jesús

En tu Bautismo, te hiciste miembro de la Iglesia. En la Confirmación, el Espíritu Santo te dará una ayuda especial para que seas una luz en el mundo y recibas a los demás.

Actividad

Luces en el mundo

Dibuja una manera de que en tu casa, en la escuela o en tu vecindario puedas ser una luz de Dios en el mundo.

Mi elección de fe

Quiero ser una luz en el mundo. Esta semana, voy a:

_____

- -

_____.

Reza: "Gracias, Espíritu Santo, por ayudarme a vivir como un seguidor de Jesús. Amén".

At your Baptism, you became a member of the Church. At Confirmation, the Holy Spirit will give you special help to be a light in the world and welcome others.

Activity

Lights in the World

Draw one way you can be God's light in the world at home, at school, or in your neighborhood.

I want to be a light in the world. This week, I will:

_____

- -

_____.

My Faith Choice

Pray, "Thank you, Holy Spirit, for helping me to live as a follower of Jesus. Amen."

1. En el Bautismo, Dios comparte su amor y su vida con nosotros.

2. En el Bautismo, recibimos el don del Espíritu Santo.

3. En la Confirmación, recibimos la señal del don del Espíritu Santo para ayudarnos a vivir nuestro Bautismo.

Repaso del capítulo

Completa las oraciones. Colorea el ○ junto a la mejor opción.

1. Hay _____ Sacramentos.

○ tres   ○ siete

2. _____ dio los Sacramentos a la Iglesia.

○ Jesús   ○ Un Santo

3. _____ es el primer Sacramento que recibimos.

○ La Eucaristía   ○ El Bautismo

Gracias, Señor

Reza esta oración para dar gracias.

Líder Demos gracias a Dios por el don del agua.

Todos **Gracias, Señor.**

Líder En el Bautismo, el agua es un signo de que recibimos el don de la vida de Dios.

Todos **Gracias, Señor.**

Líder Vengan y sumerjan los dedos en el agua. Hagan la Señal de la Cruz.

Todos **¡Amén!**

Chapter Review

Complete the sentences. Color the ○ next to the best choice.

1. There are ____ Sacraments.

○ three   ○ seven

2. ____ gave the Church the Sacraments.

○ Jesus   ○ The Saints

3. ____ is the first Sacrament that we receive.

○ Eucharist   ○ Baptism

Thank You, Lord

Pray this thank you prayer.

Leader Let us thank God for the gift of water.

All **Thank you, Lord.**

Leader In Baptism, water is a sign that we receive the gift of God's life.

All **Thank you, Lord.**

Leader Come and dip your fingers in the water. Make the Sign of the Cross.

All **Amen!**

Con mi familia

Esta semana...

En el capítulo 10, "Signos del amor de Dios", su niño aprendió que:

▶ El Bautismo es el primer Sacramento que recibimos.

▶ A través del Bautismo, Dios nos hace participar de su vida y de su amor. Volvemos a nacer como hijos de Dios y recibimos el don del Espíritu Santo. El Pecado Original y los pecados personales quedan perdonados. Nos hacemos miembros de la Iglesia, el Cuerpo de Cristo.

▶ La Confirmación fortalece la gracia del Bautismo.

▶ La hospitalidad es recibir a las personas como hijos de Dios. Mostramos que respetamos a los demás.

Para saber más sobre otras enseñanzas de la Iglesia, consulten el *Catecismo de la Iglesia Católica,* 1113–1130 y 1210–1274, y el *Catecismo Católico de los Estados Unidos para los Adultos,* páginas 183–197 y 203–209.

■ Compartir la Palabra de Dios

Lean juntos Mateo 5:14–16. Enfaticen que en el Bautismo nos unimos a Jesús, la Luz del Mundo. Hablen acerca de cómo los miembros de su familia están viviendo su Bautismo y son luces en el mundo.

■ Vivimos como discípulos

El hogar cristiano con la familia es una escuela de discipulado. Elijan una o más de las siguientes actividades para hacer en familia, o creen una actividad similar ustedes mismos.

▶ Hagan tarjetas de agradecimiento para los padrinos. Agradezcan a sus padrinos por ayudarlos a crecer en la fe.

▶ Hagan una pequeña señal de la cruz en la frente de su niño antes de que se vaya a la escuela. Recuérdenle que debe ser una luz en el mundo.

■ Nuestro viaje espiritual

El Bautismo es el pórtico a la vida cristiana. El ritual de bendecirnos con agua bendita nos recuerda nuestro Bautismo. Integren la práctica de este ritual a su vida diaria. Tal vez puedan empezar sus oraciones familiares invitando a todos a bendecirse con agua bendita mientras hacen la Señal de la Cruz.

Para hallar más ideas sobre las maneras en que su familia puede vivir como discípulos de Jesús, visiten **seanmisdiscipulos.com**

With My Family

This Week . . .

In chapter 10, "Signs of God's Love," your child learned:

▶ Baptism is the first Sacrament we receive.

▶ Through Baptism God makes us sharers in his life and love. We are reborn as children of God and receive the gift of the Holy Spirit. Original Sin and personal sins are forgiven. We become members of the Church, the Body of Christ.

▶ Confirmation strengthens the graces of Baptism.

▶ Hospitality is welcoming others as children of God. We show that we respect others.

For more about related teachings of the Church, see the *Catechism of the Catholic Church*, 1113–1130, and 1210–1274, and the *United States Catholic Catechism for Adults*, pages 183–197 and 203–209.

Sharing God's Word

Read together Matthew 5:14–16. Emphasize that at Baptism we are joined to Jesus, the Light of the world. Talk about how your family members are living their Baptism and are lights in the world.

We Live as Disciples

The Christian home and family is a school of discipleship. Choose one or more of the following activities to do as a family, or design a similar activity of your own.

▶ Make thank-you cards for godparents. Thank your godparents for helping you grow in faith.

▶ Sign your child on her or his forehead with a small sign of the cross before your child leaves for school. Remind your children that they are to be lights in the world.

Our Spiritual Journey

Baptism is the doorway to the Christian life. The ritual of blessing ourselves with holy water reminds us of our Baptism. Integrate the use of this ritual into your daily life. Perhaps, begin your family prayers by inviting everyone to bless themselves with holy water while praying the Sign of the Cross.

For more ideas on ways your family can live as disciples of Jesus, visit **BeMyDisciples.com**

CAPÍTULO 11

Seguimos a Jesús

? ¿Qué buena nueva has oído esta semana?

Los seguidores de Jesús tienen la mejor buena nueva para compartir. Escucha lo que dice Jesús acerca de compartir esa Buena Nueva:

Jesús ya estaba por regresar al Cielo junto a su Padre. Les dijo a sus discípulos: "Vayan por todo el mundo y anuncien a todos la Buena Nueva que compartí con ustedes".

BASADO EN MARCOS 16:15

? ¿Quién ha compartido la Buena Nueva de Jesús contigo?

CHAPTER 11

We Follow Jesus

? What good news have you heard this week?

Followers of Jesus have the best good news to share. Listen to what Jesus tells about sharing that Good News:

> Jesus would soon return to his Father in Heaven. He told his disciples "Go into the whole world. Tell everyone the Good News I shared with you."
>
> BASED ON MARK 16:15

? Who has shared the Good News of Jesus with you?

Poder de los discípulos

Bondad

La bondad es un signo de que vivimos nuestro Bautismo. Cuando somos buenos con los demás, les demostramos que son hijos de Dios. Cuando somos buenos con las personas, honramos a Dios.

Lee para mi

San Francisco de Asís

El amor de Dios llenaba el corazón de Francisco. Por eso cantaba acerca de la Buena Nueva de Jesús.

Dondequiera que Francisco iba, le hablaba a todos acerca de Jesús. Compartía con todos lo mucho que Dios los amaba. Le contaba a la gente que Dios nos ama tanto que nos dio a Jesús.

Todo lo bueno que Francisco veía le recordaba lo mucho que Dios nos ama. Hoy honramos a Francisco como Santo.

? ¿Qué cosa buena de la creación de Dios te recuerda el amor de Dios?

Saint Francis of Assisi

God's love filled the heart of Francis. So he sang about the Good News of Jesus.

Everywhere Francis went he told everyone about Jesus. He shared with everyone how much God loved them. He told people that God loves us so much that he gave us Jesus.

Everything good that Francis saw reminded him of how much God loves us. Today we honor Francis as a Saint.

? What good thing in God's creation reminds you of God's love?

Disciple Power

Goodness

Goodness is a sign that we are living our Baptism. When we are good to people, we show them that they are children of God. When we are good to people, we honor God.

Palabra de fe
Evangelio
El Evangelio es la Buena Nueva que Jesús nos dijo acerca del amor de Dios.

La Buena Nueva de Jesús

Jesús hablaba a todos de la Buena Nueva del amor de Dios. Jesús eligió a unos seguidores para que lo ayudaran a compartir esta Buena Nueva con todas las personas. Los discípulos comparten la Buena Nueva de Jesús.

Jesús eligió a Mateo para que fuera uno de sus primeros discípulos. Mateo fue uno de los Apóstoles. Mateo escribió acerca de la Buena Nueva de Jesús. Escribió la Buena Nueva acerca de Jesús en su **Evangelio.** La palabra evangelio significa "buena nueva".

Actividad

Colorea los ♡s que están junto a las maneras en que puedes compartir la Buena Nueva del amor de Dios.

♡ Contarle a la gente acerca de Jesús.

♡ Dar las "Gracias" a quien sea amable conmigo.

♡ Hacerle una tarjeta a un amigo que está enfermo para desearle que se mejore.

♡ Ser grosero con quien no sea amable conmigo.

The Good News of Jesus

Faith Focus
Why do we share the Gospel with others?

Faith Word
Gospel
The Gospel is the Good News that Jesus told us about God's love.

Jesus told everyone the Good News of God's love. Jesus chose followers to help him share this Good News with all people. Disciples share the Good News of Jesus.

Jesus chose Matthew to be one of his first disciples. Matthew was one of the Apostles. Matthew wrote about the Good News of Jesus. He wrote the Good News about Jesus in his **Gospel**. The word gospel means "good news."

Activity

Color the ♡s next to the ways you can share the Good News of God's love.

♡ Tell people about Jesus.

♡ Say "Thank you" to someone who is kind to me.

♡ Make a get-well card for a friend who is sick.

♡ Be rude to someone who is not kind to me.

Contar la Buena Nueva

El último relato del Evangelio de Mateo cuenta el regreso de Jesús al Cielo junto a su Padre. En este relato, conocemos la importante misión que Jesús les dio a sus discípulos:

Jesús les dijo a sus discípulos: "Vayan a todos los lugares que puedan. Inviten a todos los pueblos para que sean mis discípulos. Bautícenlos en el Nombre del Padre y del Hijo y del Espíritu Santo. Enséñenles todo lo que yo les he enseñado".

BASADO EN MATEO 28:19–20

? ¿Cómo les cuentan los cristianos de hoy a los demás acerca de la Buena Nueva?

Tell the Good News

The last story in Matthew's Gospel tells about Jesus returning to his Father in Heaven. In this story, we hear the important work that Jesus gave to his disciples:

Jesus told his disciples, "Go to every land you can. Invite all people to be my disciples. Baptize them in the name of the Father, and of the Son, and of the Holy Spirit. Teach them what I have taught you."

BASED ON MATTHEW 28:19–20

❓ How do Christians today tell others about the Good News?

Los católicos creen

Los cuatro Evangelios

San Mateo, San Marcos, San Lucas y San Juan, cada uno escribió un Evangelio acerca de Jesús. Los cuatro Evangelios forman parte del Nuevo Testamento.

Seguidores de Jesucristo

Los discípulos de Jesús viajaban a aldeas pequeñas y a ciudades grandes. Iban a pie. Montaban en burros. Viajaban en barcos.

Cumplían con la misión que Jesús les había dado. Hablaban a todo el mundo de la Buena Nueva de Jesucristo. Bautizaban a las personas. Muchos se hacían seguidores de Jesucristo. A los seguidores de Jesús los llamaban cristianos.

Cuando escuchamos el Evangelio, llegamos a conocer mejor a Jesús. Crecemos en la fe. Crecemos en nuestro amor por Dios, por nosotros mismos y por las demás personas.

Traza el camino hacia Jesús. Busca las cosas que los seguidores de Jesús comparten con los demás y enciérralas en un círculo.

Actividad

Amor

Paz

Gozo

Bondad

Perdón

Followers of Jesus Christ

The disciples of Jesus traveled to small villages and to large cities. They walked. They rode donkeys. They traveled in ships.

They did the work that Jesus had given them to do. They told everyone the Good News of Jesus Christ. They baptized people. Many people became followers of Jesus Christ. People called the followers of Jesus Christians.

When we hear the Gospel, we come to know Jesus better. We grow in faith. We grow in our love for God, for ourselves, and for other people.

Activity

Trace the way to Jesus. Find and circle the things that followers of Jesus share with others.

Love

Peace

Joy

Goodness

Forgiveness

Tú puedes ser un discípulo de Jesús. Hay muchas maneras buenas de contarles a los demás acerca de Jesús. El Espíritu Santo te ayuda a contarle a la gente acerca de la Buena Nueva de Jesús.

Actividad

Contar la Buena Nueva

Imagina que eres uno de los niños del dibujo.
Escribe lo que quieres contar a los demás acerca de Jesús.

Mi elección de fe

Marca (√) lo que harás esta semana. Compartiré lo que he escrito acerca de Jesús con

☐ mis padres   ☐ mis abuelos

☐ un amigo   ☐ alguien de la iglesia

Reza: Cuéntale al Espíritu Santo lo que has decidido hacer. Con tus palabras, pídele que te ayude.

You can be a disciple of Jesus. There are many good ways to tell others about Jesus. The Holy Spirit helps you to tell people about the Good News of Jesus.

Tell the Good News

Imagine that you are one of the children in the picture. Write what you want to tell other people about Jesus.

Check (✓) what you will do this week. I will share what I have written about Jesus with

☐ my parents   ☐ my grandparents

☐ a friend   ☐ someone at church

Pray: Tell the Holy Spirit what you have decided to do. In your own words, ask him to help you.

Repaso del capítulo

*Recuerda el nombre de la Buena Nueva de Jesús. Colorea de rojo los espacios marcados con **X**. Colorea de otro color los espacios marcados con **Y**.*

Señor, ayúdanos a escuchar

En la Misa, rezamos en silencio antes de escuchar el Evangelio. Nos hacemos una pequeña cruz en la frente, en los labios y sobre el corazón. Aprende a rezar de esta otra manera.

Jesús, está en mis pensamientos,

en mis labios

y en mi corazón. Amén.

Chapter Review

*Remember the name for Jesus' Good News. Color the spaces with **X**s red. Color the spaces with **Y**s another color.*

Lord, Help Us to Listen

At Mass, we pray silently before we listen to the Gospel. We trace a small cross on our foreheads, on our lips, and over our hearts. Learn to pray in this new way.

Jesus, be in my thoughts,

on my lips,

and in my heart. Amen.

Con mi familia

Esta semana...

En el capítulo 11, "Seguimos a Jesús", su niño aprendió que:

▶ El Evangelio es la Buena Nueva acerca de Jesús. Mateo, Marcos, Lucas y Juan son los cuatro autores del Evangelio.

▶ El último relato del Evangelio de Mateo cuenta que Jesús les dijo a sus discípulos que predicaran el Evangelio y bautizaran a las personas.

▶ Los cristianos deben tratar a las personas con bondad. La bondad es un fruto del Espíritu Santo. Es un signo por el que sabemos que todas las personas son hijos de Dios. Cuando hacemos esto, estamos cooperando con la gracia que recibimos en el Bautismo.

Para saber más sobre otras enseñanzas de la Iglesia, consulten el *Catecismo de la Iglesia Católica,* 124–133 y 849–856, y el *Catecismo Católico de los Estados Unidos para los Adultos,* páginas 79–85.

■ Compartir la Palabra de Dios

Lean juntos Mateo 28:19–20, el relato del mandato de los discípulos de Jesús. O lean la adaptación del relato de la página 206. Enfaticen que Jesús les dijo a los discípulos que invitaran a todos a ser sus discípulos. Comenten cómo su familia comparte el Evangelio con los demás.

■ Vivimos como discípulos

El hogar cristiano con la familia es una escuela de discipulado. Elijan una o más de las siguientes actividades para hacer en familia, o creen una actividad similar ustedes mismos.

▶ San Francisco de Asís cantaba acerca de la Buena Nueva de Jesús. Inviten a cada miembro de la familia a compartir su canción o himno preferido que hable de Jesús. Asegúrense de que todos expliquen por qué esa canción o ese himno es su preferido.

▶ Inviten a los miembros de la familia a compartir algo acerca de Jesús que les gustaría que toda la familia supiera.

■ Nuestro viaje espiritual

Cuando somos buenos con las personas, les demostramos que las respetamos como hijos de Dios. Somos para ellas un signo de lo mucho que Dios las ama. Crecemos en el respeto por nosotros mismos. Todos somos hijos de Dios. Practiquen con su niño la fórmula de oración de la página 212. Recuérdenle que decimos estas palabras en silencio cuando el sacerdote presenta el Evangelio en la Misa.

Para hallar más ideas sobre las maneras en que su familia puede vivir como discípulos de Jesús, visiten **seanmisdiscipulos.com**

214

With My Family

This Week . . .

In chapter 11, "We Follow Jesus," your child learned:

▶ The Gospel is the Good News about Jesus. Matthew, Mark, Luke, and John are the four gospel writers.

▶ The last story in Matthew's Gospel is about Jesus telling his disciples to preach the Gospel and to baptize people.

▶ Christians are to treat people with goodness. Goodness is a fruit of the Holy Spirit. It is a sign we know that every person is a child of God. In doing so, we are cooperating with the graces we received at Baptism.

For more about related teachings of the Church, see the *Catechism of the Catholic Church*, 124–133 and 849–856, and the *United States Catholic Catechism for Adults*, pages 79–85.

■ Sharing God's Word

Read together Matthew 28:19–20, the story about the commissioning Jesus' disciples. Or read the adaptation of the story on page 207. Emphasize that Jesus told the disciples to invite all people to be his disciples. Talk about how your family shares the Gospel with others.

■ We Live as Disciples

The Christian home and family is a school of discipleship. Choose one or more of the following activities to do as a family, or design a similar activity of your own.

▶ Saint Francis of Assisi sang about the Good News of Jesus. Invite each family member to share their favorite song or hymn that tells about Jesus. Be sure that everyone explains why the song or hymn is their favorite.

▶ Invite family members to share one thing that they would like everyone in the family to know about Jesus.

■ Our Spiritual Journey

When we are good to people, we show them respect as children of God. We are a sign to them of how much God loves them. We grow in respect for ourselves. We are all children of God. Practice the prayer form on page 213 with your child. Remind them that we say these words silently when the priest introduces the Gospel at Mass.

For more ideas on ways your family can live as disciples of Jesus, visit **BeMyDisciples.com** ▶

CAPÍTULO 12

La familia católica

? ¿Quién pertenece a tu familia?

Como tú, Jesús creció en una familia. Escucha lo que la Biblia nos cuenta acerca de la familia de Jesús.

Cuando Jesús era bebé, María y José lo presentaron ante el Señor en el Templo, en Jerusalén. Cuando volvieron al hogar familiar en Nazaret, donde Jesús creció. Él llegó a saber lo que Dios quería que hiciera.

BASADO EN LUCAS 2:22, 39–40

? ¿Qué te dicen estas palabras de la Biblia sobre la familia de Jesús?

The Catholic Family

❓ Who belongs to your family?

Like you, Jesus grew up in a family. Listen to what the Bible tells us about Jesus' family:

> When Jesus was a baby, Mary and Joseph presented him to the Lord in the Temple in Jerusalem. When they returned to the family home in Nazareth, Jesus grew up there. He came to know what God wanted him to do.
>
> BASED ON LUKE 2:22, 39–40

❓ What do these words from the Bible tell you about Jesus' family?

Fidelidad

Ser fiel significa cumplir nuestras promesas. Los padres demuestran fidelidad cuando aman y cuidan de sus hijos.

La Iglesia sigue a **Jesús**

Ayudar a las familias

En la familia de Landon, ambos padres tienen que trabajar para proveer la comida, la ropa y todas las demás cosas que una familia necesita.

El Hogar del Día de la Sagrada Familia fue fundado por las Hermanas de la Sagrada Familia. Es un lugar donde los niños pueden quedarse mientras sus dos padres trabajan.

Los padres de Landon vieron que el Hogar del Día de la Sagrada Familia era un sitio seguro para que él se quedara a la salida de la escuela cuando ellos estaban en el trabajo. Los niños aprenden a respetarse a sí mismos y a los demás. Landon y los otros niños juegan y aprenden después de la escuela.

El Hogar del Día de la Sagrada Familia ayuda a los padres a cuidar de sus hijos.

? ¿Qué cosas te gusta hacer después de la escuela?

Helping Families

Read to Me

In Landon's family, both parents need to work to provide food, clothes, and many other things that a family needs.

Holy Family Day Home was started by the Sisters of the Holy Family. It is a place for children to stay while both of their parents work.

Landon's parents saw that the Holy Family Day Home was a safe place for Landon to be after school when they were at work. The children learn to respect themselves and others. Landon and the other children play and learn after school.

Holy Family Day Home helps parents care for their children.

? What are some things you enjoy doing after school?

Disciple Power

Fidelity

Being faithful means to keep our promises. Parents show fidelity when they love and care for their children.

Palabras de fe
matrimonio
El matrimonio es la promesa entre un hombre y una mujer de amarse para toda la vida y de vivir como una familia.

Sacramento del Matrimonio
El Matrimonio es el Sacramento que los católicos celebran cuando se casan.

El don del matrimonio

Cuando un hombre y una mujer se aman mucho, se casan. Hacen una promesa de amarse el uno al otro y de vivir como una familia toda la vida.

El Evangelio de Juan nos habla del **matrimonio**:

Jesús y María, su madre, y los discípulos fueron a una boda. Durante la fiesta, a los novios se les acabó el vino. Jesús bendijo seis grandes recipientes de agua y el agua se convirtió en vino. Jesús les dio el vino a los novios.

BASADO EN JUAN 2:1–11

Mira las fotografías de las familias en esta página. Haz un dibujo de tu familia.

The Gift of Marriage

When a man and a woman love each other very much, they marry each other. They make a promise to love each other and live as a family their whole lives.

The Gospel of John tells us about a **marriage**:

Jesus and Mary, his mother, and the disciples went to a wedding. During the party, the married couple ran out of wine. Jesus blessed six large jars of water, and the water became wine. Jesus gave the wine to the married couple.

BASED IN JOHN 2:1–11

Faith Focus
How do our families help us to grow as children of God?

Faith Words

▶ **marriage**
A marriage is the lifelong promise of love made by a man and a woman to live as a family.

▶ **Sacrament of Matrimony**
Matrimony is the Sacrament that Catholics celebrate when they marry.

Activity

Look at the pictures of the families on this page. Draw a picture of your family.

Santa Isabel Ana Seton

Isabel Ana Seton fue la primera persona nacida en Estados Unidos a la que nombraron Santa. Isabel y William, su esposo, fueron padres de cinco niños. Demostraban el amor de Dios el uno al otro y a sus hijos.

Las familias son signos del amor de Dios.

Cuando los católicos se casan, celebran el Sacramento del **Matrimonio**. Un esposo y una esposa a veces reciben de Dios el maravilloso don de los hijos. Se transforman en padres.

Hay muchas clases de familias. Todas las familias son llamadas a amar a Dios y al prójimo. Las familias deben ser signos del amor de Dios en su hogar y en el mundo.

Una familia es una bendición de Dios. Los miembros de una familia comparten su amor mutuamente y con Dios. Juegan juntos. Se respetan unos a otros. Se dicen y hacen cosas buenas los unos por los otros. Se cuidan entre sí. Se honran y se respetan como hijos de Dios.

Actividad

Escribe el nombre de tu familia. Cuéntale a tu clase por qué tu familia es un signo del amor de Dios.

_____

- -

_____

Families Are Signs of God's Love

When Catholics get married, they celebrate the Sacrament of **Matrimony**. A husband and a wife sometimes receive the wonderful gift of children from God. They become parents.

There are many different kinds of families. All families are called to love God and one another. Families are to be signs of God's love in their homes and in the world.

A family is a blessing from God. Members of a family share their love with God and with one another. They pray together. They respect one another. They say and do kind things for one another. They take care of one another. They honor and respect each other as children of God.

Activity

Write your family name. Tell your class how your family is a sign of God's love.

_____

- - - - - - - - - - - - - - - - - -

_____

La Iglesia familiar

Nuestra familia nos ayuda a conocer y a amar a Jesús. Nos ayuda a vivir como discípulos de Jesús. Por eso llamamos a nuestra familia "la Iglesia familiar" o "la iglesia del hogar".

La familia de Dios

En el Bautismo, nos hacemos parte de la familia de Dios, la Iglesia. Nuestra familia de la Iglesia nos ayuda a crecer como católicos.

La Iglesia nos enseña acerca de la Sagrada Familia. La Sagrada Familia son María, José y Jesús.

Nuestra familia es la iglesia del hogar. Nuestra familia nos ayuda a crecer en la fe. Nos ayuda a vivir nuestra fe. Nos enseña a rezar y a cuidar de los demás como lo hizo Jesús.

Actividad

Marca (√) las maneras en que tu familia puede ayudarte a crecer en la fe y a vivir como hijo de Dios.

☐ Rezar en familia todos los días.

☐ Leer juntos La Biblia.

☐ Ir a Misa.

Comparte alguna otra cosa que tu familia puede hacer:

_____

_____

_____

_____

The Family of God

At Baptism, we become part of God's family, the Church. Our Church family helps us to grow as Catholics.

The Church teaches us about the Holy Family. Mary, Joseph, and Jesus are the Holy Family.

Our family is the church of the home. Our family helps us to grow in faith. It helps us to live our faith. It teaches us to pray and to care for others as Jesus did.

Activity

Check (√) the ways that your family can help you grow in faith and live as a child of God.

☐ Pray as a family each day.

☐ Read the Bible together.

☐ Go to Mass.

Share one other thing that your family can do:

_____

- -

_____

_____

- -

_____.

Tú eres parte de tu familia. Eres parte de la familia de Dios, la Iglesia. Dios Espíritu Santo te ayuda a amar a tu familia. Cuando lo haces, honras y respetas a tus padres y a los demás miembros de tu familia.

Actividad

Compartir el amor familiar

Aprende a decir estas palabras con señas. Enséñaselas a tu familia. Compartan el amor de Dios unos con otros.

Dios

te

ama.

Mi elección de fe

Esta semana compartiré el amor de Dios con un miembro de mi familia. Voy a decirle con señas el mensaje: "Dios te ama".

Reza: "Gracias, Espíritu Santo, por ayudarme a compartir el amor de Dios con mi familia. Amén".

You are part of your family. You are part of God's family, the Church. God the Holy Spirit helps you to love your family. When you do this, you honor and respect your parents and the other members of your family.

Activity

Sharing Family Love

Learn to sign these words. Teach the signs to your family. Share God's love with one another.

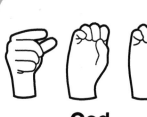   

God   **loves**

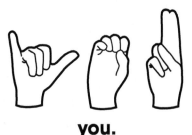

you.

This week I will share God's love with a member of my family. I will sign the message, "God loves you," for them.

My Faith Choice

Pray, "Thank you, Holy Spirit, for helping me to share God's love with my family. Amen."

Repaso del capítulo

Lee esta poesía. Llena los espacios en blanco con palabras que rimen.

1. En las familias de todos lados,

   _____

   - - - - - - - - - - - - - - - - -

   se dan uno al otro amor y _____.

2. Del amor de Dios nos hablan.

   _____

   - - - - - - - - - - - - -

   A ti, a mí, a todos Dios _____.

Bendición para la familia

Pide a Dios que bendiga a tu familia. Reza ahora esta oración con tus compañeros.

Líder   Señor Dios, muestra tu maravilloso amor a toda nuestra familia.

Líder   Bendice a nuestros padres y a nuestros abuelos,

Todos   **te lo pedimos, Señor.**

Líder   Bendice a (*di otros nombres en silencio, en tu corazón*),

Todos   **te lo pedimos, Señor. Amén.**

Chapter Review

Read this poem. Fill in the blanks with rhyming words.

1. Families, families, everywhere _____

— — — — — — — — — — — — — —

show each other love and _____.

2. They tell us of God's love, you see. _____

— — — — — — — — — — — —

God loves each of us, you and _____.

▶ **TO HELP YOU REMEMBER**

1. Christian families are signs of Jesus' love in the world.

2. Members of a family share their love for God with one another.

3. Our family helps us to live our faith.

A Family Blessing

Ask God to bless your family. Pray this prayer now with your classmates.

Leader   Lord God, show your wonderful love to all of our families.

Leader   Bless our parents and grandparents,

All   **we ask you, Lord.**

Leader   Bless (*say other names silently in your heart*),

All   **we ask you, Lord. Amen.**

Con mi familia

Esta semana...

En el capítulo 12, "La familia católica", su niño aprendió que:

▶ Dios invita a un hombre y a una mujer a que compartan su amor por Él y el uno por el otro para siempre en el matrimonio.

▶ El Matrimonio es el Sacramento que celebran los católicos cuando se casan.

▶ La familia cristiana es la "Iglesia del hogar", o la "Iglesia familiar".

▶ Las familias son signos del amor de Dios. La familia es el lugar principal donde padres e hijos viven y crecen en la fe, la esperanza y el amor.

▶ La fidelidad ayuda a que hijos y padres se fortalezcan como familia en su amor por Dios y entre ellos. La fidelidad nos ayuda a vivir el Cuarto Mandamiento.

Para saber más sobre otras enseñanzas de la Iglesia, consulten el *Catecismo de la Iglesia Católica*, 1601–1658 y 2197–2233, y el *Catecismo Católico de los Estados Unidos para los Adultos*, páginas 279–287.

■ Compartir la Palabra de Dios

Lean juntos Lucas 2:41–52, el hallazgo de Jesús en el Templo cuando tenía doce años. Enfaticen que en la Sagrada Familia, Jesús creció en el amor por Dios y por su familia. Hablen de las cosas que su familia hace para ayudarse mutuamente a crecer en el amor mutuo y por Dios.

■ Vivimos como discípulos

El hogar cristiano con la familia es una escuela de discipulado. Elijan una o más de las siguientes actividades para hacer en familia, o creen una actividad similar ustedes mismos.

▶ Cuando rezamos en familia, mostramos que nuestra familia ama a Dios. Hagan un esfuerzo adicional esta semana para rezar juntos en familia por lo menos una vez al día.

▶ Hablen de las numerosas maneras en las que su familia es un signo del amor de Dios; por ejemplo, cuando hacen cosas buenas unos por otros, cuando rezan juntos, etc. Anímense mutuamente para continuar haciendo estas cosas.

■ Nuestro viaje espiritual

Una bendición es un sacramental. Los sacramentales son signos sagrados que nos da la Iglesia. Mediante las bendiciones, dedicamos cosas, ocasiones especiales o personas a Dios. Lean y recen juntos en familia la oración de bendición de la página 228.

Para hallar más ideas sobre las maneras en que su familia puede vivir como discípulos de Jesús, visiten

seanmisdiscipulos.com

With My Family

This Week . . .

In chapter 12, "The Catholic Family," your child learned:

▶ God invites a man and a woman to share their love for him and for one another forever in marriage.

▶ Matrimony is the Sacrament that Catholics celebrate when they marry.

▶ The Christian family is the "Church of the home," or the "family Church."

▶ Families are signs of God's love. Families are the primary place where parents and children experience and grow in faith, hope, and love.

▶ Fidelity helps children and parents grow stronger as a family in their love for God and for one another. Fidelity helps us live the Fourth Commandment.

For more about related teachings of the Church, see the *Catechism of the Catholic Church*, 1601–1658 and 2197–2233, and the *United States Catholic Catechism for Adults*, pages 279–287.

■ Sharing God's Word

Read together Luke 2:41–52, the finding of the twelve-year-old Jesus in the Temple. Emphasize that in the Holy Family, Jesus grew in love for God and for his family. Talk about the things that your family does to help one another grow in love for God and for one another.

■ We Live as Disciples

The Christian home and family is a school of discipleship. Choose one or more of the following activities to do as a family, or design a similar activity of your own.

▶ When we pray as a family, we show that our family loves God. Make an extra effort this week to pray together as a family at least once a day.

▶ Talk about the many ways in which your family is a sign of God's love; for example, when you do kind things for one another, when you pray together, and so on. Encourage one another to continue doing these things.

■ Our Spiritual Journey

A blessing is a sacramental. Sacramentals are sacred signs given to us by the Church. We use blessings to dedicate things or special occasions or people to God. Read and pray the blessing prayer on page 229 together as a family.

For more ideas on ways your family can live as disciples of Jesus, visit **BeMyDisciples.com**

Unidad 3 Repaso

A. Elije la mejor palabra

Completa las oraciones. Colorea el círculo junto a la mejor opción.

1. Adviento, Navidad, Cuaresma y _____ son tiempos del año eclesiástico.

○ invierno ○ Pascua

2. Jesús dio a la Iglesia siete _____ para ayudarnos a acercarnos más a Dios.

○ Mandamientos ○ Sacramentos

3. Los primeros _____ de Jesús contaron a todo el mundo la Buena Nueva del amor de Dios.

○ familiares ○ discípulos

4. Cuando escuchamos _____, llegamos a conocer mejor a Jesús y a crecer en la fe.

○ el Evangelio ○ la música

5. Las familias cristianas son _____ del amor de Jesús por sus seguidores.

○ signos ○ hogares

B. Muestra lo que sabes

Colorea de morado, verde o dorado el círculo junto a cada tiempo eclesiástico. Usa el color que le corresponde a cada tiempo.

○ Adviento ○ Tiempo Ordinario

○ Pascua ○ Navidad

○ Cuaresma

Unit 3 Review

Name _____

A. Choose the Best Word

Complete the sentences. Color the circle next to the best choice.

1. Advent, Christmas, Lent and _____ are all seasons of the Church year.

◯ Winter   ◯ Easter

2. Jesus gave the Church seven _____ to help us grow closer to God.

◯ Commandments   ◯ Sacraments

3. The first _____ of Jesus told everyone the Good News of God's love.

◯ family   ◯ disciples

4. When we listen to the _____, we come to know Jesus better and grow in faith.

◯ Gospel   ◯ music

5. Christian families are _____ of Jesus' love for his followers.

◯ signs   ◯ homes

B. Show What You Know

Use purple, green, or gold to color the circle next to each season or time of the Church year. Use the correct color for each season or time.

◯ Advent   ◯ Ordinary Time

◯ Easter   ◯ Christmas

◯ Lent

C. La Escritura y tú

¿Cuál fue tu relato preferido acerca de Jesús en esta unidad? Dibuja algo que sucedió en el relato. Cuéntaselo a tu clase.

D. Sé un discípulo

1. *¿Acerca de qué Santo o persona virtuosa disfrutaste aprender más en esta unidad? Escribe el nombre aquí. Cuenta a tu clase lo que esta persona hizo para seguir a Jesús.*

_____

- -

_____

_____

- -

_____

2. *¿Qué puedes hacer para ser un buen discípulo de Jesús?*

_____

- -

_____

_____

- -

_____

C. Connect with Scripture

What was your favorite story about Jesus in this unit? Draw something that happened in the story. Tell your class about it.

D. Be a Disciple

1. *What Saint or holy person did you enjoy hearing about in this unit? Write the name here. Tell your class what this person did to follow Jesus.*

_____

- -

_____

_____

- -

_____

2. *What can you do to be a good disciple of Jesus?*

_____

- -

_____

_____

- -

_____

Guatemala y México: La presentación de un niño

La presentación de un niño a la Iglesia sucede al poco tiempo del nacimiento del bebé.

En Guatemala y en México, los padres llevan a sus bebés a la iglesia enseguida después de que nacen. Quieren que el sacerdote dé a sus niños una bendición especial. También María y José llevaron a Jesús al Templo enseguida después de nacido. Quisieron ofrecer su bebé a Dios. Quisieron ponerlo bajo el cuidado amoroso de Dios.

Las familias católicas de Guatemala y de México quieren agradecer a Dios cuando tienen un nuevo bebé. También quieren que Dios cuide a su bebé. En la iglesia, el sacerdote lee de la Biblia. Frota con óleo la frente del bebé. Luego da una bendición al bebé. Todos dan al bebé la bienvenida a la comunidad. ¡Pronto lo bautizarán!

? ¿Por qué llevan los padres a los recién nacidos a la iglesia?

Guatemala and Mexico: Presentation of a Child

The presentation of a child to the Church happens soon after the baby is born.

In Guatemala and Mexico, parents bring their new baby to church soon after its birth. They want the priest to give their child a special blessing. Mary and Joseph took the baby Jesus to the Temple soon after he was born too. They wanted to offer their baby to God. They wanted to place him under God's loving care.

Catholic families in Guatemala and Mexico want to thank God for their new baby. They also want God to keep their baby safe. At the church, the priest reads from the Bible. He rubs the baby's forehead with oil. Then he gives the baby a blessing. Everyone welcomes the baby to the community. Soon the baby will be baptized!

? Why do parents bring their new baby to the church?

237

Celebramos
Parte Dos

Un tiempo para celebrar

Una vez, Jesús invitó a un hombre llamado Leví a que lo siguiera. Leví dijo: "¡Sí!". Estaba tan contento que ofreció un gran banquete. Pero algunas personas no querían a Leví. Y les dijeron a los discípulos de Jesús: "¡Estamos muy disgustados! Jesús celebra con pecadores. ¡Eso está muy mal!".

Pero Jesús dijo: "Por supuesto que estoy aquí con pecadores. Estoy aquí para perdonarlos y darles paz. Cuando los pecadores dejan de hacer lo que está mal y dirigen su corazón a Dios, es el mejor momento para celebrar."

BASADO EN LUCAS 5:27–32

A Time to Celebrate

Once Jesus invited a man named Levi to follow him. Levi said, "Yes!" He was so happy that he gave a big party. But some people did not like Levi. They said to Jesus's disciples, "We are so mad! Jesus is at a party with sinners. That is very bad!"

But Jesus said, "Of course I am here with sinful people. I am here to forgive them and give them peace. When sinful people stop doing what is wrong and turn their hearts to God, it is the best time to celebrate."

BASED ON LUKE 5:27–32

239

Lo que he aprendido

¿Qué es lo que ya sabes acerca de estas palabras de fe?

oración

_____

- -

_____

Misa

_____

- -

_____

Palabras de fe para aprender

Escribe **X** junto a las palabras de fe que sabes.
Escribe **?** junto a las palabras de fe que necesitas aprender mejor.

Palabras de fe

_____ paciencia   _____ Galilea   _____ sabiduría

_____ Eucaristía   _____ milagro   _____ Padre Nuestro

Tengo una pregunta

¿Qué pregunta te gustaría hacer acerca de la Misa?

_____

- -

_____

What I Have Learned

What is something you already know about these faith words?

prayer

_____

- -

_____

Mass

_____

- -

_____

Faith Words to Know

Put an **X** next to the faith words you know.
Put a **?** next to the faith words you need
to learn more about.

Faith Words

____ patience   ____ Galilee   ____ wisdom

____ Eucharist   ____ miracle   ____ Our Father

A Question I Have

What question would you like to ask about
the Mass?

_____

- -

_____

CAPÍTULO 13

Rezamos

[?] **¿Cuales son tus oraciones preferidas?**

A veces rezamos por nosotros. Otras veces rezamos por nuestra familia y nuestros amigos. Jesús les enseñó a rezar a sus seguidores. Escucha lo que dijo Jesús.

No hace falta que usen muchas palabras cuando hablan con Dios. Hablen a Dios desde el corazón. BASADO EN MATEO 6:7

[?] **¿Qué oraciones rezas con tu familia de la Iglesia?**

CHAPTER 13

We Pray

[?] What are some of your favorite prayers?

Sometimes we pray for ourselves. Other times we pray for our family and friends. Jesus taught his followers how to pray. Listen to what Jesus said.

You do not need to use many words when you talk to God. Talk to God from your heart. BASED ON MATTHEW 6:7

[?] What prayers do you pray with your Church family?

Poder de los discípulos

Paciencia

Actuamos con paciencia cuando escuchamos atentamente a los demás. Prestamos atención cuando otras personas nos están ayudando.

La Iglesia sigue a **Jesús**

Lee para mí

Compañeros de oración

Los estudiantes de sexto grado de la Escuela Católica de la Santísima Natividad querían ayudar a los estudiantes de primer grado. Pensaron en ser sus compañeros de almuerzo o sus amigos de lectura. Finalmente, eligieron ser sus compañeros de oración.

Durante la Misa, los estudiantes de sexto grado se sentaron con sus compañeros de oración. Ayudaron a los niños de primer grado a aprender a rezar las oraciones. Los ayudaron a cantar los himnos. Les enseñaron cuándo debían ponerse de pie, cuándo sentarse y cuándo arrodillarse.

Así como Jesús les enseñó a sus discípulos a rezar, los estudiantes de sexto grado también ayudaron a los de primer grado a rezar.

❓ A ti, ¿quién te ayuda a aprender a rezar?

The Church Follows **Jesus**

Prayer Partners

Read to Me

The sixth graders at Holy Nativity Catholic School wanted to help the first graders. They considered being lunch buddies or reading friends. Finally, they chose to be their prayer partners.

The sixth graders sat with their prayer partners during Mass. They helped the first graders to learn the words to the prayers. They helped the first graders to sing the hymns. They taught them when to stand, when to sit, and when to kneel.

Just as Jesus taught his disciples to pray, the sixth graders helped the first graders to pray.

? Who helps you learn how to pray?

Disciple Power

Patience

We act with patience when we listen carefully to others. We pay attention when others are helping us.

Enfoque en la fe
¿Por qué es
importante rezar?

Palabra de fe
oración
La oración es
escuchar a Dios y
hablar con Él.

Dios oye nuestras oraciones

Los amigos y los miembros de una familia se escuchan entre sí y hablan unos con otros. Podemos compartir lo que está en nuestra mente y en nuestro corazón.

La **oración** es escuchar a Dios y hablar con Él. Podemos compartir con Dios lo que está en nuestra mente y en nuestro corazón.

Podemos rezar en cualquier lugar y en cualquier momento. El Espíritu Santo nos ayuda a rezar. Cuando rezamos, crecemos en nuestro amor a Dios.

Traza este mensaje. Cuéntale a un compañero cómo rezas.

Actividad

Yo hablo
con Dios.

God Hears Our Prayers

Friends and family members listen and talk to each other. We can share what is on our minds and in our hearts.

Prayer is listening and talking to God. We share with God what is on our minds and in our hearts.

We can pray anywhere and anytime. The Holy Spirit helps us to pray. When we pray, we grow in our love for God.

Faith Word
prayer
Prayer is listening and talking to God.

Activity

Trace this message. Tell a partner how you pray.

I talk

to God.

A Santa Teresa del Niño Jesús se la llama también la Florecita. Teresa encontró su lugar preferido para rezar. Cuando era joven, rezaba en el espacio que había entre su cama y la pared. La Iglesia celebra el día de Santa Teresa, la Florecita, el 1 de octubre.

Jesús nos enseña a rezar

Jesús rezó durante toda su vida. Jesús rezaba solo. A veces rezaba con su familia. A veces rezaba con sus amigos. Otras veces Jesús rezaba con su prójimo.

Nosotros a veces rezamos solos. A veces rezamos con otras personas. Rezamos con nuestra familia. Rezamos con nuestros amigos. Rezamos con nuestra familia de la Iglesia.

? ¿Cuál es tu lugar preferido para rezar? ¿Por qué es ese tu lugar preferido?

Gracias, Dios, por amarme. Bendice a mi familia y a mis amigos. Amén.

Jesus Shows Us How to Pray

Jesus prayed all during his life. Jesus prayed alone. Sometimes he prayed with his family. Sometimes Jesus prayed with his friends. Other times Jesus prayed with his neighbors.

Sometimes we pray alone. Sometimes we pray with others. We pray with our family. We pray with our friends. We pray with our Church family.

? Where is your favorite place to pray? Why is it your favorite place?

Thank you, God, for loving me. Bless my family and friends. Amen.

Rezamos antes y después de las comidas. Le pedimos a Dios que nos bendiga a nosotros y a los alimentos que comemos. Le pedimos a Dios que ayude a la gente que no tiene comida suficiente.

Dios siempre oye

Jesús nos dijo que Dios es nuestro Padre. Dios Padre nos invita a hablar con Él en la oración. Quiere que compartamos con Él lo que está en nuestra mente y en nuestro corazón.

Nosotros hacemos lo que Jesús nos enseñó. Le decimos a Dios Padre que lo amamos. Le damos las gracias por sus bendiciones.

Le pedimos a Dios que nos cuide y que cuide a nuestra familia. Le pedimos que ayude a otras personas. Le pedimos que nos perdone y que nos ayude a vivir como hijos suyos.

Mira la imagen. Escribe una oración corta que el niño podría estar rezando.

Actividad

"Dios, nuestro Padre amoroso,

_____

- - - - - - - - - - - - - - - - - - - -

_____

_____

- - - - - - - - - - - - - - - - - - - -

_____

_____ "

- - - - - - - - - - - - - - - - - - - -

_____

Amén.

God Always Listens

Jesus told us that God is our Father. God the Father invites us to talk with him in prayer. He wants us to share with him what is on our minds and in our hearts.

We do what Jesus taught us. We tell God the Father we love him. We thank him for his blessings.

We ask God to take care of us and our families. We ask God to help other people. We ask God to forgive us and to help us live as his children.

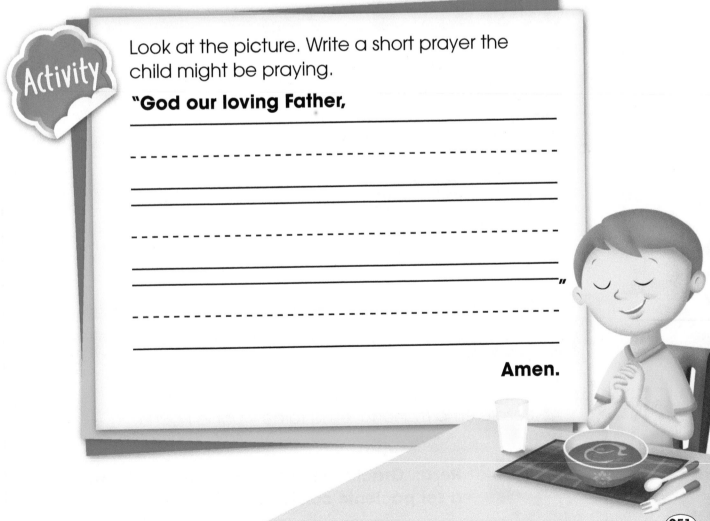

Activity

Look at the picture. Write a short prayer the child might be praying.

"God our loving Father,

_____

- - - - - - - - - - - - - - - - - - -

_____
_____

- - - - - - - - - - - - - - - - - - -

_____
_____ "

- - - - - - - - - - - - - - - - - - -

_____

Amen.

251

Yo sigo a Jesús

El Espíritu Santo te enseña a rezar. Puedes hablar con Dios de cualquier cosa. Puedes rezar en cualquier lugar y en cualquier momento. La paciencia te ayuda a rezar. Te ayuda a pasar tiempo con Dios.

Actividad

Momentos para rezar

Completa la tabla. Nombra algo o a alguien por quien puedas rezar en diferentes momentos del día.

Mañana	
Tarde	
Noche	

Mi elección de fe

Esta semana rezaré para ser una persona paciente. Rezaré en la mañana, en la tarde y por la noche.

Reza: "Gracias, Espíritu Santo, por ayudarme a ser paciente con los demás. Amén".

The Holy Spirit teaches you to pray. You can talk to God about anything. You can pray anywhere and anytime. Patience helps you pray. It helps you spend time with God.

Activity

Times to Pray

Fill in the chart. Name something or someone you can pray for at different times during the day.

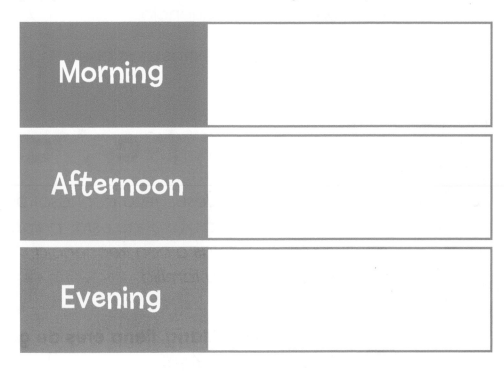

Morning	
Afternoon	
Evening	

This week I will pray to be a patient person. I will pray in the morning, afternoon, and evening.

My Faith Choice

Pray, "Thank you, Holy Spirit, for helping me be patient with others. Amen."

Repaso del capítulo

Colorea el círculo ⬤ *si la oración es verdadera.*
Colorea el círculo ⬤ *si la oración es falsa.*

		V	F
1.	Podemos hablar con Dios de cualquier cosa.	◯	◯
2.	Podemos hablar con Dios en cualquier lugar.	◯	◯
3.	Podemos rezar solos únicamente.	◯	◯
4.	Jesús rezaba con frecuencia.	◯	◯
5.	Dios no puede oír nuestras oraciones.	◯	◯

Dios te salve, María

María, la madre de Jesús, reza por nosotros. Ella nos ayuda a rezar. Aprende estas palabras del Ave María. Rézalas a con frecuencia. Rézalas solo y con tu familia.

**Dios te salve, María, llena eres de gracia; el Señor es contigo.
Bendita Tú eres entre todas las mujeres, y bendito es el fruto de tu vientre, Jesús.**

Chapter Review

Color the circle ⬤ if the sentence is true.
Color the circle ⬤ if the sentence is false.

	T	F
1. We can talk to God about anything.	◯	◯
2. We can talk to God anywhere.	◯	◯
3. We can pray only by ourselves.	◯	◯
4. Jesus prayed often.	◯	◯
5. God cannot hear our prayers.	◯	◯

TO HELP YOU REMEMBER

1. Prayer is listening and talking to God.

2. When we pray, we grow in our love for God.

3. God always listens to our prayers.

Hail, Mary

Mary, the mother of Jesus, prays for us. She helps us to pray. Learn these words from the Hail Mary prayer. Pray them often. Pray them alone and with your family.

**Hail, Mary, full of grace,
the Lord is with thee.
Blessed art thou among women
and blessed is the fruit of thy
womb, Jesus.**

Con mi familia

Esta semana...

En el capítulo 13, "Rezamos", su niño aprendió que:

- ▶ La oración es escuchar a Dios y hablar con Él.

- ▶ Jesús es para nosotros el ejemplo de cómo debemos rezar.

- ▶ Podemos rezar en cualquier lugar y en cualquier momento. Podemos compartir todo con Dios, cualquier cosa que esté en nuestra mente y en nuestro corazón.

- ▶ Demostramos paciencia cuando escuchamos a las personas atentamente y les hacemos caso cuando nos están ayudando. La paciencia nos ayuda a pasar tiempo con Dios en la oración, aun cuando quisiéramos hacer otra cosa.

Para saber más sobre otras enseñanzas de la Iglesia, consulten el *Catecismo de la Iglesia Católica*, 2558–2619; y el *Catecismo Católico de los Estados Unidos para los Adultos*, páginas 466–468 y 476–477.

■ Compartir la Palabra de Dios

Lean juntos Mateo 7:7–11. Enfaticen que la oración es escuchar a Dios y hablar con Él. Podemos rezar en cualquier lugar y en cualquier momento. Dios sabe lo que necesitamos antes de que se lo pidamos.

■ Vivimos como discípulos

El hogar cristiano con la familia es una escuela de discipulado. Elijan una o más de las siguientes actividades para hacer en familia, o creen una actividad similar ustedes mismos.

- ▶ Salgan juntos a pasear. Agradezcan a Dios por todo lo que vean y lo que oigan.

▶ **El tiempo de oración en familia** nos ayuda a saber que Dios está siempre con nosotros. Evalúen su tiempo de oración en familia. Hagan lo necesario para integrar el tiempo de oración en las actividades y los horarios cotidianos de su familia.

■ Nuestro viaje espiritual

María es la primera discípula de su hijo, Jesús. Ella es el modelo de lo que significa ser un discípulo de Jesús. La devoción a María es beneficiosa para la vida de los católicos. Incorporen conversaciones frecuentes con María. Busquen orientación para su vida meditando sobre los misterios del Rosario, la devoción oracional que María nos dio.

Para hallar más ideas sobre las maneras en que su familia puede vivir como discípulos de Jesús, visiten **seanmisdiscipulos.com**

With My Family

This Week . . .

In chapter 13, "We Pray," your child learned:

▶ Prayer is listening and talking to God.

▶ Jesus is our example for how we are to pray.

▶ We can pray anywhere and anytime. We can share with God everything and anything that is on our minds and in our hearts.

▶ We demonstrate patience when we listen carefully to people and pay attention when they are helping us. Patience helps us to spend time with God in prayer, even when we want to do something else.

For more about related teachings of the Church, see the *Catechism of the Catholic Church,* 2558–2619; and the *United States Catholic Catechism for Adults,* pages 466–468 and 476–477.

Sharing God's Word

Read Matthew 7:7-11 together. Emphasize that prayer is listening and talking to God. We can pray anywhere and anytime. God knows what we need before we ask him.

We Live as Disciples

The Christian home and family is a school of discipleship. The first place where children should learn to live as disciples of Jesus. Choose one of the following activities to do as a family, or design a similar activity of your own.

▶ Go for a walk together. Thank God for everything you see and hear.

▶ **Family prayer time** helps us be aware that God is always with us. Evaluate your family prayer time. Do what it takes to integrate time for prayer into your family's daily activities and schedule.

Our Spiritual Journey

Mary is the first disciple of her son, Jesus. She is the model of what it means to be a disciple of Jesus. Devotion to Mary is beneficial to the life of Catholics. Incorporate frequent conversations with Mary. Seek direction for your life by meditating on the mysteries of the Rosary, the prayer devotion that Mary gave us.

For more ideas on ways your family can live as disciples of Jesus, visit **BeMyDisciples.com**

CAPÍTULO 14

Somos mediadores de paz

? ¿Quién te ha perdonado?
¿A quién has perdonado tú?

Al perdonar a los demás nos demostramos amor unos a otros. Los cristianos se perdonan unos a otros. Jesús nos dice que perdonemos a quienes nos han herido. Jesús dijo:

"Pidan a Dios que les perdone sus pecados y los ayude a perdonar a quienes les hagan daño".

BASADO EN MATEO 6:12

? ¿Qué nos enseñó Jesús acerca del perdón?

We Are Peacemakers

❓ Who has forgiven you?
Whom have you forgiven?

Forgiving others shows our love for one another. Christians forgive one another. Jesus tells us to forgive people who have hurt us. Jesus said,

> "Ask God to forgive your sins and to help you forgive those who have hurt you."
>
> BASED ON MATTHEW 6:12

❓ What did Jesus teach about forgiveness?

Poder de los discípulos

Paz

Vivimos como mediadores de paz cuando perdonamos a quienes nos han herido. Pedimos perdón cuando hemos herido a los demás. Estas acciones nos dan paz a nosotros y a los demás.

La Iglesia sigue a **Jesús**

El Papa hace las paces

El Papa Santo Juan Pablo II viajaba en la parte trasera de su carro. Agitaba la mano saludando a la gente.

Un hombre salió de entre la multitud y le disparó. El Papa resultó herido, pero pronto se repuso.

Tiempo después, el Papa Juan Pablo II fue a la cárcel. Visitó al hombre que le había disparado. Lo abrazó y lo perdonó. El Papa hizo las paces con él. Nos mostró lo que Jesús quiere que hagamos.

? ¿De qué maneras la gente perdona a los demás?

Read
to Me

The Pope Makes Peace

Saint John Paul II was riding in the back of his car. He was greeting and waving to people.

A man came out of the crowd and shot at the Pope. The Pope was hurt but soon got better.

Later, Pope John Paul II went to the prison. He visited the man who shot him. He put his arms around the man and forgave him. The Pope made peace with him. He showed us what Jesus wants us to do.

? What are some of the ways people forgive others?

Disciple Power

Peace

We live as peacemakers when we forgive those who have hurt us. We ask for forgiveness when we have hurt others. These actions bring peace to us and to others.

Palabra de fe
pecado
El pecado es la elección de hacer o decir algo que sabemos que está en contra de las Leyes de Dios.

Hacer las paces

Podemos usar palabras y acciones para ayudar a los demás. Otras veces, podemos elegir palabras y acciones que hieren a los demás. Cuando herimos a los demás, desobedecemos a Dios. Pecamos.

El **pecado** es la elección de hacer o decir algo que sabemos que está en contra de las Leyes de Dios. Cuando pecamos, nos apartamos del amor de Dios.

El pecado es la elección de no amar al prójimo como nos enseñó Jesús. El pecado hiere nuestra amistad con Dios y con las demás personas.

Actividad

Mira estas ilustraciones. Imagina que estás haciendo una película. Con un compañero, hagan una dramatización de un dibujo que muestre una buena elección.

Making Peace

We can use words and actions to help others. Other times, we can choose to use our words and actions to hurt others. When we hurt others, we do not obey God. We sin.

Sin is choosing to do or say something that we know is against God's Laws. When we sin, we turn away from God's love.

Sin is choosing not to love others as Jesus taught us. Sin hurts our friendship with God and with other people.

Faith Focus
Why is it important to say "I am sorry" when we choose to do or say something that is wrong?

Faith Word
sin
Sin is choosing to do or say something that we know is against God's Laws.

Activity

Look at these pictures. Pretend you are making a movie. With a partner, act out a picture showing a good choice.

El Padre Juan Vianney ayudaba a las personas que se arrepentían de sus pecados. Hubo que extender las vías del ferrocarril hasta su pueblo por la gran cantidad de gente que quería verlo para recibir perdón por sus pecados. La Iglesia celebra el día de San Juan Vianney el 4 de agosto.

Pedir perdón

Cuando pecamos, nos arrepentimos. Queremos que nos perdonen. Queremos compensar nuestro pecado.

Cuando herimos a alguien, necesitamos decirle que lo sentimos. Necesitamos pedir perdón. Queremos que todo vuelva a estar bien.

Cuando pecamos, también necesitamos decirle a Dios que lo sentimos. Podemos decirle a Dios que estamos arrepentidos. Pedimos perdón porque amamos a Dios. Dios nos perdonará siempre porque Él nos ama.

Actividad

Encierra en un círculo las palabras que muestren que estás arrepentido. Encierra también las palabras que muestran que perdonas a alguien.

Está bien.

Lo siento.

Es culpa mía.

Vete.

Seamos amigos.

Asking for Forgiveness

We feel sorry when we sin. We want to be forgiven. We want to make up for our sin.

We need to say that we are sorry to people when we hurt them. We need to ask for forgiveness. We want everything to be right again.

We also need to tell God that we are sorry when we sin. We can tell God that we are sorry. We ask for forgiveness because we love God. God will always forgive us because he loves us.

Circle the words that show you are sorry. Also circle the words that show you forgive somone.

Activity

It's my fault.

I'm sorry.

It's o.k.

Let's be friends.

Go away.

Señal de la paz

Cada domingo, en la Misa, nos damos la mano unos a otros o compartimos alguna otra señal de la paz. Esto demuestra que queremos perdonar a quienes nos han herido. Queremos vivir juntos como la familia de Dios.

Perdonar a los demás

Jesús nos dice que perdonemos a las personas que nos hieren. Nos dice que las perdonemos una y otra vez.

A veces, no es fácil hacer lo que Jesús quiere que hagamos. A veces, no tenemos ganas de perdonar a alguien que nos haya herido. El Espíritu Santo puede ayudarnos a perdonar a los demás.

Cuando perdonamos a los demás, abrimos el corazón con amor. Demostramos nuestro amor por Dios y entre nosotros. Somos mediadores de paz.

? ¿Cómo demuestras perdón? ¿Cómo te demuestran las otras personas perdón hacia ti?

Forgiving Others

Jesus tells us to forgive people who have hurt us. He tells us to forgive them over and over again.

Sometimes it is not easy to do what Jesus wants us to do. Sometimes we do not feel like forgiving people who have hurt us. The Holy Spirit can help us forgive others.

We open our hearts with love when we forgive others. We show our love for God and for one another. We are peacemakers.

? How do you show forgiveness? How do other people show you forgiveness?

Catholics Believe

Sign of Peace

Each Sunday at Mass, we shake hands or share another sign of peace with one another. This shows that we want to forgive those who have hurt us. We want to live together as the one family of God.

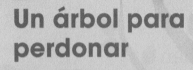

Yo sigo a Jesús

El Espíritu Santo te enseña y te ayuda a perdonar a las personas. Te ayuda también a pedir perdón. Cuando perdonas a alguien, eres un mediador de paz.

Actividad

Un árbol para perdonar

En las hojas, escribe palabras o dibuja acciones que muestren perdón.

Mi elección de fe

Esta semana usaré las palabras o las acciones de perdón que escribí o que dibujé en la actividad. Llevaré paz a los demás.

Reza: "Gracias, Espíritu Santo, por enseñarme y ayudarme a vivir como un mediador de paz. Amén".

The Holy Spirit teaches you and helps you forgive people. He also helps you to ask for forgiveness. When you forgive someone, you are a peacemaker.

Activity

A Forgiving Tree

In the leaves, write words or draw actions that show forgiveness.

This week I will use the forgiving words or actions that I wrote or drew in the activity. I will bring peace to others.

My Faith Choice

Pray, "Thank you, Holy Spirit, for teaching me and helping me to live as a peacemaker. Amen."

1. El pecado daña nuestra amistad con Dios y con los demás.

2. Cuando decimos que nos arrepentimos, demostramos que amamos a Dios y a los demás.

3. Cuando decimos que lo sentimos, pedimos el perdón de los demás y de Dios.

Repaso del capítulo

Elije la mejor palabra y escríbela en el espacio de cada oración.

perdonemos	paz	pecamos

_____

- - - - - - - - - - - - - - - - - - -

1. Cuando _____, nos apartamos del amor de Dios.

_____

- - - - - - - - - - - - - - - - - - - -

2. Jesús nos pide que _____ a los demás.

_____

- - - - - - - - - - - - - - - - - - - -

3. Llevamos _____ cuando mostramos nuestro amor por los demás.

Oración de misericordia

Al comienzo de la Misa, le pedimos a Dios su misericordia. La palabra misericordia nos recuerda que el perdón es un don del amor de Dios. Recen juntos esta oración.

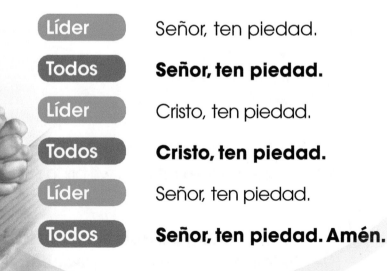

Líder	Señor, ten piedad.
Todos	**Señor, ten piedad.**
Líder	Cristo, ten piedad.
Todos	**Cristo, ten piedad.**
Líder	Señor, ten piedad.
Todos	**Señor, ten piedad. Amén.**

Chapter Review

Choose the best word and write it in the space in each sentence.

forgive	peace	sin

_____

- - - - - - - - - - - - - - - - - - - -

1. When we _____, we turn away from God's love.

_____

- - - - - - - - - - - - - - - - - - - -

2. Jesus asks us to _____ others.

_____

- - - - - - - - - - - - - - - - - - - -

3. We bring _____ when we show our love for others.

▶ **TO HELP YOU REMEMBER**

1. Sin hurts our friendship with God and others.

2. When we say that we are sorry, we show that we love God and others.

3. When we say that we are sorry, we ask for forgiveness from others and from God.

Prayer of Mercy

At the beginning of Mass, we ask God for his mercy. The word mercy reminds us that forgiveness is a gift of God's love. Pray this prayer together.

Leader   Lord, have mercy.

All   **Lord, have mercy.**

Leader   Christ, have mercy.

All   **Christ, have mercy.**

Leader   Lord, have mercy.

All   **Lord, have mercy. Amen.**

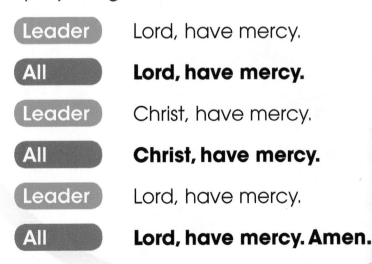

Con mi familia

Esta semana...

En el capítulo 14, "Somos mediadores de paz", su niño aprendió que:

▶ Las personas toman decisiones que ayudan o hieren a los demás. Podemos elegir cumplir o rechazar las Leyes de Dios.

▶ Las personas pueden pecar. El pecado siempre daña nuestra relación con Dios y con los demás. Cuando pecamos, necesitamos decir que nos arrepentimos, tanto a Dios como a quien hemos herido. Necesitamos pedir perdón. Necesitamos reconciliar nuestra relación con Dios y con las personas.

▶ Vivimos como mediadores de paz cuando somos honestos en nuestras amistades y con Dios. Cuando perdonamos a los demás, somos mediadores de paz.

Para saber más sobre otras enseñanzas de la Iglesia, consulten el *Catecismo de la Iglesia Católica*, 1420–1484 y 1846–1869; y el *Catecismo Católico de los Estados Unidos para los Adultos*, páginas 235–236.

Compartir la Palabra de Dios

Lean juntos el relato de la Biblia, en Mateo 18:21–35, la parábola "El que no perdonó a su compañero". Enfaticen que Jesús nos enseña que debemos perdonar a los demás una y otra vez, como Dios nos perdona siempre cuando nos arrepentimos sinceramente de nuestros pecados.

Vivimos como discípulos

El hogar cristiano con la familia es una escuela de discipulado. Elijan una o más de las siguientes actividades para hacer en familia, o creen una actividad similar ustedes mismos.

▶ Cuando participen de la Misa esta semana, presten mucha atención a la oración de misericordia que rezamos al comienzo. Tengan presente que la palabra *misericordia* nos recuerda que el perdón de Dios es un don de su amor.

▶ Mencionen maneras en que las personas demuestran estar arrepentidas. Comenten cómo pueden los miembros de su familia demostrarse perdón mutuamente y aceptarlo.

Nuestro viaje espiritual

En este capítulo, su niño rezó una oración de misericordia. Esta es una de las tres formas de oración que la Iglesia usa para el Acto Penitencial de los Ritos Iniciales de la Misa. Mediante esta oración, nos reconciliamos con Dios y entre nosotros. Entramos en la celebración de la Eucaristía en la relación correcta con Dios y con los demás, como mediadores de paz. Lean y recen juntos la oración de la página 270.

Para hallar más ideas sobre las maneras en que su familia puede vivir como discípulos de Jesús, visiten

seanmisdiscipulos.com

With My Family

This Week . . .

In chapter 14, "We Are Peacemakers," your child learned:

▶ People make choices that help others or hurt others. We can choose to follow or reject God's Laws.

▶ People can sin. Sin always hurts our relationship with God and with others. When we sin, we need to say that we are sorry both to God and to those whom we have hurt. We need to ask for forgiveness. We need to reconcile our relationships with God and with people.

▶ We live as peacemakers when we are honest in our relationships and with God. When we forgive others, we are peacemakers.

For more about related teachings of the Church, see the *Catechism of the Catholic Church*, 1420–1484 and 1846–1869; and the *United States Catholic Catechism for Adults*, pages 235–236.

Sharing God's Word

Read together the Bible story in Matthew 18:21–35 about the parable of the Unforgiving Servant. Emphasize that Jesus teaches us that we are to forgive others over and over again, as God always forgives us when we are truly sorry for our sins.

We Live as Disciples

The Christian home and family is a school of discipleship. Choose one of the following activities to do as a family, or design a similar activity of your own.

▶ When you participate in Mass this week, pay close attention to the prayer of mercy that we pray at the beginning. Remember that the word *mercy* reminds us that God's forgiveness is a gift of his love.

▶ Name ways that people show that they are sorry. Talk about ways that members of your family can show both forgiveness to one another and accept forgiveness from one another.

Our Spiritual Journey

In this chapter, your child prayed a prayer of mercy. This is one of the three forms of prayer that the Church uses for the Penitential Act in the Introductory Rites of the Mass. Through this prayer, we are reconciled with God and one another. We enter into the celebration of the Eucharist in the right relationship with God and one another, as peacemakers. Read and pray together the prayer on page 271.

For more ideas on ways your family can live as disciples of Jesus, visit **BeMyDisciples.com**

CAPÍTULO 15

Vamos a Misa

¿Cuándo les das las gracias a los demás?

Podemos agradecer a las personas de muchas maneras. La Iglesia agradece a Dios de una manera especial en la Misa. Escucha lo que nos dice la Biblia acerca de dar gracias a Dios.

Es bueno dar gracias a Dios.

BASADO EN EL SALMO **92:2**

? ¿Cuándo le das las gracias a Dios?

We Go to Mass

 When do you say thank you to others?

We can thank people in many ways. The Church thanks God in a special way at Mass. Listen to what the Bible tells us about giving thanks to God.

It is good to give thanks to God.

BASED ON PSALMS 92:2

 When do you say thank you to God?

Poder de los discípulos

Perseverancia

La perseverancia nos ayuda a vivir nuestra fe aun cuando es difícil. No nos rendimos, aunque no sea sencillo hacer algo bueno.

Compartir el amor de Dios

La Primera Sagrada Comunión fue un día especial para Peyton y los demás niños de la Iglesia de Santa María. Al final de la Misa, oyeron al Padre Julio decir:

—Pueden ir en paz. Glorifiquen al Señor con su vida.

En la siguiente clase de religión, Peyton le preguntó a la señora Hensle:
—¿Qué nos dijo el Padre Julio que hiciéramos? No entiendo.

La señora Hensle explicó:
—El Padre Julio dijo que, con lo que decimos y con lo que hacemos, tenemos que mostrar que somos hijos de Dios.

Los niños comentaron lo que podían hacer.

Visitaron a personas mayores que vivían en un hogar de ancianos. Jugaron juntos un juego de mesa. Esta fue su manera de dar las gracias por el don de la Primera Sagrada Comunión. Ellos compartieron el amor de Dios con otras personas.

? ¿Cómo puedes tú compartir el amor de Dios con las personas?

Sharing God's Love

First Holy Communion was a special day for Peyton and the other children of St. Mary's Church. At the end of Mass, they heard Father Julio say, "Go in peace, glorifying the Lord by your life."

At the next religion class, Peyton asked Mrs. Hensle, "What did Father Julio tell us to do? I don't understand."

Mrs. Hensle explained, "Father Julio said we need to show we are children of God by what we say and do." The children talked about what they could do.

They visited elderly people living in a retirement home. They played a board game together. This was their way of saying thank you for the gift of First Holy Communion. They shared God's love with other people.

? How can you share God's love with people?

Disciple Power

Perseverance

Perseverance helps us to live our faith when it is difficult. We do not give up even when it is not easy to do something good.

Palabras de fe

Misa
La Misa es la celebración más importante de la Iglesia.

Eucaristía
La Eucaristía es el Sacramento en el que recibimos el Cuerpo y la Sangre de Cristo.

Nos reunimos en la Misa

La **Misa** es la celebración más importante de la Iglesia. Nos reunimos como el Pueblo de Dios. Le damos gloria a Dios. Mostramos que amamos y honramos a Dios.

Escuchamos la Palabra de Dios. Celebramos la **Eucaristía** y participamos de ella. La Eucaristía es el Sacramento en el que recibimos el Cuerpo y la Sangre de Cristo.

Empezamos la Misa haciendo la Señal de la Cruz. Esto nos recuerda nuestro Bautismo. Recordamos que pertenecemos a Jesús y que somos miembros de la Iglesia.

Actividad

Dibújate a ti y a tu familia en Misa.

We Gather at Mass

Faith Focus
Why does our Church family gather to celebrate Mass?

The **Mass** is the most important celebration of the Church. We gather as the People of God. We give glory to God. We show that we love and honor God.

We listen to God's Word. We celebrate and share in the **Eucharist.** The Eucharist is the Sacrament in which we receive the Body and Blood of Christ.

We begin the Mass by praying the Sign of the Cross. This reminds us of our Baptism. We remember that we belong to Jesus and are members of the Church.

Faith Words

Mass
The Mass is the most important celebration of the Church.

Eucharist
The Eucharist is the Sacrament in which we receive the Body and Blood of Christ.

Activity

Draw you and your family at Mass.

Sacerdotes

Los sacerdotes son compañeros de trabajo del obispo. Ellos nos guían en la celebración de la Misa. Nos enseñan lo que enseñó Jesús. Nos ayudan a vivir como seguidores de Jesús.

Escuchamos la Palabra de Dios

En todas las Misas escuchamos lecturas de la Biblia. Dios nos habla de su amor por nosotros. El domingo escuchamos tres lecturas. La tercera lectura es del Evangelio.

Después de leído el Evangelio, el sacerdote o el diácono nos ayuda a entender la Palabra de Dios. Así llegamos a conocer y a amar más a Dios. Aprendemos a vivir como Jesús enseñó.

A continuación, le decimos a Dios que hemos escuchado su Palabra. Le decimos a Dios que creemos en Él. Después rezamos por otras personas y por nosotros.

Actividad

Aprende lo que decimos en la Misa después de la Primera Lectura. Traza estas palabras.

Te
alabamos,
Señor.

We Listen to God's Word

We listen to readings from the Bible at every Mass. God tells us about his love for us. On Sunday we listen to three readings. The third reading is from the Gospel.

After the Gospel is read, the priest or deacon helps us to understand God's Word. We come to know and love God more. We learn ways to live as Jesus taught.

Next, we tell God that we have listened to his Word. We tell God we believe in him. Then we pray for other people and for ourselves.

Activity

Learn what we say after the First Reading at Mass. Trace these words.

Thanks

be to

God.

Le damos gracias a Dios

En la Misa, celebramos la Eucaristía. La palabra eucaristía significa "acción de gracias".

En la celebración de la Eucaristía, damos gracias a Dios. Recordamos y hacemos lo que Jesús hizo en la Última Cena.

La Última Cena es la comida que Jesús compartió con sus discípulos la noche antes de morir.

En la Última Cena, Jesús tomó pan y vino. Tomó el pan y dijo: "Esto es mi cuerpo". Tomó la copa de vino y dijo: "Esto es mi sangre".

BASADO EN MATEO 26:26–28

Actividad

Colorea las letras. Cuenta a los demás lo que hacemos en la Misa.

LE DAMOS GRACIAS A DIOS.

We Give Thanks to God

At Mass we celebrate the Eucharist. The word eucharist means "to give thanks."

In the celebration of the Eucharist, we give thanks to God. We remember and do what Jesus did at the Last Supper.

The Last Supper is the meal that Jesus ate with his disciples on the night before he died.

At the Last Supper Jesus took bread and wine. He took the bread and said, "This is my body." He took the cup of wine and said, "This is my blood."

BASED ON MATTHEW 26:26–28

Activity

Color the letters. Tell others what we do at Mass.

WE GIVE THANKS TO GOD.

Yo sigo a Jesús

En la Misa puedes escuchar la Palabra de Dios. Aprendes a vivir como un seguidor de Jesús. En la celebración de la Eucaristía, le das gracias a Dios. Puedes tratar de prestar atención en la Misa, aunque sea difícil.

Actividad

Para hacer en la Misa

Marca (√) las cosas que puedes hacer en la Misa.

- ☐ Prestar atención.
- ☐ Escuchar las lecturas.
- ☐ Hacer la tarea.
- ☐ Cantar canciones para alabar a Dios.
- ☐ Rezar una oración de agradecimiento a Dios.

Mi elección de fe

Esta semana me esforzaré en mostrar mi amor por Dios y por los demás. Voy a

_____

- -

_____

_____

- -

_____ .

Reza: "Gracias, Espíritu Santo, por ayudarme a escuchar la Palabra de Dios. Amén".

At Mass you can listen to God's Word. You learn ways to live as a follower of Jesus. In the celebration of the Eucharist, you give thanks to God. You can try to pay attention at Mass, even when it is hard.

I Follow Jesus

Activity

To Do at Mass

Check (√) the things you can do at Mass.

- ☐ Pay attention.
- ☐ Listen to the readings.
- ☐ Do homework.
- ☐ Sing songs to praise God.
- ☐ Say a thank-you prayer to God.

My Faith Choice

This week I will try hard to show my love for God and others. I will

_____

- -

_____

_____

- -

_____ .

Pray, "Thank you, Holy Spirit, for helping me listen to God's Word. Amen."

1. En la Misa, adoramos a Dios.

2. En la Misa, escuchamos lecturas de la Biblia.

3. En la Misa, celebramos y compartimos la Eucaristía.

Repaso del capítulo

Traza una línea para unir las palabras de la izquierda con su significado.

PALABRAS	SIGNIFICADOS
1. Última Cena	La celebración en la que escuchamos la Palabra de Dios. Le damos gracias a Dios.
2. Misa	El Sacramento en el que recibimos el Cuerpo y la Sangre de Cristo.
3. Eucaristía	La comida que Jesús compartió con sus discípulos la noche antes de morir.

Gracias, Señor

Podemos rezar en silencio en nuestro corazón y podemos rezar en voz alta.

Líder Recordemos a Jesús. Piensen en Jesús. *(Pausa.)*

Todos **Gracias, Señor.**

Líder Piensen en lo que Jesús nos dijo acerca de Dios. *(Pausa.)*

Todos **Gracias, Señor.**

Líder Piensen en las personas que comparten el amor de Dios con ustedes. *(Pausa.)*

Todos **Gracias, Señor. Amén.**

Chapter Review

Draw a line to match the words on the left with their meanings.

WORDS

1. Last Supper

2. Mass

3. Eucharist

MEANINGS

The celebration in which we listen to the Word of God. We say thank you to God.

The Sacrament in which we receive the Body and Blood of Christ.

The meal Jesus ate with his disciples on the night before he died.

Thank You, God

We can pray quietly in our hearts, and we can pray aloud.

Leader   Let us remember Jesus. Think about Jesus. *(Pause.)*

All   **Thank you, God.**

Leader   Think about what Jesus told us about God. *(Pause.)*

All   **Thank you, God.**

Leader   Think about people who share God's love with you. *(Pause.)*

All   **Thank you, God. Amen.**

Con mi familia

Esta semana...

En el capítulo 15, "Vamos a Misa", su niño aprendió que:

▶ La Misa es la celebración más importante de la Iglesia.

▶ Durante la Liturgia de la Palabra, escuchamos las lecturas de la Biblia.

▶ En la Liturgia Eucarística, recordamos y hacemos lo que Jesús hizo en la Última Cena. El pan y el vino se convierten en el Cuerpo y la Sangre de Jesús.

▶ Recibimos el Cuerpo y la Sangre de Cristo en la Sagrada Comunión.

Para saber más sobre otras enseñanzas de la Iglesia, consulten el *Catecismo de la Iglesia Católica*, 1322–1405, y el *Catecismo Católico de los Estados Unidos para los Adultos*, páginas 215–227.

■ Compartir la Palabra de Dios

Lean juntos en Mateo 26:26–29 la versión de la Última Cena. O lean la adaptación del relato de la página 282. Enfaticen que, en la Misa, el pan y el vino se convierten en el Cuerpo y la Sangre de Cristo. Comenten la importancia de participar durante la Misa.

■ Vivimos como discípulos

El hogar cristiano con la familia es una escuela de discipulado. Elijan una o más de las siguientes actividades para hacer en familia, o creen una actividad similar ustedes mismos.

▶ Al final de la Misa, nos despiden con estas palabras u otras parecidas: "Pueden ir en paz. Glorifiquen al Señor con su vida". Elijan algo que puedan hacer juntos en familia esta semana para amar y servir al Señor.

▶ Su niño ha aprendido que perseverancia significa que tratamos de esforzarnos aunque sea difícil. Hablen de las veces en que esto podría ser difícil, pero que el Espíritu Santo lo ayudará.

■ Nuestro viaje espiritual

Los Salmos son oraciones que representan una serie de experiencias de fe. Son tanto personales como comunitarios. Ellos realzan nuestro recuerdo del plan amoroso de Dios para la creación y la Salvación. Récenlos en momentos de alegría y de tristeza, de lamento y de acción de gracias. Elijan y memoricen varios versículos de los salmos. Hagan una pausa durante el día para rezarlos.

Para hallar más ideas sobre las maneras en que su familia puede vivir como discípulos de Jesús, visiten

seanmisdiscipulos.com

With My Family

This Week . . .

In chapter 15, "We Go to Mass," your child learned:

▶ The Mass is the most important celebration of the Church.

▶ During the Liturgy of the Word, we listen to the readings from the Bible.

▶ In the Liturgy of the Eucharist, we remember and do what Jesus did at the Last Supper. The bread and wine become the Body and Blood of Jesus.

▶ We receive the Body and Blood of Christ in Holy Communion.

For more about related teachings of the Church, see the *Catechism of the Catholic Church*, 1322–1405, and the *United States Catholic Catechism for Adults*, pages 215–227.

▪ Sharing God's Word

Read together Matthew 26:26–29 the account of the Last Supper. Or read the adaptation of the story on page 283. Emphasize that at Mass the bread and wine become the Body and Blood of Christ. Discuss the importance of participating during Mass.

▪ We Live as Disciples

The Christian home and family is a school of discipleship. Choose one of the following activities to do as a family, or design a similar activity of your own.

▶ At the end of Mass we are dismissed with these or similar words, "Go in peace, glorifying the Lord by your life." Choose one thing your family can do together to love and serve the Lord this week.

▶ Your child has learned that perseverance means that we try our best even when it is hard. Discuss times that this might be hard to do and that the Holy Spirit will help them.

▪ Our Spiritual Journey

The Psalms are prayers that represent an array of faith experiences. They are both personal and communal. They heighten our memory of God's loving plan of creation and Salvation. Pray them at times of joy and sadness, lament, and thanksgiving. Choose and memorize a variety of verses from the psalms. Pause throughout the day to pray them.

For more ideas on ways your family can live as disciples of Jesus, visit **BeMyDisciples.com**

CAPÍTULO 16

Jesús muestra el amor de Dios

? ¿Cuáles son las comidas preferidas de tu familia?

Los alimentos saludables nos ayudan a crecer. Jesús compartió alimentos con mucha gente. Escucha parte de uno de esos relatos.

En la Última Cena, Jesús dijo a sus discípulos: "Cuando coman este pan y beban este vino, háganlo en memoria mía".

BASADO EN LUCAS 22:19–20

? Estas palabras de la Biblia, ¿qué te recuerdan de la Misa?

CHAPTER 16

Jesus Shows God's Love

❓ Which foods are your family's favorites?

Healthy foods help us to grow. Jesus shared food with many people. Listen to part of one of those stories.

> At the Last Supper, Jesus said to his disciples, "When you eat this bread and drink this wine, remember me." BASED ON LUKE 22:19–20

❓ How do these words from the Bible remind you of the Mass?

Poder de los discípulos

Sabiduría

La sabiduría nos ayuda a saber lo que Dios quiere que hagamos. Nos ayuda a vivir una vida santa.

La Iglesia sigue a **Jesús**

Plato de Arroz de CRS

Lee para mí

La Biblia tiene muchos relatos de cuando Jesús compartía alimentos con la gente. Como Jesús, nosotros también podemos compartir alimentos con la gente.

Cada año, durante la Cuaresma, muchos católicos participan en el Plato de Arroz de CRS. Los católicos ponen una cajita sobre la mesa donde comen. Cada miembro de la familia pone dinero en la cajita.

Al final de la Cuaresma, las familias católicas llevan la cajita con el dinero a la iglesia, donde se reúnen todas las cajitas.

La Iglesia usa el dinero para proveer alimentos y agua potable a la gente que los necesita. Cuando ayudamos a los necesitados, también estamos compartiendo el amor de Dios.

? ¿Cuál es una manera de compartir el amor de Dios con las personas?

CRS CATHOLIC RELIEF SERVICES PLATO de ARROZ

http://www.crsricebowl.org/es/

CRS Rice Bowl

 Read to Me

The Bible has many stories of Jesus sharing a meal with people. Like Jesus, we can share food with people too.

Each year during Lent, many Catholics participate in CRS Rice Bowl. Catholics put a small box on the table where they eat. Each family member puts money in the box.

At the end of Lent, Catholic families bring the box with the money to church. All the boxes are collected.

The Church uses the money to provide food and clean drinking water to people who need it. When we help people in need, we are sharing God's love too.

? What is one way that you can share God's love with people?

CRS. RICE BOWL
CATHOLIC RELIEF SERVICES

http://www.crsricebowl.org

Enfoque en la fe
¿Por qué Jesús
compartía alimentos
con los demás?

Palabras de fe

Galilea
Galilea fue uno
de los lugares
principales donde
Jesús enseñó
y ayudó a las
personas.

milagro
Un milagro es algo
que solo Dios puede
hacer. Es un signo del
amor de Dios.

Jesús comparte el amor de Dios

Muchos de los primeros discípulos de Jesús vivían en **Galilea.** Galilea fue el lugar donde Jesús transmitió muchas de sus enseñanzas. También ayudó a muchas personas que vivían allí.

Algunos habitantes de Galilea eran pescadores. Pescaban en el mar de Galilea para conseguir su alimento. Otros eran granjeros. Cultivaban frutas y cebada. Con la cebada, hacían pan.

Actividad

Halla los nombres en el mapa. Escribe las palabras en el lugar que corresponda en las oraciones.

- Jesús nació en
  _____
  - - - - - - - - - - - - - - - - - - -
  _____.

- Jesús vivía en
  _____
  - - - - - - - - - - - - - - - - - - -
  _____.

- Jesús comía pescados del
  _____
  - - - - - - - - - - - - - - - - -
  _____.

Halla estos lugares en el mapa. Encierra en un círculo las palabras del mapa.

mar de
Galilea

Nazaret

Belén

Jesus Shares God's Love

Many of the first disciples of Jesus lived in **Galilee**. Galilee was the place where Jesus did much of his teaching. He also helped many people who lived there.

Some people in Galilee were fishermen. They fished in the Sea of Galilee for their food. Other people were farmers. They grew fruit and barley. They made bread from the barley.

Faith Focus
Why did Jesus share food with others?

Faith Words
Galilee
Galilee was one of the main places where Jesus taught and helped people.

miracle
A miracle is something only God can do. It is a sign of God's love.

Activity

Find the names on the map. Write the words in the right places in the sentences.

- Jesus was born in
_____
- - - - - - - - - - - - - - - -
_____.

- Jesus lived in
_____
- - - - - - - - - - - - - - - -
_____.

- Jesus ate fish from the Sea of
_____
- - - - - - - - - - - - - - -
_____.

Find these places on the map. Circle the words on the map.

Nazareth

Sea of Galilee

Bethlehem

La Hermana María pasó gran parte de su vida sirviendo a los pobres y los enfermos. A la hermana María le encantaba ir a Misa. Recibir la Sagrada Comunión la ayudaba a cuidar de las personas como hizo Jesús. El 21 de mayo de 2000, Papa Juan Pablo II la nombró la primera Santa de México.

Jesús alimenta a la gente

Una vez, Jesús estaba enseñando cerca del mar de Galilea. Una enorme multitud se reunió para escuchar a Jesús. Esto es lo que ocurrió.

Se hizo tarde y la gente tenía hambre. Pero los seguidores de Jesús tenían solamente cinco panes y dos pescados. Jesús tomó el pan y los pescados y rezó. Sus seguidores dieron la comida a la gente. Todos comieron hasta saciarse.

BASADO EN MATEO 14:15–16, 19–20

Actividad

Usa la ilustración para contarle a un compañero el relato de cuando Jesús alimentó a la gente.

Jesus Feeds the People

One time Jesus was teaching near the Sea of Galilee. A very large crowd of people gathered to hear Jesus. This is what happened.

It became late and the people were hungry. But Jesus' followers had only five loaves of bread and two fish. Jesus took the bread and the fish and prayed. His followers gave the food to the people. Everyone ate until they were full.

BASED ON MATTHEW 14:15–16, 19–20

Activity

Use the picture to tell a partner the story of Jesus feeding the people.

Los católicos creen

Gracia

La palabra *gracia* significa "don". La gracia es el don de vida y amor de Dios. La gracia nos ayuda a compartir el amor de Dios con las personas. Nos ayuda a vivir como hijos de Dios.

Jesús cuida a la gente

El relato de cuando Jesús compartió el pan y los pescados trata acerca de un **milagro.** Un milagro es algo que solamente Dios puede hacer. Es un signo especial del amor de Dios.

El relato de cuando Jesús alimentó a las personas muestra cómo Jesús compartió el amor de Dios con ellas. Jesús cuidó de las personas.

Jesús nos pide que nos cuidemos unos a otros. Esta es una manera en que compartimos el amor de Dios con las personas.

? ¿Cómo compartes tú el amor de Dios con los demás?

Jesus Cares for People

The story of Jesus sharing the bread and fish tells about a **miracle**. A miracle is something only God can do. It is a special sign of God's love.

The story of Jesus feeding the people shows how Jesus shared God's love with the people. Jesus took care of the people.

Jesus asks us to take care of one another too. This is one way we share God's love with people.

❓ How do you share God's love with other people?

Yo sigo a Jesús

El Espíritu Santo te ayuda a mostrar el amor de Dios y a cuidar de los demás. El don de la sabiduría del Espíritu Santo te puede ayudar a hacer buenas elecciones para que lleves una vida santa. Cuando compartes el amor de Dios, estás llevando una vida santa.

Actividad

Compartir el amor de Dios

En el espacio, escribe algo o dibújate a ti compartiendo el amor de Dios con los demás.

Mi elección de fe

Compartiré el amor de Dios con mi familia. Voy a

_____

- -

_____.

Reza: "Gracias, Jesús, por enseñarme a compartir el amor de Dios. Amén".

The Holy Spirit helps you to show God's love and care for others. The Holy Spirit's gift of wisdom can help you to make good choices for living a holy life. When you share God's love, you are living a holy life.

I Follow Jesus

Activity

Sharing God's Love

In the space write about or draw yourself sharing God's love with others.

My Faith Choice

I will share God's love with my family. I will

_____

- -

_____

Pray, "Thank you, Jesus, for teaching me how to share God's love. Amen."

Repaso del capítulo

Lee de nuevo el relato de cuando Jesús alimentó a las personas. Ordena las oraciones según cuándo ocurrieron en el relato.

_____ Todos comieron hasta saciarse.

_____ Jesús tomó los cinco panes y los dos pescados y rezó.

_____ Una gran multitud estaba escuchando a Jesús. Era el anochecer y la gente tenía hambre.

Oración de bendición

Las oraciones de bendición le dicen a Dios que nosotros sabemos que todas las cosas buenas vienen de Él. Recen juntos esta oración de bendición.

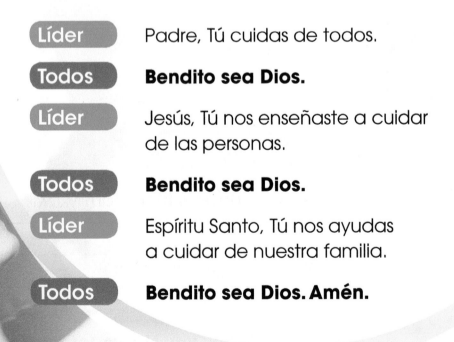

Líder Padre, Tú cuidas de todos.

Todos **Bendito sea Dios.**

Líder Jesús, Tú nos enseñaste a cuidar de las personas.

Todos **Bendito sea Dios.**

Líder Espíritu Santo, Tú nos ayudas a cuidar de nuestra familia.

Todos **Bendito sea Dios. Amén.**

Chapter Review

Read again the story of Jesus feeding the people. Number the sentences in the order they happen in the story.

_____ Everyone ate until they were full.

_____ Jesus took the five loaves and two fish and prayed.

_____ A large crowd was listening to Jesus. It was evening and they were hungry.

► TO HELP YOU REMEMBER

1. Jesus saw that the people were hungry and gave them all enough to eat.

2. Jesus showed people that God cares for them.

3. Jesus teaches us to care for people.

A Blessing Prayer

Blessing prayers tell God we know that all good things come from him. Pray this blessing prayer together.

Leader Father, you care for everyone.

All **Blessed be God.**

Leader Jesus, you showed us how to care for people.

All **Blessed be God.**

Leader Holy Spirit, you help us to care for our families.

All **Blessed be God. Amen.**

Con mi familia

Esta semana...

En el capítulo 16, "Jesús muestra el amor de Dios", su niño aprendió que:

▶ Jesús alimentó a una gran multitud con solo cinco panes y dos pescados (Mateo 14:15–20).

▶ Este relato dice que Jesús cuidó de las personas para recordarles el amor que Dios siente por ellas.

▶ Este relato es uno de los que narran milagros en el Evangelio y revela el cuidado amoroso de Dios por las personas y por toda la creación.

▶ La sabiduría es un Don del Espíritu Santo. Nos ayuda a conocer la voluntad de Dios para con nosotros y a hacer buenas elecciones.

Para saber más sobre otras enseñanzas de la Iglesia, consulten el *Catecismo de la Iglesia Católica,* 302–308 y 547–550, y el *Catecismo Católico de los Estados Unidos para los Adultos,* páginas 79–80, 215–216 y 222–223.

■ Compartir la Palabra de Dios

Lean juntos en Mateo 14:15–20 la versión de Jesús alimentando a la multitud. O lean la adaptación del relato de la página 296. Enfaticen que todos comieron hasta saciarse. Comenten que esto es un signo del amor bondadoso de Dios por todas las personas.

■ Vivimos como discípulos

El hogar cristiano con la familia es una escuela de discipulado. Elijan una o más de las siguientes actividades para hacer en familia, o creen una actividad similar ustedes mismos.

▶ Jesús alimentó a los hambrientos para demostrarles que Dios los ama y cuida de ellos. Elijan algo para hacer esta semana, que demuestre a las personas que Dios las ama y cuida de ellas.

▶ Cuando vayan a hacer las compras esta semana, compren algún alimento para donar a la despensa de alimentos local. Únanse a los demás para ser un signo del cuidado amoroso de Dios por todas las personas.

■ Nuestro viaje espiritual

Una oración de bendición es una expresión de la generosidad y del amor de Dios. Nuestra vida puede ser una oración de bendición. La mejor manera de bendecir a Dios es compartir nuestras bendiciones materiales y espirituales con los demás, especialmente con los necesitados. Recen juntos en familia la oración de bendición de la página 302.

Para hallar más ideas sobre las maneras en que su familia puede vivir como discípulos de Jesús, visiten **seanmisdiscipulos.com**

With My Family

This Week . . .

In chapter 16, "Jesus Shows God's Love," your child learned:

▶ Jesus fed a large crowd with only five loaves of bread and two fishes (Matthew 14:15–20).

▶ This story tells that Jesus took care of people to remind them of God's love for them.

▶ This story is one of the miracle stories in the Gospels and reveals God's loving care for people and all creation.

▶ Wisdom is a Gift of the Holy Spirit. It helps us to know God's will for us and to make good choices.

For more about related teachings of the Church, see the *Catechism of the Catholic Church*, 302–308 and 547–550, and the *United States Catholic Catechism for Adults*, pages 79–80, 215–216, and 222–223.

■ Sharing God's Word

Read together Matthew 14:15–20 the account of Jesus feeding the crowd. Or read the adaptation of the story on page 297. Emphasize that everyone ate until they were full. Discuss that this is a sign of God's caring love for all people.

■ We Live as Disciples

The Christian home and family is a school of discipleship. Choose one of the following activities to do as a family, or design a similar activity of your own.

▶ Jesus fed the hungry people to show them that God loves and cares for them. Choose to do one thing this week to show people that God loves and cares for them.

▶ When you go grocery shopping this week, purchase food to donate to the local food pantry. Join with others to be a sign of God's loving care for all people.

■ Our Spiritual Journey

A blessing prayer is an expression of God's generosity and love. Our life can be a blessing prayer. The best way to bless God is to share our material and spiritual blessings with others, especially people in need. Pray the blessing prayer on page 303 together as a family.

For more ideas on ways your family can live as disciples of Jesus, visit **BeMyDisciples.com**

Unidad 4 Repaso

Nombre _____

A. Elije la mejor palabra

Completa las oraciones. Colorea el círculo junto a la mejor opción.

1. Todos los domingos, la gente de la Iglesia se reúne para celebrar la _____.

    ○ Confirmación   ○ Misa

2. En la _____, Jesús dijo "Esto es mi cuerpo" y "Esto es mi sangre".

    ○ Última Cena   ○ Primera Pascua

3. La oración es escuchar a _____ y hablar con Él.

    ○ nuestros padres   ○ Dios

4. Tenemos que pedir _____ cuando hemos herido a alguien.

    ○ perdón   ○ castigo

5. Jesús alimentó a una multitud con dos pescados y _____ panes.

    ○ dos   ○ cinco

B. Muestra lo que sabes

Encierra el número que está al lado de tu oración preferida. Cuéntale a tu clase cuándo puedes rezarla.

1. Señal de la Cruz   **4.** Ave María

2. Padre Nuestro   **5.** Acción de gracias antes de comer

3. Gloria al Padre

Unit 4 Review

Name _____

A. Choose the Best Word

Complete the sentences. Color the circle next to the best choice.

1. Every Sunday the people of the Church gather to celebrate _____.

○ Confirmation ○ Mass

2. At the _____, Jesus said, "This is my body" and "This is my blood."

○ Last Supper ○ First Easter

3. Prayer is listening and talking to _____

○ our parents ○ God

4. We need to ask for _____ when we have hurt someone.

○ forgiveness ○ punishment

5. Jesus fed a crowd with two fish and _____ loaves of bread.

○ two ○ five

B. Show What You Know

Circle the number next to your favorite prayer. Tell your class when you can pray it.

1. The Sign of the Cross   **4.** The Hail Mary

2. The Our Father   **5.** Grace Before Meals

3. The Glory Be

C. La Escritura y tú

¿Cuál fue tu relato preferido acerca de Jesús en esta unidad? Dibuja algo que sucedió en el relato. Cuéntaselo a tu clase.

D. Sé un discípulo

1. *¿Acerca de qué Santo o persona virtuosa disfrutaste aprender más en esta unidad? Escribe el nombre aquí. Cuenta a tu clase lo que esta persona hizo para seguir a Jesús.*

_____

- -

_____

_____

- -

_____

2. *¿Qué puedes hacer para ser un buen discípulo de Jesús?*

_____

- -

_____

_____

- -

_____

C. Connect with Scripture

What was your favorite story about Jesus in this unit? Draw something that happened in the story. Tell your class about it.

D. Be a Disciple

1. *What Saint or holy person did you enjoy hearing about in this unit? Write the name here. Tell your class what this person did to follow Jesus.*

_____

- -

_____
_____

- -

_____

2. *What can you do to be a good disciple of Jesus?*

_____

- -

_____
_____

- -

_____

México: Las posadas

Las posadas se celebran del 16 al 24 de diciembre.

Cada año las familias en México celebran las posadas. La palabra *posada* significa "hospedaje" o "refugio". Las posadas cuentan lo que les pasó a María y José en Belén. Cuando llegaron a Belén, nadie les daba un lugar dónde quedarse. Tuvieron que pasar la noche en un establo. Allí es dónde nació Jesús.

Hoy en día las posadas son una celebración importante. Las familias se visten como la Sagrada Familia. Caminan en procesión y tocan a la puerta de familias que los reciben. Cantan y comen juntos, y hacen una gran fiesta. Celebran que ya casi es Navidad.

? ¿Has participado alguna vez en las posadas? Si pudieras, ¿qué papel te gustaría representar?

Mexico: Las Posadas

Each year families in Mexico celebrate Las Posadas. The word *posada* means "inn" or "shelter." The posadas tell what happened to Mary and Joseph in Bethlehem. When they got to Bethlehem, no one would give them a place to stay. They had to spend the night in a stable. This is where Jesus was born.

▶ Las Posadas is celebrated December 16 to December 24.

Today Las Posadas is a great celebration. Families dress up like the Holy Family. They walk in processions and knock on the doors of families who welcome them. They sing and share food and have a big party together. They celebrate that Christmas is almost here.

[?] Have you ever been a part of Las Posadas? If you could be, what part would you like to play?

El camino al Cielo

Un día, un joven le preguntó a Jesús: "¿Qué debo hacer para vivir para siempre con Dios en el Cielo?". Jesús le contestó: "Cumple los mandamientos de Dios."

El joven dijo: "Siempre los he cumplido". Jesús exclamó: "¡Muy bien! Ahora vende todas tus cosas, reparte el dinero entre los pobres y sígueme."

El joven le dio la espalda. No quería regalar sus cosas. Jesús se entristeció. "Si una persona ama más sus cosas que a Dios, difícilmente entrará en el Cielo."

BASADO EN MATEO 19:16–23

The Way to Heaven

One day a young man asked Jesus, "What must I do to live forever with God in heaven?" he asked. Jesus said, "Keep God's commandments."

The young man said, "I have always kept them." "Wonderful!" Jesus said. "Now sell all your things, give to the poor, and follow me."

The young man turned away. He did not want to give away his things. Jesus felt sad. "If a person loves their things more than they love God, it will be hard to get to heaven."

BASED ON MATTHEW 19:16–23

313

Lo que he aprendido

¿Qué es lo que ya sabes acerca de estas palabras de fe?

cristianos

_____

- -

_____

Los Diez Mandamientos

_____

- -

_____

Palabras de fe para aprender

Escribe **X** junto a las palabras de fe que sabes.
Escribe **?** junto a las palabras de fe que necesitas aprender mejor.

Palabras de fe

_____ El Gran
Mandamiento

_____ respeto

_____ comunidad

_____ adorar

_____ honrar

Tengo una pregunta

¿Qué pregunta te gustaría hacer acerca de los Diez Mandamientos?

_____

- -

_____

What I Have Learned

What is something you already know about these faith words?

Christians

_____

- -

_____

The Ten Commandments

_____

- -

_____

Faith Words to Know

Put an **X** next to the faith words you know.
Put a **?** next to the faith words you need
to learn more about.

Faith Words

____ The Great   ____ respect   ____ community
      Commandment

____ worship   ____ honor

A Question I Have

What question would you like to ask about
The Ten Commandments?

_____

- -

_____

CAPÍTULO 17

Los primeros cristianos

❓ ¿Qué cosas los hacen sonreír a ti y a tu familia?

Los primeros seguidores de Jesús eran como una familia. Escucha lo que nos dice la Biblia acerca de los seguidores de Jesús:

Los seguidores de Jesús estaban llenos de gozo y del Espíritu Santo. BASADO EN HECHOS 13:52

❓ ¿Qué te dicen estas palabras de la Biblia acerca de los seguidores de Jesús?

CHAPTER 17

The First Christians

? What are some things that make you and your family smile?

The first followers of Jesus were like a family. Listen to what the Bible tells us about Jesus' followers:

Jesus' followers were filled with joy and the Holy Spirit.   BASED ON ACTS 13:52

? What do these words from the Bible tell you about Jesus' followers?

Entendimiento

Dios Espíritu Santo nos da el don del entendimiento. Los relatos de la Biblia nos ayudan a entender el amor que Dios siente por nosotros. Los relatos de la Biblia nos ayudan a entender lo que Jesús nos enseñó.

La Iglesia sigue a **Jesús**

San Martín de Porres

Lee para mí

Martín de Porres amaba a Dios. El Espíritu Santo lo ayudó a vivir como discípulo de Jesús. El Hermano Martín sirvió con un corazón alegre a la gente.

El Hermano Martín trabajó con los pobres. Fundó un hogar para niños cuyos padres habían muerto o no podían encargarse de ellos. Creó un hospital y escuelas. También cuidaba animales enfermos o hambrientos.

La Iglesia nombró Santo al Hermano Martín. Hoy muchas personas siguen el buen ejemplo de San Martín de Porres.

? ¿A quién conoces que ayude a las personas como lo hacía San Martín de Porres?

Saint Martin de Porres

Read to Me

Understanding

God the Holy Spirit gives us the gift of understanding. Stories in the Bible help us understand God's love for us. Stories in the Bible help us understand what Jesus taught us.

Martin de Porres loved God. The Holy Spirit helped Brother Martin to live as a disciple of Jesus. Brother Martin served people with a joyful heart.

Brother Martin worked with poor people. He opened a home for children whose parents had died or could not care for them. He opened a hospital and schools. He also took care of animals that were sick or hungry.

The Church named Brother Martin a Saint. Today many people follow the good example of Saint Martin de Porres.

? Who is someone you know who helps people as Saint Martin de Porres did?

Enfoque en la fe
¿Cómo vivían
las personas de
la Iglesia en el
comienzo?

Palabra de fe
cristianos
Los cristianos son
seguidores de
Jesucristo. Creen en
Jesucristo y viven
como Él enseñó.

Los cristianos comparten relatos

La Iglesia cuenta relatos que nos ayudan a entender el amor que Dios siente por nosotros. La Iglesia cuenta relatos acerca de Jesús. Estos relatos nos ayudan a saber lo que significa ser cristiano. Los **cristianos** son seguidores de Jesucristo.

Nuestra Iglesia también comparte relatos sobre lo que los cristianos hacían mucho tiempo atrás. Podemos leer muchos relatos acerca de los primeros cristianos en el Nuevo Testamento.

En cada señal de tránsito, escribe o dibuja una cosa que hacen hoy los seguidores de Jesús.

Actividad

Christians Share Stories

The Church tells stories that help us understand God's love for us. The Church tells stories about Jesus. These stories help us to know what it means to be a Christian. **Christians** are followers of Jesus Christ.

Our Church also shares stories about what Christians did a long time ago. We can read many stories about the first Christians in the New Testament.

Faith Focus
How did the people of the Church live when the Church began?

Faith Word
Christians
Christians are followers of Jesus Christ. They believe in Jesus Christ and live as he taught.

Activity

On each of the road signs, write or draw one thing that followers of Jesus do today.

San Pablo Apóstol

San Pablo se hizo Apóstol después de la Resurrección de Jesús. Pablo viajó por tierra y por mar para enseñar a las personas acerca de Jesús. Las invitaba a creer en Jesús. La Iglesia celebra el día de San Pablo Apóstol el 29 de junio.

Los cristianos se aman unos a otros

Este es un relato acerca de cómo vivían los primeros cristianos. Es una historia que la Iglesia ha compartido desde el mismo comienzo.

Los primeros cristianos dedicaban tiempo a aprender las enseñanzas de Jesús. Compartían su dinero y sus bienes entre ellos. Rezaban juntos. Partían y compartían el pan. Juntos alababan a Dios.

Las personas veían que los primeros cristianos se trataban entre sí con amor y generosidad. Pronto, muchas otras personas se hicieron seguidores de Jesús.

BASADO EN HECHOS DE LOS APÓSTOLES 2:42, 45–47

Actividad

¿Cuáles de estas cosas hacían los primeros cristianos? Encierra en un círculo tus respuestas.

1. Aprendían las enseñanzas de Jesús.
2. Guardaban todos sus bienes para sí mismos.
3. Rezaban juntos.
4. Compartían su comida.

Christians Love One Another

This is a story about how the first Christians lived. It is a story that the Church has shared from her very beginning.

The first Christians spent time learning what Jesus taught. They shared their money and belongings with one another. They prayed together. They broke and shared bread together. Together they praised God.

Many people saw how the first Christians treated one another with kindness and love. Soon many other people became followers of Jesus.

BASED ON ACTS OF THE APOSTLES 2:42, 45–47

Activity

Which of these things did the first Christians do? Circle your answers.

1. Learned about what Jesus taught
2. Kept all their belongings for themselves
3. Prayed together
4. Shared their food

Vivimos como Jesús enseñó

Los primeros cristianos hacían lo que Jesús hizo. Hacían lo que Jesús les enseñó. Jesús nos enseñó a amar a Dios y a amarnos unos a otros.

Los relatos sobre los primeros cristianos nos enseñan a vivir como hijos de Dios. Los primeros cristianos mostraban su amor por Dios. Rezaban y compartían la Eucaristía. Agradecían a Dios por todo.

Los primeros cristianos mostraban el amor que sentían unos por otros. Compartían lo que tenían entre todos. Ayudaban a los necesitados.

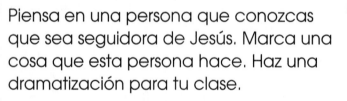

Actividad

Piensa en una persona que conozcas que sea seguidora de Jesús. Marca una cosa que esta persona hace. Haz una dramatización para tu clase.

La persona que conozco

☐ Reza con los demás.

☐ Cuida a los demás.

☐ Me cuenta relatos acerca de Jesús.

☐ Comparte cosas conmigo.

We Live as Jesus Taught

The first Christians did what Jesus did. They did what Jesus taught. Jesus taught us to love God and to love one another.

The stories about the first Christians teach us how to live as children of God. The first Christians showed their love for God. They prayed and shared the Eucharist. They thanked God for everything.

The first Christians showed their love for one another. They shared what they had with each other. They helped people in need.

Activity

Think of a follower of Jesus that you know. Check one thing that this person does. Act it out for your class.

Person I Know

☐ Prays with others

☐ Cares for others

☐ Tells me about Jesus

☐ Shares with me

Yo sigo a Jesús

Cada día puedes hacer lo posible para vivir como Jesús enseñó. El Espíritu Santo te ayuda a entender cómo quiere Jesús que trates a las personas. Puedes tratarlas con longanimidad. Esto les da gozo. También te llena de gozo el corazón.

Actividad

Marca con una ✓ la casilla que está junto a cada cosa que puedes hacer esta semana para vivir como Jesús enseñó.

☐ Rezar mis oraciones.　　☐ Jugar justamente.

☐ Lastimar a alguien.　　☐ Decir palabras crueles.

☐ Aprender acerca de Jesús.　☐ Ayudar en casa.

☐ Compartir mis juguetes.　☐ Prestar atención en la escuela.

☐ Obedecer a mis padres.　☐ Ensuciar con basura.

Mi elección de fe

Esta semana haré una de las acciones cristianas que he marcado. Yo

_____

- -

_____.

Reza: "Gracias, Espíritu Santo, por ayudarme a actuar como lo hacen los cristianos. Amén".

Each day you can try your best to live as Jesus taught. The Holy Spirit helps you to understand how Jesus wants you to treat people. You can treat people with kindness. This brings people joy. It also fills your heart with joy.

I Follow Jesus

Activity

Write a √ mark in the box next to each thing that you can do this week to live as Jesus taught.

☐ Say my prayers.　　☐ Play fairly.

☐ Hurt someone.　　☐ Speak unkind words.

☐ Learn about Jesus.　　☐ Help at home.

☐ Share my toys.　　☐ Pay attention at school.

☐ Obey my parents.　　☐ Be a litter-bug.

My Faith Choice

This week I will do one of the Christian acts that I have checked. I will

_____

- -

_____.

Pray, "Thank you, Holy Spirit, for helping me to act as Christians do. Amen."

1. Los cristianos creen en Jesucristo y hacen lo que Él enseñó.

2. Los primeros cristianos se reunían, amaban a Dios y se amaban unos a otros.

3. Hoy los cristianos muestran su amor por los demás igual que lo hacían los primeros cristianos.

Repaso del capítulo

*Lee cada oración. Encierra en un círculo **Sí** cuando la oración es verdadera. Encierra en un círculo **No** cuando no es verdadera.*

1. Los primeros cristianos compartían relatos acerca de Jesús.

Sí   No

2. Los primeros cristianos rezaban juntos.

Sí   No

3. Los primeros cristianos compartían sus bienes entre todos.

Sí   No

Alabemos al Señor

Una señal de la paz muestra que queremos vivir como Jesús enseñó. Compartimos una señal de la paz en la Misa.

Líder   Te damos gracias, Dios, por la Iglesia.

Todos   **¡Alabemos al Señor, pues Él es bueno!**

Líder   Compartamos una señal de la paz entre nosotros.

Todos   **(Comparten un apretón de manos u otra señal de la paz y la amistad.)**

Chapter Review

*Read each sentence. Circle **Yes** if the sentence is true. Circle **No** if it is not true.*

1. The first Christians shared stories about Jesus.

Yes   No

2. The first Christians prayed together.

Yes   No

3. The first Christians shared their belongings with one another.

Yes   No

TO HELP YOU REMEMBER

1. Christians believe in Jesus Christ and do what he taught.

2. The first Christians gathered together and loved God and one another.

3. Christians today show their love for one another just as the first Christians did.

Praise the Lord

A sign of peace shows that we want to live as Jesus taught. We share a sign of peace at Mass.

Leader   We thank you, God, for the Church.

All   **Praise the Lord, for he is good!**

Leader   Let us share a sign of peace with one another.

All   **(Share a handshake or other sign of peace and friendship.)**

Con mi familia

Esta semana...

En el capítulo 17, "Los primeros cristianos", su niño aprendió que:

▶ Los primeros cristianos se reunían para expresar su fe y su creencia en Jesús.

▶ Los primeros cristianos escuchaban las enseñanzas de los Apóstoles. Compartían todo lo que tenían con los demás, especialmente con los necesitados. Se reunían para rezar y para participar de la Eucaristía.

▶ Hoy los cristianos hacen lo mismo que hacían los primeros cristianos. Todos los miembros de la Iglesia son llamados a cooperar con la gracia del Espíritu Santo y a trabajar juntos para vivir como Jesús enseñó.

▶ El Espíritu Santo nos ayuda a entender maneras de vivir como seguidores de Jesús.

Para saber más sobre otras enseñanzas de la Iglesia, consulten el *Catecismo de la Iglesia Católica*, 849–852, y el *Catecismo Católico de los Estados Unidos para los Adultos*, páginas 118–119.

■ Compartir la Palabra de Dios

Lean juntos Hechos de los Apóstoles 2:42–47, un relato de la vida de los primeros cristianos. O lean la adaptación del relato de la página 322. Enfaticen que los primeros cristianos compartían sus bienes con los necesitados y eran conocidos por el amor que se tenían unos a otros.

■ Vivimos como discípulos

El hogar cristiano con la familia es una escuela de discipulado. Elijan una o más de las siguientes actividades para hacer en familia, o creen una actividad similar ustedes mismos.

▶ Identifiquen las maneras en que su familia vive como lo hacían los primeros cristianos. Comenten la manera en que rezan, en que aprenden acerca de Jesús y en que comparten cosas en familia. Inviten a cada miembro a elegir una cosa que podría hacer para contribuir a que la familia viva como una familia cristiana.

▶ Determinen una manera en que su familia puede compartir el tiempo y las pertenencias con otras personas de la parroquia o del vecindario. Por ejemplo, escriban tarjetas con deseos de mejoría para los enfermos o los que no pueden salir de su casa.

■ Nuestro viaje espiritual

La paz que proviene de vivir en comunión con Dios, con los demás y con toda la creación es el destino último de nuestro viaje espiritual. Ustedes han recibido el don del entendimiento para ayudarlos a obtener esa paz. Recen la oración de la página 328 a la hora de comer e incluyan una señal de la paz.

Para hallar más ideas sobre las maneras en que su familia puede vivir como discípulos de Jesús, visiten **seanmisdiscipulos.com**

With My Family

This Week . . .

In chapter 17, "The First Christians," your child learned:

▶ The first Christians gathered to express their faith and belief in Jesus.

▶ The first Christians listened to the teachings of the Apostles. They shared all that they had with one another, especially with people in need. They gathered to pray and share the Eucharist.

▶ Christians today do the same things that the first Christians did. Every member of the Church is called to cooperate with the grace of the Holy Spirit and work together to live as Jesus taught.

▶ The Holy Spirit helps us to understand ways to live as followers of Jesus.

For more about related teachings of the Church, see the *Catechism of the Catholic Church*, 849–852, 1397, and 2030–2046, and the *United States Catholic Catechism for Adults*, pages 118–119.

■ Sharing God's Word

Read together the Acts of the Apostles 2:42–47, an account of the life of the first Christians. Or read the adaptation of the story on page 323. Emphasize that the first Christians shared with people in need and were known for their love for one another.

■ We Live as Disciples

The Christian home and family is a school of discipleship. Choose one of the following activities to do as a family, or design a similar activity of your own.

▶ Identify ways that your family lives as the first Christians did. Talk about ways you pray, learn about Jesus, and share things as a family. Invite each family member to choose one thing that they can do to help your family live as a Christian family.

▶ Decide one way in which your family can share your time and possessions with other people in your parish or neighborhood. For example, write get well cards to those who are sick or homebound.

■ Our Spiritual Journey

The peace that comes from living in communion with God, others, and all of creation is the ultimate destination of our spiritual journey. You have received the gift of understanding to help you begin to achieve that peace. Pray the prayer on page 329 at mealtime and include a sign of peace.

For more ideas on ways your family can live as disciples of Jesus, visit **BeMyDisciples.com**

CAPÍTULO 18

Amamos a Dios

 ¿Cuáles son algunas reglas buenas para una familia?

Las reglas de Dios se llaman Mandamientos. Escucha lo que nos dice la Biblia acerca de ellos:

Dios dijo: "Muestro amor hacia los que me aman y cumplen mis mandamientos".

BASADO EN ÉXODO 20:6

 ¿Cuál es una de las reglas de Dios que conoces?

CHAPTER 18

We Love God

 What are some good rules for a family?

God's rules are called Commandments. Listen to what the Bible tells us about them:

> God said, "I will show love to those who love me and keep my commandments."
>
> BASED ON EXODUS 20:6

 What is one of God's rules that you know?

Ciencia

El don de la ciencia te ayuda a conocer las reglas de Dios y a seguirlas. También te ayuda a saber qué cosas van contra las reglas de Dios y a no hacerlas.

La Iglesia sigue a **Jesús**

Construcción de iglesias

Dios nos ha dado diez reglas importantes llamadas los Diez Mandamientos. Los católicos siguen los Diez Mandamientos. El Primer Mandamiento nos dice que pongamos a Dios en primer lugar en nuestra vida. Esta es una historia acerca de la manera en que el Padre Richard siguió el Primer Mandamiento.

El Padre Richard estudió arte antes de ser sacerdote. También trabajaba como ingeniero. Después de convertirse en sacerdote, usó sus dones para vivir el Primer Mandamiento. Ayudó a construir iglesias nuevas y a reparar las viejas.

Los católicos se reúnen en las iglesias para adorar a Dios. Nuestras iglesias muestran que amamos a Dios por sobre todas las cosas.

? ¿Cómo te ayudan las personas de tu iglesia a poner a Dios en primer lugar en tu vida?

Building Churches

Read to Me

God has given us ten important rules called the Ten Commandments. Catholics follow the Ten Commandments. The First Commandment tells us to keep God first in our lives. Here is a story of how Father Richard followed the First Commandment.

Father Richard studied art before he became a priest. He also worked as an engineer. After he became a priest, Father Richard used his gifts to live the First Commandment. He helped build new churches and repair old churches.

Catholics gather in churches to worship God. Our churches show that we love God above all else.

? How do the people of your church help you to keep God first in your life?

Palabras de fe

Diez Mandamientos
Los Diez Mandamientos son las diez leyes que Dios nos ha dado para ayudarnos a vivir como hijos de Dios.

adorar
Adorar a Dios es amar y honrar a Dios por sobre todas las personas y sobre todas las cosas.

Los Mandamientos de Dios

Tenemos reglas en casa, en la escuela y en la comunidad. Las buenas reglas nos ayudan a vivir juntos en paz.

La Biblia nos cuenta que Dios nos dio diez reglas muy especiales. Estas reglas son los **Diez Mandamientos.** Nos dio los Diez Mandamientos porque nos ama. Los Diez Mandamientos son las leyes que Dios nos ha dado para que vivamos como hijos de Dios.

Los Diez Mandamientos nos enseñan cómo debemos amar a Dios y a los demás. Nos dicen que nos cuidemos y que cuidemos a toda la creación.

Actividad

Con tus compañeros haz una dramatización de cómo pueden mostrar amor por Dios. Haz una dramatización de cómo puedes mostrar amor por tu familia.

God's Commandments

We have rules at home, at school, and in our community. Good rules help us to live together in peace.

The Bible tells us that God gave us ten very special rules. These rules are the **Ten Commandments**. He gave us the Ten Commandments because he loves us. The Ten Commandments are the laws that God has given us to live as children of God.

The Ten Commandments tell us how we are to love God and other people. They tell us to care for ourselves and for all creation.

Faith Focus
Why did God give us the Ten Commandments?

Faith Words
Ten Commandments
The Ten Commandments are the ten laws that God has given us to help us live as children of God.

worship
We worship God when we love and honor God more than anyone and anything else.

Activity

With your classmates, act out one way you can show your love for God. Act out one way you can show your love for your family.

Santa Clara y Santa Inés

Santa Clara de Asís y Santa Inés de Asís eran hermanas. Abandonaron todo para mostrar su amor por Dios. El día de Santa Clara es el 11 de agosto. El día de Santa Inés es el 16 de noviembre.

Jesús nos enseña

Jesús nos enseñó que debemos vivir los Diez Mandamientos. Nos mostró la manera de amar a Dios. Él le rezaba a su Padre. Siempre hacía lo que Dios Padre le pedía.

Jesús nos mostró la manera de amarnos unos a otros. Él era bondadoso con todos. Nos enseñó a tratar a los demás como Él lo hacía. Dijo:

"Les doy un mandamiento nuevo: Ámense unos a otros como yo los he amado".

BASADO EN JUAN 13:34

? ¿Cómo muestran su amor por Dios las personas de las fotografías? ¿Cómo muestran su amor por los demás?

Jesus Teaches Us

Jesus taught us that we are to live the Ten Commandments. Jesus showed us how to love God. Jesus prayed to his Father. He always did what God the Father asked him to do.

Jesus showed us how to love one another. He was kind to everyone. Jesus told us to treat people as he did. He said,

"I give you this new commandment. You are to love one another as I have loved you."

BASED ON JOHN 13:34

Faith-Filled People

Clare and Agnes

Saint Clare of Assisi and Saint Agnes of Assisi were sisters. They gave up everything to show their love for God. Saint Clare's feast day is August 11. Saint Agnes's feast day is November 16.

? How are the people in the pictures showing their love for God? How are they showing their love for people?

Amamos a Dios

El Primer, Segundo, y Tercer Mandamiento nos enseñan maneras de mostrar nuestro amor por Dios.

El Primer Mandamiento nos dice que debemos **adorar** solo a Dios. Debemos amar a Dios por sobre todas las cosas y por sobre todas las personas.

El Segundo Mandamiento nos dice que honremos a Dios. Debemos mencionar el nombre de Dios con amor y respeto.

El Tercer Mandamiento nos enseña a guardar el domingo como día santo. Todos los domingos nos reunimos con la familia de nuestra Iglesia para la Misa. Damos gracias y alabanzas a Dios por todo lo que ha hecho por nosotros.

Actividad

Agradece a Dios por todo lo que ha hecho por ti. Usa palabras y dibujos para hacer una tarjeta de agradecimiento.

Gracias Dios, por...

We Love God

The First, Second, and Third Commandments tell us ways to show our love for God.

The First Commandment tells us that we are to **worship** only God. We are to love God more than anything and anyone else.

The Second Commandment tells us to honor God. We are to speak God's name with love and respect.

The Third Commandment tells us to keep Sunday as a holy day. Every Sunday, we gather with our Church family for Mass. We give thanks and praise to God for all that he has done for us.

Activity

Thank God for all that he has done for you. Use words and pictures to make a Thank You card.

Thank You, God, for...

Yo sigo a Jesús

Estás aprendiendo los Diez Mandamientos. Tu familia y la Iglesia te ayudarán. El Espíritu Santo te ayudará siempre a saber los Diez Mandamientos y a vivirlos. El don de la ciencia del Espíritu Santo te ayuda a adorar y honrar a Dios.

Actividad

Una carta para Dios

Escribe una carta. Cuéntale a Dios cómo mostrarás su amor por Él esta semana.

Querido Dios:

_____

- -

_____

_____

- -

_____.

Mi elección de fe

Lee la carta que le escribiste a Dios. Escribe una manera en que mostrarás tu amor por Dios esta semana.

_____

- -

_____

 Reza: "Gracias, Espíritu Santo, por ayudarme a mostrar mi amor por ti. Amén".

You are learning about the Ten Commandments. Your family and the Church will help you. The Holy Spirit will always help you to know the Ten Commandments and to live them. The Holy Spirit's gift of knowledge helps you to worship and honor God.

A Letter to God

Write a letter. Tell God how you will show your love for him this week.

Dear God,

_____

- -

_____

_____

- -

_____

My Faith Choice

Read the letter you wrote to God. Write one way you will show your love for God this week.

_____

- -

_____

Pray, "Thank you, Holy Spirit, for helping me to show my love for you. Amen."

1. Los Diez mandamientos nos enseñan a adorar a Dios.

2. Los Diez Mandamientos nos enseñan a mencionar el nombre de Dios con amor y respeto.

3. Los Diez Mandamientos nos enseñan a participar en la Misa de los domingos.

Repaso del capítulo

Traza una línea de las palabras de la columna A al significado correspondiente de la columna B.

Columna A

Columna B

1. Primer Mandamiento

a. Guardar el domingo como día santo.

2. Segundo Mandamiento

b. Adorar solo a Dios.

3. Tercer Mandamiento

c. Mencionar el nombre de Dios con respeto.

Acto de caridad

Cuando rezamos un acto de caridad, le contamos a Dios que lo amamos con todo nuestro corazón. Reza estas palabras en tu casa con tu familia. Rézalas ahora con tu clase:

Dios mío, Tú me creaste.
Compartes tu amor conmigo.
Tú eres todo bondad.
Te amo con todo mi corazón.
Amén.

Chapter Review

Draw lines to match the words in column A with their meanings in column B.

Column A

1. First Commandment

2. Second Commandment

3. Third Commandment

Column B

a. Keep Sunday holy.

b. Worship only God.

c. Speak God's name with respect.

TO HELP YOU REMEMBER

1. The Ten Commandments teach us to worship God.

2. The Ten Commandments teach us to speak God's name with love and respect.

3. The Ten Commandments teach us to take part in Mass on Sundays.

An Act of Love

When we pray an act of love, we tell God that we love him with all our hearts. Pray these words at home with your family. Pray them now with your class:

**O my God, you created me.
You share your love with me.
You are all good.
I love you with my whole heart.
Amen.**

Con mi familia

Esta semana...

En el capítulo 18, "Amamos a Dios", su niño aprendió que:

▶ Dios nos dio los Diez Mandamientos.

▶ Los Diez Mandamientos nos explican maneras de vivir como hijos de Dios.

▶ El Primer, Segundo, y Tercer Mandamientos nos enseñan a amar, honrar y adorar a Dios por sobre todo.

▶ Jesús nos enseñó a vivir los Diez Mandamientos. Debemos amar a Dios y a los demás como Jesús nos enseñó.

▶ La ciencia es uno de los siete Dones del Espíritu Santo. Nos ayuda a saber cómo debemos vivir y seguir la voluntad de Dios.

Para saber más sobre otras enseñanzas de la Iglesia, consulten el *Catecismo de la Iglesia Católica*, 2052–2074, y el *Catecismo Católico de los Estados Unidos para los Adultos*, páginas 341–369.

■ Compartir la Palabra de Dios

Lean juntos Juan 13:34–35, acerca del momento en que Jesús da a sus discípulos el Nuevo Mandamiento, o lean la adaptación del relato de la página 338.

Enfaticen que Jesús, mediante su ejemplo, nos mostró cómo amar a Dios y a los demás. Nos mostró cómo vivir los Diez Mandamientos.

■ Vivimos como discípulos

El hogar cristiano con la familia es una escuela de discipulado. Elijan una o más de las siguientes actividades para hacer en familia, o creen una actividad similar ustedes mismos.

▶ Asistan a Misa los domingos en familia. Planeen una actividad para después de la Misa para que la familia pueda disfrutar junta. Cuando se reúnan para cenar esta semana, inviten a los miembros de la familia a compartir algo que hayan hecho ese día para mostrar su amor por Dios.

■ Nuestro viaje espiritual

Es indispensable **conocer el camino** que recorremos en nuestro viaje por la vida. Saber adónde queremos ir y cómo llegar ahí, es fundamental. Nunca podemos alcanzar solos nuestra meta final. Recen la oración de la página 344 con su familia para que los ayude a mantener las prioridades de su vida en el orden correcto.

Para hallar más ideas sobre las maneras en que su familia puede vivir como discípulos de Jesús, visiten **seanmisdiscipulos.com**

With My Family

This Week . . .

In chapter 18, "We Love God," your child learned:

- God gave us the Ten Commandments.
- The Ten Commandments tell us ways to live as children of God.
- The First, Second, and Third Commandments tell us to love, honor, and worship God above all else.
- Jesus taught us to live the Ten Commandments. We are to love God and people as Jesus taught.
- Knowledge is one of the seven Gifts of the Holy Spirit. It helps us to know how we are to live and to follow God's will.

For more about related teachings of the Church, see the *Catechism of the Catholic Church*, 2052–2074, and the *United States Catholic Catechism for Adults*, pages 341–369.

◼ Sharing God's Word

Read John 13:34–35 together, about Jesus giving his disciples the New Commandment, or you can read an adaptation of the story on page 339. Emphasize that Jesus by his example showed us how to love God and one another. He showed us how to live the Ten Commandments.

◼ We Live as Disciples

The Christian home and family is a school of discipleship. Choose one of the following activities to do as a family, or design a similar activity of your own.

- Attend Mass together as a family on Sundays. Plan an activity for after Mass that the family can enjoy together.
- When you gather for dinner this week, invite family members to share one thing that they did that day to show their love for God.

◼ Our Spiritual Journey

Knowing your way as you journey though life is vital. Knowing where you want to go and how to get there is essential. We can never reach our ultimate goal alone. Pray the prayer on page 345 with your family to help keep your priorities in life in the right order.

For more ideas on ways your family can live as disciples of Jesus, visit **BeMyDisciples.com**

Amamos a los demás

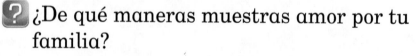 **¿De qué maneras muestras amor por tu familia?**

Escucha lo que nos dice la Biblia acerca de los Mandamientos de Dios:

Dios nos dio los mandamientos para que pudiéramos vivir en amistad con él y con los demás. BASADO EN DEUTERONOMIO 6:20–25

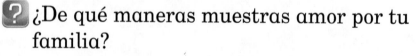 **¿En qué nos ayudan los Mandamientos?**

CHAPTER 19

We Love Others

[?] What are some of the ways that you show your love for your family?

Listen to what the Bible tells us about God's Commandments:

God gave us the commandments so that we may live as friends with him and other people. BASED ON DEUTERONOMY 6:20–25

[?] What do the Commandments help us to do?

Poder de los discípulos

Templanza

Tener más cosas no nos hace felices. La templanza nos ayuda a saber la diferencia entre lo que necesitamos y lo que tan solo queremos tener. Es importante saber qué es lo que realmente nos hará felices.

La Iglesia sigue a Jesús

Ayudar a los necesitados

Lee para mí

Nuestra parroquia nos ayuda a vivir como amigos de Dios y de los demás. Nos ayuda a vivir los Diez Mandamientos.

Algunas parroquias tienen un grupo llamado la Sociedad de San Vicente de Paúl. Este grupo ayuda a los necesitados. Las familias donan las cosas que de verdad no necesitan. El grupo se las entrega a personas que sí las necesitan.

El grupo también ayuda a la gente a ir al médico y al dentista. Hacen campamentos de verano para los niños. La Sociedad de San Vicente de Paúl muestra a todos cuánto los ama Dios.

? ¿Cuáles son algunas maneras en las que ves a las personas siendo bondadosas con los demás?

Helping People in Need

Our parish helps us live as friends with God and one another. It helps us to live the Ten Commandments.

Some parishes have a group called the Saint Vincent de Paul Society. This group helps people in need. Families give them things they do not really need. The group gives these things to people who do need them.

The group also helps people to visit doctors and dentists. They run camps in the summertime for children. The Saint Vincent de Paul Society shows people how much God loves them.

? What are some of the ways that you see people being kind to one another?

351

Palabras de fe

respeto
Mostramos respeto por los demás cuando los amamos porque son hijos de Dios.

honrar
Nosotros honramos a las personas cuando las tratamos con mucho respeto.

Respetamos a las personas

El resto de los Diez Mandamientos nos enseñan que debemos **respetar** a las demás personas y a nosotros mismos. Mostramos respeto cuando tratamos y **honramos** a los demás y a nosotros mismos como hijos de Dios. Mostrar respeto es una manera de mostrar amor.

Mostramos respeto a las personas de muchas maneras. Nos escuchamos atentamente unos a otros. Somos educados y bondadosos. Somos justos con todos.

Mostramos respeto por nosotros mismos de muchas maneras. Cuidamos nuestro cuerpo. Actuamos con prudencia.

Actividad

Con un compañero, representa una manera en que pueden mostrarse respeto el uno por el otro.

Que te mejores

352

We Respect People

The rest of the Ten Commandments tell us that we are to **respect** other people and ourselves. We show respect when we treat and **honor** other people and ourselves as children of God. Showing respect is a way to show love.

We show respect to people in many ways. We listen carefully to one another. We are polite and kind. We are fair to one another.

We show respect to ourselves in many ways. We take care of our bodies. We act safely.

Faith Focus
What do the Ten Commandments teach about respect?

Faith Words

respect
We show people respect when we love them because they are children of God.

honor
We honor people when we treat them with great respect.

Activity

With a partner, act out one way you can show respect to each other.

Vicente de Paúl

San Vicente de Paúl nos mostró cómo vivir los Diez Mandamientos. Él trataba a todas las personas con respeto. Se ocupaba de la gente que se sentía sola. La Iglesia celebra el día de San Vicente de Paúl el 27 de septiembre.

Cuidamos las cosas

Los Diez Mandamientos nos enseñan a respetar lo que nos pertenece. También nos enseñan a respetar lo que pertenece a los demás. Debemos cuidar muy bien las cosas que tenemos.

Mostramos respeto por lo que pertenece a los demás. Debemos pedir permiso antes de tomar prestadas sus cosas. Tenemos que devolver lo que tomamos prestado. No debemos robar.

Los Diez Mandamientos también nos enseñan que debemos compartir nuestras cosas con los demás.

❓ ¿Cuál es una manera en que puedes cuidar las cosas y compartirlas con los demás?

We Care for Things

The Ten Commandments tell us to respect what belongs to us. They teach us that we are to respect what belongs to other people, too. We are to take good care of the things that we have.

We show respect for what belongs to others. We are to ask before we borrow their things. We are to return the things that we borrow. We do not steal.

The Ten Commandments also teach us that we are to share our things with others.

? What is one way that you can care and share with others?

Faith-Filled People

Vincent de Paul

Saint Vincent de Paul showed us how to live the Ten Commandments. He treated all people with respect. He cared for people who were lonely. The Church celebrates the feast day of Saint Vincent de Paul on September 27.

Decimos la verdad

Los Diez Mandamientos nos enseñan que debemos ser honestos. Somos honestos cuando decimos la verdad. No somos honestos cuando mentimos.

Es importante decir la verdad. Cuando decimos la verdad, mostramos respeto por nosotros mismos y por los demás. Mentir muestra que no nos respetamos ni respetamos a los demás. Cuando decimos la verdad, las personas confían en nosotros.

Actividad

Mira estas ilustraciones. ¿Qué podrían decir los niños para ser honestos?

_____

- -

_____

We Tell the Truth

The Ten Commandments teach us that we are to be honest. We are honest when we tell the truth. We are not being honest when we lie.

It is important to tell the truth. When we tell the truth, we show respect for ourselves and other people. Lying shows that we do not respect ourselves and other people. When we tell the truth, people trust us.

Activity

Look at the pictures. What could the children say to be honest?

_____

- -

_____

Yo sigo a Jesús

Cuando eres bondadoso y justo, tratas a las personas con respeto. Las amas como Jesús enseñó. Cuando dices la verdad, eres un discípulo de Jesús.

Actividad

Completa los espacios en blanco del relato.

Le pregunto a un amigo: "Me podrías prestar los marcadores?

_____

- -

Los _____ mucho".

Cuando termine de usarlos, los devolveré

"_____ "

- -

y diré _____.

Mi elección de fe

Marca (√) las maneras en que mostrarás respeto por las demás personas. Yo

☐ diré la verdad. ☐ compartiré mis cosas.

☐ diré palabras amables. ☐ jugaré con prudencia.

Reza: "Gracias, Dios, por enseñarme a mostrar respeto por las demás personas. Amén".

When you are kind and fair, you treat people with respect. You love people as Jesus taught. When you tell the truth, you are a disciple of Jesus.

Activity

Fill in the blanks in the story.

I ask a friend, "May I please borrow your markers? _____

- -

I will take good _____

of them." When I am finished, I will return the markers

"_____ "

- -

and say, _____.

My Faith Choice

Check (✓) ways you will show respect for other people. I will

☐ tell the truth.　　☐ share my things.

☐ say kind words.　　☐ play safely.

Pray, "Thank you, God, for teaching me to show respect for other people. Amen."

Repaso del capítulo

Lee cada oración. Encierra en un círculo Sí cuando la oración es verdadera. Encierra en un círculo No cuando no es verdadera.

1. Respetar a los demás es una manera de mostrar amor.   Sí   No

2. Escucharse unos a otro demuestra respeto.   Sí   No

3. Cuidar lo que pertenece a los demás demuestra respeto.   Sí   No

4. Decir mentiras demuestra respeto.   Sí   No

Señor, escucha nuestra oración

Recen juntos:

Líder   Dios, a ti que nos amas, te pedimos por los hambrientos,

Todos   **Señor, escucha nuestra oración.**

Líder   Te pedimos por los enfermos,

Todos   **Señor, escucha nuestra oración.**

Líder   Recemos en silencio por alguien. *(Pausa.)*

Todos   **Señor, escucha nuestra oración.**

Chapter Review

*Read each sentence. Circle **Yes** if the sentence is true. Circle **No** if it is not true.*

1. Respecting others is a way to show love. Yes No

2. Listening to one another shows respect. Yes No

3. Taking care of what belongs to others shows respect. Yes No

4. Telling lies shows respect. Yes No

TO HELP YOU REMEMBER

1. We are to treat ourselves and others as children of God.

2. We are to show respect for other people.

3. We are to tell the truth.

Lord, Hear Our Prayer

Pray together:

Leader God, you love us. For people who are hungry, we pray,

All **Lord, hear our prayer.**

Leader For people who are sick, we pray,

All **Lord, hear our prayer.**

Leader Everyone pray quietly for someone. *(Pause.)*

All **Lord, hear our prayer.**

Con mi familia

Esta semana...

En el capítulo 19, "Amamos a los demás", su niño aprendió que:

▶ Los Mandamientos, del Cuarto al Décimo, nos enseñan a amar y respetar a los demás, a nosotros mismos y a toda la creación de Dios.

▶ Los siete últimos de los Diez Mandamientos mencionan las maneras en que debemos vivir la segunda parte del Gran Mandamiento y vivir verdaderamente como hijos de Dios.

▶ La templanza es una virtud que nos ayuda a saber la diferencia entre lo que necesitamos y lo que tan solo queremos tener.

Para saber más sobre otras enseñanzas de la Iglesia, consulten el *Catecismo de la Iglesia Católica,* 2052–2074, y el *Catecismo Católico de los Estados Unidos para los Adultos,* páginas 375–455.

■ Compartir la Palabra de Dios

Lean juntos Hechos de los Apóstoles 2:42–47. Enfaticen que el relato cuenta que los primeros cristianos vivían los Mandamientos como Jesús enseñó. Mencionen las cosas que hacían los primeros cristianos para mostrar cómo vivían los Diez Mandamientos.

■ Vivimos como discípulos

El hogar cristiano con la familia es una escuela de discipulado. Elijan una o más de las siguientes actividades para hacer en familia, o creen una actividad similar ustedes mismos.

▶ Lean juntos un libro infantil sobre la manera de tratar a las personas con respeto. Comenten por qué mostrar respeto es eje de nuestro amor por los demás.

▶ Pida a cada miembro que haga dos listas de sus posesiones. Escriban en una lista las cosas que realmente necesitan. Escriban en la segunda las cosas que les gustaría tener pero que en verdad no necesitan. Elijan objetos que podrían regalar a un grupo de caridad.

■ Nuestro viaje espiritual

Somos un pueblo peregrino. Recorremos juntos nuestro viaje terrenal. En este capítulo, su niño rezó por los demás. Esto se llama oración de intercesión. La oración de intercesión se reza en beneficio de alguien. Lean y recen juntos la oración de la página 360.

Para hallar más ideas sobre las maneras en que su familia puede vivir como discípulos de Jesús, visiten **seanmisdiscipulos.com**

With My Family

This Week . . .

In chapter 19, "We Love Others," your child learned:

▶ The Fourth through Tenth Commandments tell us to love and respect other people, ourselves, and all God's creation.

▶ The last seven of the Ten Commandments name the ways that we are to live the second part of the Great Commandment and truly live as children of God.

▶ Temperance is a virtue that helps us to know the difference between what we need and what we simply want to have.

For more about related teachings of the Church, see the *Catechism of the Catholic Church*, 2052–2074, and the *United States Catholic Catechism for Adults*, pages 375–455.

■ Sharing God's Word

Read together Acts of the Apostles 2:42–47. Emphasize that this story tells about the first Christians living the Commandments as Jesus taught. Name the things that the first Christians did to show how they lived the Ten Commandments.

■ We Live as Disciples

The Christian home and family is a school of discipleship. Choose one of the following activities to do as a family, or design a similar activity of your own.

▶ Read together a children's book about treating people with respect. Discuss why showing respect is at the heart of our love for others.

▶ Have each family member create two lists of their possessions. In one list, write things that you really need. In the second list, write things you like but do not truly need. Choose items you might give away to a charitable group.

■ Our Spiritual Journey

We are a pilgrim people. We make our earthly journey together. In this chapter, your child prayed for others. This is called a prayer of intercession. Intercessory prayer is a prayer that we offer on the behalf of others. Read and pray together the prayer on page 361.

Vivimos como una comunidad

? ¿A quién conoces en tu vecindario?

Jesús nos enseñó a vivir juntos.

Jesús dijo: "Amarás a Dios con todo tu corazón, con toda tu alma y con toda tu mente. Este es gran mandamiento, el primero. El segundo es así: Amarás a tu prójimo como a ti mismo".

BASADO EN MATEO 22:34–39

? ¿Cómo se tratan los buenos vecinos y los buenos amigos?

CHAPTER 20

We Live as a Community

? Who do you know in your neighborhood?

Jesus taught us how to live together.

Jesus said, "Love God with all your heart, with all your soul, and with all your mind. This is the first and greatest commandment. The second is like this one: Love others as much as you love yourself." BASED ON MATTHEW 22:34–39

? How do good neighbors and friends treat each other?

Justicia

Practicamos la justicia cuando tratamos a las personas de manera imparcial. Las personas que son justas viven como Jesús enseñó.

La Iglesia sigue a **Jesús**

San Pedro Claver

Pedro Claver hacía lo que Jesús enseñó. Él ayudaba a personas que eran tratadas injustamente. Habían sido sacadas de su hogar en África. Habían sido vendidas como esclavos.

Los guardias trataron de evitar que Pedro subiera a los barcos, pero no podían detenerlo. Dios le daba fuerzas. Pedro era un hombre muy valiente.

Los barcos eran calientes y sucios. Las personas no tenían agua para beber ni para lavarse. Muchas personas estaban muy enfermas. Pedro Claver las cuidaba. Muchas se convirtieron en seguidores de Jesús.

? ¿Cómo seguía San Pedro Claver a Jesús?

Saint Peter Claver

Read to Me

Justice

We practice justice when we treat people fairly. People who are just live as Jesus taught.

Peter Claver did what Jesus taught. He helped people who were being treated unjustly. They had been taken from their homes in Africa. They were being sold as slaves.

The guards tried to stop Peter from going on the ships, but he would not be stopped. God gave him strength. Peter was a very brave man.

The ship was hot and dirty. The people had no water to drink or to wash with. Many of them were very sick. Peter Claver cared for them. Many became followers of Jesus.

? How did Saint Peter Claver follow Jesus?

Enfoque en la fe
¿Qué significa vivir el Gran Mandamiento?

Palabras de fe
comunidad
Una comunidad es un grupo de personas que se respetan y se cuidan unas a otras.

Gran Mandamiento
El Gran Mandamiento es amar a Dios por sobre todas las cosas y amar a los demás como a nosotros mismos.

Familia de Dios

Una **comunidad** es un grupo de personas que se respetan y se cuidan unas a otras. Quienes viven en una comunidad se ayudan mutuamente.

Todos pertenecemos a la comunidad del pueblo de Dios. Dios hace especial a cada uno de nosotros. Dios bendice a cada uno con dones y talentos. Nosotros respetamos los dones de los demás. Dios nos pide que usemos nuestros dones para vivir en comunidad.

¿Cómo comparten sus dones los niños de las fotografías? Cuéntaselo a un compañero.

Actividad

God's Family

A **community** is a group of people who respect and care for one another. People in a community help one another.

We all belong to the community of God's people. God makes each of us special. God blesses each of us with gifts and talents. We respect each other's gifts. God asks us to use our gifts to live as a community.

Faith Focus
What does it mean to live the Great Commandment?

Faith Words
community
A community is a group of people who respect and care for one another.

Great Commandment
The Great Commandment is to love God above all else and to love others as we love ourselves.

Activity

How are the children in the pictures sharing their gifts? Tell a partner.

San Luis

Luis IX fue el noveno rey de Francia. Redactó muchas leyes buenas. Estas leyes ayudaron a que las personas se trataran de manera justa.

Las buenas reglas nos ayudan

Las buenas reglas nos ayudan a vivir juntos en comunidad. Nos ayudan a respetarnos unos a otros. Las reglas que una comunidad crea se llaman leyes.

Las buenas leyes ayudan a una comunidad a vivir unida en paz. Ayudan a las personas a tener las cosas que necesitan para vivir. Las buenas leyes nos ayudan a vivir las Leyes de Dios.

Las leyes de Dios nos ayudan a saber lo que es correcto e incorrecto. Nos ayudan a tomar buenas decisiones. Nos ayudan a respetarnos y a cuidarnos unos a otros. Las Leyes de Dios nos ayudan a vivir como hijos de Dios.

Actividad

Sigue el camino del dibujo. Encierra en un círculo tu lugar preferido. Di una manera en que puedes vivir ahí como hijo de Dios.

Good Rules Help Us

Good rules help us to live together in a community. They help us to respect one another. The rules that a community makes are called laws.

Good laws help a community to live together in peace. Good laws help people to have the things that they need to live. Good laws help us to live God's Laws.

God's Laws help us to know right and wrong. They help us to make good choices. They help us to respect one another and to care for one another. God's Laws help us to live as children of God.

Activity

Follow the road in the picture. Circle a favorite place. Tell one way that you can live as a child of God there.

El Gran Mandamiento

Dios quiere que todas las personas lo amen con todo el corazón. Quiere que amen y respeten a los demás como se aman a sí mismas. Este es el **Gran Mandamiento**. También se llama Gran Ley de Dios.

El Gran Mandamiento nos ayuda a vivir como la comunidad del pueblo de Dios. Jesús nos mostró cómo vivir el Gran Mandamiento.

Jesús nos dio el don de la Iglesia. La Iglesia nos ayuda a vivir el Gran Mandamiento.

Actividad

Encierra en un círculo la **D** que está junto a las maneras en que muestras amor por Dios. Encierra en un círculo la **P** que está junto a las maneras en que muestras amor por ti y por el prójimo.

Vivir el Gran Mandamiento

D	P	Rezando.
D	P	Diciendo palabras bondadosas.
D	P	Actuando con justicia.
D	P	Participando de la Misa.
D	P	Perdonando a los demás.

The Great Commandment

God wants all people to love him with their whole hearts. He wants all people to love and respect others as they love themselves. We call this the **Great Commandment**. It is also called the Great Law of God.

The Great Commandment helps us to live as the community of God's people. Jesus showed us how to live the Great Commandment.

Jesus gave us the gift of the Church. The Church helps us to live the Great Commandment.

Activity

Circle **G** next to ways that you can show love for God. Circle **P** next to ways that you can show love for yourself and other people.

Living the Great Commandment

G	**P**	Pray.
G	**P**	Say kind words.
G	**P**	Act fairly.
G	**P**	Take part in Mass.
G	**P**	Forgive others.

Yo sigo a Jesús

El Espíritu Santo te ayuda a vivir el Gran Mandamiento. Te ayuda a amar a Dios por sobre todas las cosas. Te ayuda a tratar a los demás con justicia y con respeto.

Actividad

Vivir las leyes de Dios

Completa cada oración. Escribe qué puedes hacer para vivir como un buen miembro de tu familia, de tu escuela o de tu parroquia.

1. Puedo compartir mi _____.

2. Puedo ayudar a _____.

3. Puedo rezar por _____.

Mi elección de fe

Mira lo que escribiste en la actividad. ¿Cuál de esas cosas harás esta semana? Yo voy a _____ _____.

Reza: "Gracias Jesús, por enseñarme el Gran Mandamiento. Gracias Espíritu Santo, por ayudarme a vivir el Gran Mandamiento. Amén".

The Holy Spirit helps you to live the Great Commandment. He helps you to love God above all else. He helps you to treat others with justice and with respect.

Living God's Laws

Activity

Finish each sentence. Write what you can do to live as a good member of your family, school, or parish.

1. I can share my _____.

2. I can help by _____.

3. I can pray for _____.

Look at what you wrote in the activity. Which one will you do this week? I will

_____

_____

My Faith Choice

Pray, "Thank you, Jesus, for teaching me the Great Commandment. Thank you, Holy Spirit, for helping me to live the Great Commandment. Amen."

1. El Gran Mandamiento nos enseña que debemos amar a Dios y amar a los demás como a nosotros mismos.

2. El Gran Mandamiento nos ayuda a seguir a Jesús.

3. El Gran Mandamiento nos ayuda a vivir como buenos miembros de nuestra comunidad.

Repaso del capítulo

Busca y encierra en un círculo las tres palabras escondidas en la sopa de letras. Comparte con un compañero lo que cada palabra te dice acerca del Gran Mandamiento.

DIOS	**AMOR**	**PRÓJIMO**

L   H   A   M   O   R   T   Y

Q   L   P   D   I   O   S   U

P   R   Ó   J   I   M   O   D

Enséñame, Señor

La Biblia tiene muchas oraciones. Esta oración es parte de un salmo. Aprende de memoria las palabras de esta oración. Rézalas cada día. Pide a Dios que te ayude a vivir el Gran Mandamiento.

Señor, enséñame tus caminos.

Tú eres mi Dios y mi Salvador.

BASADA EN EL SALMO 25:4–5

Chapter Review

Find and circle the three words hidden in the puzzle. Share with a partner what each word tells about the Great Commandment.

GOD	**LOVE**	**PEOPLE**

```
L  H  L  O  V  E  T  Y
Q  L  P  G  O  D  M  U
P  E  O  P  L  E  B  D
```

Teach Me, Lord

The Bible has many prayers. This prayer is part of a psalm. Learn the words of this prayer by heart. Pray them each day. Ask God to help you live the Great Commandment.

Lord God, teach me your ways.
You are my God and Savior.

BASED ON PSALM 25:4–5

Con mi familia

Esta semana...

En el capítulo 20, "Vivimos como una comunidad", su niño aprendió que:

▶ Las comunidades crean leyes para ayudar a las personas a vivir juntas en paz. Las leyes buenas nos ayudan a vivir las Leyes de Dios. Dios nos da leyes para ayudarnos a mostrar nuestro amor por Él, por nosotros mismos y por el prójimo.

▶ El Gran Mandamiento es el resumen de todas las leyes de Dios. La Iglesia nos ayuda a vivir las Leyes de Dios y las leyes buenas que la comunidad crea.

▶ La virtud de la justicia nos ayuda a tratar a todos de manera imparcial. Cuando tratamos a los demás con justicia, vivimos el Gran Mandamiento.

Para saber más sobre otras enseñanzas de la Iglesia, consulten el *Catecismo de la Iglesia Católica,* 1877–1942, 1949–1974 y 2234–2246, y el *Catecismo Católico de los Estados Unidos para los Adultos,* páginas 307–309.

■ Compartir la Palabra de Dios

Lean Mateo 22:34–40, acerca de Jesús y su enseñanza del Gran Mandamiento. Enfaticen que el Gran Mandamiento contiene dos partes. Debemos amar a Dios y debemos amar al prójimo como a nosotros mismos.

■ Vivimos como discípulos

El hogar cristiano con la familia es una escuela de discipulado. Elijan una o más de las siguientes actividades para hacer en familia, o creen una actividad similar ustedes mismos.

▶ Las buenas reglas nos ayudan a vivir juntos. Hablen de las buenas reglas de su familia y de cómo los ayudan a vivir juntos.

▶ Elijan una actividad para vivir el Gran Mandamiento esta semana.

■ Nuestro viaje espiritual

Los **Diez Mandamientos** están grabados en el corazón de cada persona. Nos guían para que vivamos para lo que Dios nos creó. Dictan el ritmo de la vida justa que se describe en la Biblia, es decir, vivir en "armonía" con Dios, con el prójimo y con toda la creación. Esta semana, recen en familia el versículo del salmo de la página 376.

Para hallar más ideas sobre las maneras en que su familia puede vivir como discípulos de Jesús, visiten **seanmisdiscipulos.com**

With My Family

This Week . . .

In chapter 20, "We Live as a Community," your child learned:

▶ Communities make laws to help people live together in peace. Good laws help us to live God's Laws. God gives us laws to help us show our love for God, for ourselves, and for other people.

▶ The Great Commandment is the summary of all God's Laws. The Church helps us to live God's Law and the good laws that communities make.

▶ The virtue of justice helps us to treat everyone fairly. When we treat people fairly, we live the Great Commandment.

For more about related teachings of the Church, see the *Catechism of the Catholic Church*, 1877–1942, 1949–1974, and 2234–2246, and the *United States Catholic Catechism for Adults*, pages 307–309.

Sharing God's Word

Read Matthew 22: 34-40 about Jesus teaching the Great Commandment. Emphasize that the Great Commandment has two parts. We are to love God, and we are to love all people as we love ourselves.

We Live as Disciples

The Christian home and family is a school of discipleship. It is the first place where children should learn to live as disciples of Jesus. Choose one of the following activities to do as a family or design a similar activity of your own.

▶ Good rules help us to live together. Talk about your family's good rules and how they help you to live together.

▶ Choose an activity to do this week to live the Great Commandment.

Our Spiritual Journey

The Ten Commandments are written on the heart of each person. They guide us toward living as God created us to live. They are the pulse of living the righteous life described in the Bible—that is, of our living in "right order" with God, with other people, and with all of creation. This week, pray as a family the psalm verse on page 377.

For more ideas on ways your family can live as disciples of Jesus, visit **BeMyDisciples.com**

Unidad 5 Repaso

A. Elije la mejor palabra

Completa las oraciones. Colorea el círculo junto a la mejor opción.

1. El Gran _____ es amar a Dios con todo el corazón y amar a los demás como a nosotros mismos.

   ◯ Mandamiento   ◯ Salmo

2. Mostramos _____ por las personas cuando las tratamos como hijos de Dios.

   ◯ respeto   ◯ temor

3. Los primeros _____ se reunían y mostraban cuánto amaban a Dios y cuánto se amaban unos a otros.

   ◯ familiares   ◯ cristianos

4. El Gran Mandamiento nos ayuda a vivir como buenos miembros de nuestra _____.

   ◯ comunidad   ◯ reunión

5. Los Diez Mandamientos nos enseñan a _____ a Dios.

   ◯ respetar   ◯ desobedecer

B. Muestra lo que sabes

Une las dos columnas. Traza una línea desde las palabras de la columna A hasta el significado correspondiente de la columna B.

Columna A

1. comunidad

2. adorar

3. honrar

Columna B

a. Alabar y honrar a Dios

b. Tratar a las personas con mucho respeto

c. Personas que se cuidan unas a otras

Unit 5 Review

Name _____

A. Choose the Best Word

Complete the sentences. Color the circle next to the best choice.

1. The Great _____ is to love God with our whole heart and to love others as we love ourselves.

    ◯ Commandment   ◯ Prayer

2. We show people _____ when we treat them as children of God.

    ◯ respect   ◯ fear

3. The first _____ gathered together and showed how much they loved God and one another.

    ◯ family   ◯ Christians

4. The Great Commandment helps us to live as good members of our _____.

    ◯ community   ◯ team

5. The Ten Commandments teach us to _____ God.

    ◯ respect   ◯ disobey

B. Show What You Know

Match the two columns. Draw a line from the words in column A to their meanings in column B.

Column A

1. community

2. worship

3. honor

Column B

a. Give praise and honor to God

b. To treat people with great respect

c. People who care for one another

C. La Escritura y tú

¿Cuál fue tu relato preferido acerca de Jesús en esta unidad? Dibuja algo que sucedió en el relato. Cuéntaselo a tu clase.

D. Sé un discípulo

1. *¿Acerca de qué Santo o persona virtuosa disfrutaste aprender más en esta unidad? Escribe el nombre aquí. Cuenta a tu clase lo que esta persona hizo para seguir a Jesús.*

_____

_____

_____

_____

_____

_____

2. *¿Qué puedes hacer para ser un buen discípulo de Jesús?*

_____

_____

_____

_____

_____

_____

C. Connect with Scripture

What was your favorite story about Jesus in this unit? Draw something that happened in the story. Tell your class about it.

D. Be a Disciple

1. *What Saint or holy person did you enjoy hearing about in this unit? Write the name here. Tell your class what this person did to follow Jesus.*

_____

- -

_____

_____

- -

_____

2. *What can you do to be a good disciple of Jesus?*

_____

- -

_____

_____

- -

_____

Cuba: Nuestra Señora de la Caridad

Celebramos el Día de Nuestra Señora de la Caridad el 8 de septiembre.

En Cuba, muchas personas honran a María, la madre de Jesús. La llaman Nuestra Señora de la Caridad. Van a una iglesia especial para rezarle. Le llevan regalos para mostrarle su amor por ella.

Todos los años, el 8 de septiembre, van a la iglesia a una Misa para honrarla. Después de la Misa, las familias se reúnen a comer para celebrar el amor de María por ellas. Hoy María es la patrona, o la Santa más importante, de Cuba.

La gente lleva una estatua de María, Nuestra Señora de la Caridad, a diferentes ciudades de Cuba. De esta manera, muchas más personas pueden ver y rezar a María. Cuando los cubanos honran a María, honran también a su Hijo, Jesús.

? ¿Cómo muestras tú que amas a María, la madre de Jesús?

Cuba: Our Lady of Charity

We celebrate the Feast of Our Lady of Charity on September 8.

Many people in Cuba honor Mary, the mother of Jesus. They call her Our Lady of Charity. They come to a special church to pray to her. They bring her gifts to show their love for her.

Every year they come to a Mass at the church on September 8 to honor her. After Mass, families gather together for a meal to celebrate Mary's love for them. Today she is the patron, or most important Saint of Cuba.

A statue of Mary, Our Lady of Charity is carried to different cities in Cuba. This way many more people can see it and pray to Mary. When Cubans honor Mary, they honor her Son, Jesus, too.

? How do you show that you love Mary, the mother of Jesus?

El Buen Pastor

Los pastores cuidan las ovejas. Un buen pastor conoce a cada oveja por su nombre. Las ovejas vienen al escuchar la voz del pastor.

Un día, Jesús dijo a sus amigos: "Yo soy el Buen Pastor. A todos los conozco por su nombre. Cuido de ustedes. Los amo tanto que daré mi vida por ustedes. Ustedes son míos. Me pertenecen."

BASADO EN JUAN 10:2–14

The Good Shepherd

Shepherds take care of sheep. A good shepherd knows each sheep by name. The sheep come when they hear the shepherd's voice.

One day Jesus said to his friends, "I am the Good Shepherd. I know you all by name. I care for you. I love you so much I will give up my life for you. You are mine. You belong to me."

BASED ON JOHN 10:2–14

Lo que he aprendido

¿Qué es lo que ya sabes acerca de estas palabras de fe?

Cielo

_____

- -

_____

parábolas

_____

- -

_____

Palabras de fe para aprender

Escribe **X** junto a las palabras de fe que sabes.
Escribe **?** junto a las palabras de fe que necesitas aprender mejor.

Palabras de fe

_____ Reino de Dios   _____ gloria   _____ pecado

_____ gozo   _____ caridad   _____ paz

Tengo una pregunta

¿Qué pregunta te gustaría hacer acerca de los Santos?

_____

- -

_____

What I Have Learned

What is something you already know about these faith words?

Heaven

_____

- -

_____

parables

_____

- -

_____

Faith Words to Know

Put an **X** next to the faith words you know.
Put a **?** next to the faith words you need
to learn more about.

Faith Words

____ Kingdom of God   ____ glory   ____ sin

____ joy   ____ charity   ____ peace

A Question I Have

What question would you like to ask about
Saints?

_____

- -

_____

Jesús y los niños

 ¿Cómo demuestran las personas que son amigas?

Jesús invita a todos a que seamos sus amigos. Escuchen lo que nos dice la Biblia:

Jesús dijo: "Los llamo mis amigos. Les enseñé todo lo que aprendí de Dios, mi Padre". BASADO EN JUAN 15:15

 ¿Cómo sabemos que Jesús quiere que seamos sus amigos?

CHAPTER 21

Jesus and the Children

? How do people show that they are friends?

Jesus invites everyone to be his friends. Listen to what the Bible tells us:

Jesus said, "I call you my friends. I taught you everything that I learned from God, my Father." BASED ON JOHN 15:15

? How do we know that Jesus wants us to be his friends?

Gozo

Vivimos con gozo cuando reconocemos que la felicidad no proviene del dinero o de las posesiones. La verdadera felicidad proviene de conocer y seguir a Jesús.

La Iglesia sigue a **Jesús**

Lee para mí

Niños que ayudan a niños

Un frío día, un niño de diez años de Francia, llamado Charles, salió a caminar. Se encontró con otro niño que estaba vendiendo castañas asadas. Charles se dio cuenta de que el niño no llevaba zapatos. Charles se quitó los que tenía puestos y se los dio al niño.

Charles creció y fue sacerdote y, luego, obispo. En 1839 el Obispo Charles viajó de Francia a los Estados Unidos y vio muchos niños pobres. A su regreso, le pidió a los niños de Francia que ayudaran a los niños pobres de los Estados Unidos. Ese fue el comienzo de la Asociación de la Santa Infancia.

En la actualidad, los niños de todo el mundo rezan y ayudan a los niños necesitados.

? ¿De qué manera puedes ayudar a otros niños?

La Hermana Merieti Riiki, de la Asociación de la Santa Infancia con los niños.

The Church Follows **Jesus**

Read to Me

Children Helping Children

One cold day, a ten-year-old boy from France named Charles was out walking. He came upon another boy who was selling roasted chestnuts. Charles noticed that the boy was not wearing shoes. Charles took off his own shoes and gave them to the boy.

Charles grew up and became a priest and then a bishop. In 1839, Bishop Charles traveled from France to the United States and saw many poor children. Later, he asked children in France to help poor children in the United States. This was the beginning of the Holy Childhood Association.

Today children all over the world pray and help children in need.

? What are some ways that you can help other children?

The Holy Childhood Association's Sister Merieti Riiki with children.

Disciple Power

Joy

We live with joy when we recognize that happiness does not come from money or possessions. True happiness comes from knowing and following Jesus.

393

Enfoque en la fe
¿Por qué todos los niños son tan especiales para Jesús?

Palabra de fe
Reino de Dios
El Reino de Dios es el Cielo. El Cielo es la felicidad con Dios por siempre.

Hijos de Dios

Jesús demostró que todas las personas son especiales. Mostró que Dios ama a todos. Jesús trató a cada persona como hijo de Dios.

Curó a los que estaban enfermos. Fue amable con las personas que otros rechazaban. Perdonó a quienes habían pecado. Amó a aquellos que querían herirlo.

Mira las ilustraciones de Jesús. Habla con un compañero sobre lo que Jesús está haciendo o diciendo. ¿De qué manera trata a las personas como hijos de Dios?

Actividad

"Amen a sus enemigos y hagan el bien."

Children of God

Jesus showed that every person is special. He showed that God loves everyone. Jesus treated everyone as a child of God.

Jesus cured people who were sick. He was kind to people whom others did not like. Jesus forgave people who sinned. He loved those who wanted to hurt him.

Faith Focus
Why are all children so special to Jesus?

Faith Word
Kingdom of God
The Kingdom of God is Heaven. Heaven is happiness with God forever.

Activity Look at the pictures of Jesus. With a partner, talk about what Jesus is doing or saying. How is he treating people as children of God?

"Love your enemies and do good to them."

San Nicolás

San Nicolás trataba de ayudar a los niños sin que se dieran cuenta. Muchos niños dejan sus zapatos afuera el 6 de diciembre, cuando celebramos el día de San Nicolás. Ellos esperan que San Nicolás deje sorpresas en sus zapatos.

Jesús da la bienvenida a los niños

Este es un relato de la Biblia. Es acerca de la invitación de Jesús a los niños para que se acercaran a Él.

Las personas les llevaban sus niños a Jesús. Pero los discípulos les decían que se fueran. Jesús dijo:

"Dejen que los niños vengan a mí".

Luego bendijo a los niños.

BASADO EN MARCOS 10:13–14, 16

Jesús invita a todas las personas a que vayan a Él. Todos estamos invitados a vivir en el **Reino de Dios**. El Reino de Dios es el Cielo. El Cielo es la felicidad con Dios por siempre.

Actividad

Dibújate en la ilustración.
Pídele a Jesús que te bendiga.

Jesus Welcomes Children

Here is a story from the Bible. It tells about Jesus inviting children to come to him.

People brought their children to Jesus.
But the disciples told them to go away.
Jesus said,
"Let the children come to me."
Then he blessed the children.

BASED ON MARK 10:13–14,16

Jesus invites all people to come to him. All people are invited to live in the **Kingdom of God**. The Kingdom of God is Heaven. Heaven is happiness with God forever.

Saint Nicholas

Saint Nicholas tried to help children without being noticed. Many children leave their shoes out on December 6, the day that we celebrate the Feast of Saint Nicholas. They hope that Saint Nicholas will fill their shoes with treats.

Activity

Draw yourself in the picture.
Ask Jesus to bless you.

Coro de niños

Los niños ayudan en su parroquia. Una manera de ayudar es cantar en el coro de niños. Esto demuestra que los niños tienen un trabajo especial en la Iglesia.

Somos hijos de Dios

En el relato de la Biblia, Jesús enseña que todos los niños son especiales para Dios. Algunos niños tienen ojos grandes y brillantes. Otros tienen una sonrisa feliz. Algunos son muy tranquilos. Otros hablan todo el tiempo. Todos los niños son muy diferentes. Nuestras diferencias muestran cuán especiales somos.

Tratamos a todas las personas como hijos de Dios. Nos esforzamos por vivir como hijos de Dios. Confiamos en Dios y lo amamos con todo nuestro corazón.

? ¿Por qué todos los niños de las fotografías son especiales para Dios? Cuéntale a un compañero.

We Are Children of God

In the Bible story, Jesus taught that all children are special to God. Some children have big, bright eyes. Others have a happy smile. Some are very quiet. Others talk all the time. All children are very different. Our differences show how special we are.

We treat all people as children of God. We do our best to live as children of God. We trust and love God with our whole heart.

? Why are all the children in the pictures special to God? Tell a partner.

Yo sigo a Jesús

Jesús ama a todos los niños. Jesús te ama. El Espíritu Santo te ayuda a compartir el amor de Jesús por los demás. La felicidad verdadera viene de vivir como hijo de Dios.

Actividad

Usa palabras e ilustraciones para hacer un botón prendedor de "Me importa".

yo ayudo

Mi elección de fe

Subraya una manera en la que tratarás a los demás como hijos de Dios. Esta semana

1. invitaré a un compañero de clase a jugar.
2. le diré a mi familia que la amo.
3. ayudaré en casa.

 Reza: "Gracias Jesús, por enseñarme a tratar a los demás como hijos de Dios. Amén".

Jesus loves all children. Jesus loves you. The Holy Spirit helps you to share Jesus' love for others. True happiness comes from living as a child of God.

Use words and pictures to make an "I Care" button.

Activity

I Care

Underline one way that you will treat others as children of God. This week I will

My Faith Choice

1. invite a classmate to play with me.
2. tell my family I love them.
3. help out at home.

Pray, "Thank you, Jesus, for teaching me to treat others as children of God."

Repaso del capítulo

Usa una de estas palabras para completar el espacio en blanco de cada oración.

todos	el Cielo	invita

1. Dios ama a _____.

2. El reino de Dios es _____.

3. Jesús _____ a las personas a seguirlo.

Dejen que los niños vengan

Nuestra imaginación puede ayudarnos a hablar con Jesús y a escucharlo.

1. Siéntate tranquilamente en una posición cómoda.

2. Imagina que vas a ver a Jesús con tu familia.

3. Imagina que están hablando con Jesús y escuchándolo.

4. Tómate un minuto en silencio para escuchar lo que Jesús podría decirte.

Chapter Review

Use one of these words to fill in the missing word in each sentence.

everyone	Heaven	invites

_____

- -

1. God loves _____.

_____

- - - - - - - - - - - - - - - -

2. The Kingdom of God is _____.

_____

- - - - - - - - - - - - - - - - - - -

3. Jesus _____ everyone to follow him.

Let the Children Come

Our imaginations can help us talk to Jesus and listen to him.

1. Sit quietly in a comfortable position.

2. Imagine that you are going with your family to see Jesus.

3. Imagine that you are talking and listening to Jesus.

4. Spend a minute quietly listening to what Jesus might be saying to you.

Con mi familia

Esta semana...

En el capítulo 21, "Jesús y los niños", su niño aprendió que:

▶ Dios ama a todas las personas y quiere que vivan con Él en el Cielo para siempre.

▶ Los hijos de Dios comparten el amor de Dios entre sí.

▶ Vivimos con gozo cuando reconocemos que la felicidad no proviene del dinero o de las posesiones. La felicidad verdadera viene de conocer y seguir a Jesús.

Para saber más sobre otras enseñanzas de la Iglesia, consulten el *Catecismo de la Iglesia Católica,* 541–550 y 2816–2821, y el *Catecismo Católico de los Estados Unidos para los Adultos,* páginas 67, 68 y 310.

Compartir la Palabra de Dios

Lean juntos el relato de la Biblia en Marcos 10:13–16 acerca de la bendición de Jesús a los niños, o pueden leer la adaptación del relato de la página 396. Enfaticen que Jesús invitó a los niños a que fueran a Él y los bendijo.

Vivimos como discípulos

El hogar cristiano con la familia es una escuela de discipulado. Elijan una o más de las siguientes actividades para hacer en familia, o creen una actividad similar ustedes mismos.

▶ Jesús les da la bienvenida a todos. Él le muestra a las personas que Dios los ama. Hagan en familia algo que muestre a las personas que Dios las ama.

▶ Comenten las maneras en que su parroquia le da la bienvenida a los niños. Mencionen actividades, eventos y oportunidades que haya disponibles para los niños de su parroquia. Hagan un esfuerzo por participar en una de ellas.

Nuestro viaje espiritual

En este capítulo, **su niño rezó** una oración de meditación. Este tipo de oración también se denomina a veces *visualización guiada.* Hablen con su niño acerca de la manera en que las visualizaciones pueden ayudarnos a rezar y estar con Jesús. Pueden ayudarnos a hablar con Jesús y a escucharlo. Dediquen un tiempo y un espacio para una oración silenciosa en familia. Visiten juntos una iglesia fuera del horario de la Misa y dediquen unos momentos a la meditación tranquila.

Para hallar más ideas sobre las maneras en que su familia puede vivir como discípulos de Jesús, visiten **seanmisdiscipulos.com**

With My Family

This Week . . .

In chapter 21, "Jesus and the Children," your child learned:

▶ God loves all people and wants them to live with him forever in Heaven.

▶ Children of God share God's love with one another.

▶ We live with joy when we recognize that happiness does not come from money or possessions. True happiness comes from knowing and following Jesus.

For more about related teachings of the Church, see the *Catechism of the Catholic Church*, 541–550 and 2816–2821; and the *United States Catholic Catechism for Adults*, pages 67, 68, and 310.

▪ Sharing God's Word

Read together the Bible story in Mark 10:13–16 about Jesus blessing the children, or you can read the adaptation of the story on page 397. Emphasize that Jesus invited the children to come to him and blessed them.

▪ We Live as Disciples

The Christian home and family is a school of discipleship. Choose one of the following activities to do as a family, or design a similar activity of your own.

▶ Jesus welcomed everyone. He showed people that God loves them. As a family, do one thing that will show people that God loves them.

▶ Discuss the ways in which your parish welcomes children. Name activities, events, and opportunities that are available for children in your parish. Make an effort to participate in one of them.

▪ Our Spiritual Journey

Your child prayed a prayer of meditation in this chapter. This kind of prayer is also sometimes called *guided imagery*. Talk with your child about how our imaginations can help us to pray and to be with Jesus. It can help us talk and listen to Jesus. Provide a time and space for quiet prayer in your family. Visit a church together outside of Mass time and spend a few moments in quiet meditation.

For more ideas on ways your family can live as disciples of Jesus, visit **BeMyDisciples.com**

Somos hijos de Dios

 ¿Cuáles son algunas maneras en que las personas son diferentes?

Todas las personas son únicas. No hay dos personas exactamente iguales. Las personas tienen distintas personalidades y talentos especiales. Tenemos color de piel, de pelo y de ojos diferentes. Incluso hablamos idiomas diferentes. Sin embargo, la Biblia nos dice que todas las personas son igualmente importantes.

Dios creó a las personas a su imagen.

BASADO EN GÉNESIS 1:27

 ¿De qué manera las personas son todas iguales?

CHAPTER 22

We Are Children of God

 What are some ways that people are different from one another?

All people are unique. No two people are exactly alike. People have different personalities, and special talents. We have different skin, hair, and eye colors. We even speak different languages. The Bible, however, tells us that all people are the same in one important way.

God created people in his image.

BASED ON GENESIS 1:27

 How are all people the same?

Poder de los discipulos

Mansedumbre

Las personas gentiles actúan con calma. Evitan las acciones que podrían hacer enojar o lastimar a otros. Tratan a todas las personas como hijos de Dios.

La Iglesia sigue a **Jesús**

Las Hermanas del Santísimo Sacramento

Lee para mí

Catalina Drexel cuidaba a todas las personas. Trataba a todos como hijos de Dios.

Santa Catalina fundó las Hermanas del Santísimo Sacramento. Ellas trabajan con afroamericanos e indígenas americanos. Ellas trabajan en escuelas y universidades. Trabajan en ciudades y en los territorios donde viven los indígenas americanos.

Las Hermanas del Santísimo Sacramento tratan a todas las personas como hijos de Dios. Enseñan a los demás a tratar a todas las personas con respeto, justicia y mansedumbre.

❓ ¿De qué maneras ves a las personas tratarse mutuamente como hijos de Dios?

The Sisters of the Blessed Sacrament

 Read to Me

Katharine Drexel cared for all people. She treated everyone as a child of God.

Saint Katharine began the Sisters of the Blessed Sacrament. They work with African Americans and Native Americans. They work in schools and colleges. They work in cities and on the lands where Native Americans live.

The Sisters of the Blessed Sacrament treat all people as children of God. They teach others to treat all people with respect, fairness, and gentleness.

? What are some of the ways that you see people treating one another as children of God?

Palabras de fe

hijos de Dios
Todas las personas son hijos de Dios. Dios creó a las personas a su imagen.

gloria
Gloria es otra palabra para alabanza.

Hijos de Dios

Dios creó a todas las personas por amor. Dios creó a las personas a su imagen y semejanza. Dios creó a todas las personas para que lo conozcan, lo amen y lo sirvan.

Todas las personas forman parte de la familia de Dios. Nosotros formamos parte de la familia de Dios. Somos **hijos de Dios**. Los hijos de Dios aman a Dios y se aman los unos a los otros. Nuestras palabras y buenas acciones muestran a los demás que los amamos y que cuidamos de ellos.

Trabaja con un compañero para demostrar lo que significa la palabra "gentil". Haz una dramatización sin usar palabras.

Actividad

Children of God

God created all people out of love. God created people in his image and likeness. God created all people to know, love, and serve him.

All people are part of God's family. We are part of God's family. We are **children of God**. Children of God love God and love one another. Our kind words and actions show others that we love them and care about them.

Faith Focus
What does it mean to be a child of God?

Faith Words

children of God
All people are children of God. God created all people in his image.

glory
Glory is another word for praise.

Activity

Work with a partner to show what the word gentle means. Act it out without any words.

Josephine Bakhita era una joven africana. Fue raptada y vendida en el mercado de esclavos de África. Cuando era adolescente, fue abandonada en las Hermanas Canossianas en Venecia, Italia. Allí llegó a conocer a Dios. Bakhita se hizo monja. Consolaba a los pobres y animaba a los demás. Su día es el 8 de febrero.

Dios nos da el don de la vida

Dios es nuestro Padre amoroso. Dios comparte con nosotros el don de su vida. Somos hijos de Dios. Los hijos de Dios cuidan muy bien el don de la vida.

Respetamos y cuidamos del don de nuestra propia vida. Respetamos y cuidamos la vida de otras personas.

? ¿Cómo cuidas del don de tu propia vida?

God Gives Us the Gift of Life

God is our loving Father. God shares the gift of his life with us. We are children of God. Children of God take very good care of the gift of life.

We respect and take care of the gift of our own lives. We respect and take care of the lives of other people.

? How do you take care of the gift of your own life?

Los católicos creen

Santísimo Sacramento

El Santísimo Sacramento es otro nombre para la Eucaristía. Guardamos el Santísimo Sacramento en el tabernáculo. Llevamos el Santísimo Sacramento a los enfermos para que puedan recibir la Sagrada Comunión.

Mostramos nuestro amor por Dios

Dios nos creó para que lo conociéramos y lo amáramos. Jesús enseñó acerca del amor de Dios. Él les mostró a las personas el amor de Dios con sus acciones. Les habló acerca del amor de Dios. Jesús enseñó que Dios quiere que seamos felices con Él en el Cielo ahora y para siempre.

Jesús nos mostró cómo amar a Dios. Mostramos nuestro amor por Dios cuando ayudamos a otras personas. Mostramos nuestro amor por Dios cuando rezamos. Cuando cuidamos de la creación, estamos mostrando nuestro amor por Dios.

Damos **gloria** a Dios cuando hacemos estas cosas. Los hijos de Dios glorifican a Dios en todo lo que hacen y dicen.

Actividad

Escribe una oración que cuente una manera en la que muestras tu amor por Dios.

_____

- -

_____

- -

_____

We Show Our Love for God

God created us to know and to love him. Jesus taught about God's love. He showed people God's love with his actions. He spoke to people about God's love. Jesus taught that God wants us to be happy with him now and forever in Heaven.

Jesus showed us how to love God. We show our love for God when we help other people. We show our love for God when we pray. When we take care of creation, we are showing our love for God.

We give **glory** to God when we do these things. Children of God are to give glory to God in all they do and say.

Activity

Write a sentence that tells about one way you show your love for God.

_____

- -

_____

_____

- -

_____

Yo sigo a Jesús

Dios te creó a ti y a todas las personas para que fueran hijos de Dios. El Espíritu Santo te ayuda a tratar a todas las personas como hijos de Dios.

Actividad

Ser gentil

Dibújate actuando de manera gentil. Comparte tu trabajo con un compañero.

Mi elección de fe

Marca (✓) maneras en que vivirás como hijo de Dios. Esta semana

- ☐ seré gentil.
- ☐ rezaré.
- ☐ ayudaré a mi familia.
- ☐ cuidaré de la creación de Dios.

Reza: "Gracias Espíritu Santo, por ayudarme a tratar a todas las personas como hijos de Dios. Amén".

God created you and all people to be children of God. The Holy Spirit helps you to treat all people as children of God.

I Follow Jesus

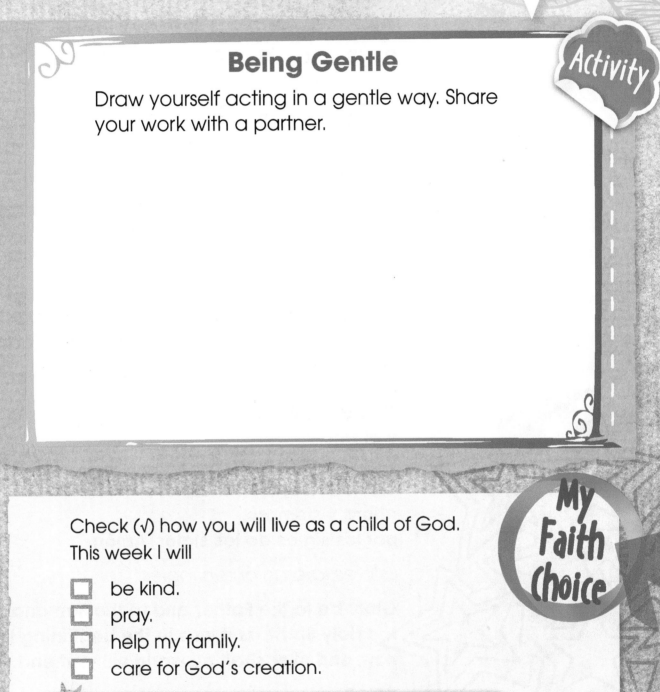

Activity

Being Gentle

Draw yourself acting in a gentle way. Share your work with a partner.

My Faith Choice

Check (√) how you will live as a child of God.
This week I will

☐ be kind.
☐ pray.
☐ help my family.
☐ care for God's creation.

Pray, "Thank you, Holy Spirit, for helping me to treat all people as children of God. Amen."

1. Dios creó a todas las personas a su imagen.

2. Dios nos da el don de la vida.

3. Debemos cuidar del don de la vida.

Repaso del capítulo

Usa este código de números. Descubre el mensaje importante acerca de nosotros mismos.

D	E	H	I	J	M	N	O	S	T
1	2	3	4	5	6	7	8	9	10

__ __ __ __ __   __ __ __ __ __
10 8 1 8 9   9 8 6 8 9

__ __ __ __ __   __ __
 3 4 5 8 9   1 2

__ __ __ __
 1 4 8 9

Gloria al Padre

Todas las oraciones cristianas glorifican a Dios. Aprende de memoria la oración Gloria al Padre. Rézala cada día en inglés o en español.

**Gloria al Padre
y al Hijo
y al Espíritu Santo.
Como era en el principio,
ahora y siempre,
por los siglos de los siglos. Amén.**

Esta es la oración en inglés.

Glory be to the Father and to the Son and to the Holy Spirit, as it was in the beginning is now, and ever shall be world without end.

Amen.

Chapter Review

Use this number code. Find out the important message about ourselves.

A	C	D	E	G	H	I	L	N	O	R	S	W
1	2	3	4	5	6	7	8	9	10	11	12	13

___ ___ ___ ___ ___
13 4   1 11 4

___ ___ ___ ___ ___ ___ ___
1   8   8   5 10 3 12

___ ___ ___ ___ ___ ___ ___ ___
3   6   7   8   3 11 4   9

TO HELP YOU REMEMBER

1. God created all people in his image.

2. God gives us the gift of life.

3. We are to take care of the gift of life.

The Glory Prayer

All Christian prayer gives glory to God. Learn the Glory Be by heart. Pray it each day in English or Spanish.

**Glory be to the Father
and to the Son
and to the Holy Spirit,
as it was in the beginning
is now, and ever shall be
world without end. Amen.**

Here is the prayer in Spanish.

**Gloria al Padre, al Hijo y al Espíritu Santo.
Como era en el principio, ahora y siempre,
por los siglos de los siglos. Amén.**

Con mi familia

Esta semana...

En el capítulo 22, "Somos hijos de Dios", su niño aprendió que:

▶ Dios creó a todas las personas a su imagen y semejanza. Dios creó a todas las personas a partir de su amor infinito.

▶ Dios pide a todas las personas que sean administradores responsables del don de la vida. Estamos llamados a mostrar nuestro amor por Dios, especialmente en la manera en que tratamos a las otras personas.

▶ Debemos cuidar y tratar nuestra propia vida y la de las demás personas con mansedumbre.

Para saber más sobre otras enseñanzas de la Iglesia, consulten el *Catecismo de la Iglesia Católica,* 355–361 y 1699–1709, y el *Catecismo Católico de los Estados Unidos para los Adultos,* páginas 67–68.

■ Compartir la Palabra de Dios

Lean juntos 1 Juan 3:1. Enfaticen que en el Bautismo nos unimos a Jesús y somos hijos adoptivos de Dios. Debemos vivir como Jesús enseñó.

■ Vivimos como discípulos

El hogar cristiano con la familia es una escuela de discipulado. Elijan una o más de las siguientes actividades para hacer en familia, o creen una actividad similar ustedes mismos.

▶ Todas las personas tienen la dignidad de ser hijos de Dios. Los hijos de Dios deben amar a Dios y amarse los unos a los otros. Comenten acerca de la manera en que su familia puede vivir como hijos de Dios. ¿Qué clase de palabras y acciones muestran a los demás que los amamos y que nos importan?

▶ Miren con su niño una revista infantil o un libro con ilustraciones. Señalen todas las ilustraciones que muestren a las personas viviendo como hijos de Dios.

■ Nuestro viaje espiritual

Glorificar y alabar a Dios es tan importante que se nos recuerda glorificar a Dios cuando nos despedimos al final de la Misa. En el Rito de Conclusión, el sacerdote nos bendice en el nombre del Padre, del Hijo y del Espíritu Santo. Luego se nos envía a realizar buenas obras, alabar y bendecir al Señor con estas palabras: "Vayan en paz, glorifiquen al Señor con su vida". En familia, elijan algo que puedan hacer esta semana para glorificar al Señor. También ayuden a su niño a memorizar la oración del Gloria al Padre de la página 418 y récenla juntos a diario.

Para hallar más ideas sobre las maneras en que su familia puede vivir como discípulos de Jesús, visiten **seanmisdiscipulos.com**

With My Family

This Week . . .

In chapter 22, "We Are Children of God," your child learned:

▶ God created all people in his image and likeness. God created all people out of his infinite love.

▶ God calls all people to be responsible stewards of the gift of life. We are called to show our love for God, especially in the way that we treat other people.

▶ We are to care for and treat our own lives and the lives of all people with gentleness.

For more about related teachings of the Church, see the *Catechism of the Catholic Church*, 355–361 and 1699–1709; and the *United States Catholic Catechism for Adults*, pages 67–68.

◾ Sharing God's Word

Read together 1 John 3:1. Emphasize that in Baptism we are joined to Jesus and become adopted children of God. We are to live as Jesus taught.

◾ We Live as Disciples

The Christian home and family is a school of discipleship. Choose one of the following activities to do as a family, or design a similar activity of your own.

▶ All people have the dignity of being children of God. Children of God are to love God and one another. Talk together about how your family can live as children of God. What kinds of words and actions show others that we love and care about them?

▶ Look through a children's magazine or picture book with your child. Point out all the pictures that show people living as children of God.

◾ Our Spiritual Journey

Giving glory and praise to God is so important that we are reminded to glorify God as we are sent forth at the end of Mass. In the Concluding Rites, the priest blesses us in the name of the Father, and of the Son, and of the Holy Spirit. We are then sent forth to do good works, praising and blessing the Lord with these words, "Go in peace, glorifying the Lord by your life." As a family, choose one thing you can do this week to glorify the Lord. Also, help your child to memorize the Glory Be on page 419 and pray it daily together.

For more ideas on ways your family can live as disciples of Jesus, visit **BeMyDisciples.com**

CAPÍTULO 23

Jesús enseña sobre el amor

? **¿Qué relatos piensas que te pueden ayudar a tomar buenas decisiones?**

A veces Jesús cuenta relatos para enseñarnos cómo vivir como sus discípulos.

Jesús preguntó: "¿Quién fue el buen prójimo en el relato?". Alguien respondió: "El viajero que ayudó al hombre que estaba tendido en el camino". Jesús dijo: "Tienes razón. Ahora ve y trata a las demás personas del mismo modo".

BASADO EN LUCAS 10:36–37

? **¿Qué te dicen estas palabras de la Biblia acerca de Jesús?**

CHAPTER 23

Jesus Teaches about Love

? Which stories can you think of that help you make good choices?

Jesus sometimes told stories to teach us how to live as his disciples.

Jesus asked, "Who was the good neighbor in the story?" Someone replied, "The traveler who helped the man lying on the road." Jesus said, "You are right. Now, you treat other people the same way." BASED ON LUKE 10:36–37

? What do these words from the Bible tell you about Jesus?

La Iglesia sigue a **Jesús**

Santa Francisca Cabrini

Francisca Cabrini siempre siguió intentando. Las personas le decían que no podría ser monja, pero lo fue.

Francisca y las otras monjas realizaron una buena obra en los Estados Unidos. Construyeron casas y escuelas para los niños.

Construyeron hospitales para los enfermos. Construyeron conventos donde otras mujeres aprendieron a servir a Dios. A veces la vida fue dura para Francisca, pero ella le rezaba a Dios y trabajaba más duro. Toda su vida, Francisca amó a los demás como Jesús enseñó.

? ¿De qué manera Santa Francisca y las otras mujeres fueron buenos prójimos?

Saint Frances Cabrini *Read to Me*

Frances Cabrini always kept trying. People told her she could not become a nun, but she did.

Frances and the other nuns did good work in the United States. They built homes and schools for children. They built hospitals for sick people. They built convents where other women learned how to serve God.

Sometimes life was hard for Frances, but she prayed to God and worked harder. All her life, Frances loved others as Jesus taught.

? How were Saint Frances and the other women good neighbors?

425

Palabra de fe
parábola
Una parábola es un relato que compara dos cosas. Jesús contaba parábolas para ayudar a las personas a conocer mejor a Dios y a amarlo.

Jesús enseña amor

Los discípulos de Jesús lo llamaban "Maestro". En los tiempos de Jesús, este era un gran honor y una señal de respeto. Como otros maestros, Jesús generalmente usaba relatos para enseñar.

El tipo de relato que usaba Jesús se llama **parábola**. En una parábola, el maestro compara dos cosas. El maestro usa algo que sus oyentes conocen bien para ayudarlos a comprender el tema principal del relato.

Las parábolas que Jesús contaba ayudaban a sus oyentes a conocer mejor a Dios y a amarlo. Estas parábolas también nos cuentan cuánto nos ama Dios. Estas parábolas nos muestran cómo vivir como buenos prójimos e hijos de Dios.

¿Qué palabras podrías usar para describir a Jesús?

Actividad

Jesus Teaches Love

Jesus' disciples called him "Teacher." In Jesus' times, this was a great honor and a sign of respect. As other teachers did, Jesus often used stories to teach.

One kind of story Jesus told is called a **parable**. In a parable, the teacher compares two things. The teacher uses one thing that his listeners know well to help them understand the main point of the story.

The parables that Jesus told helped his listeners to know and love God better. These parables also tell us how much God loves us. These parables show us how to live as good neighbors and children of God.

Faith Focus
What does the story of the Good Samaritan teach us?

Faith Word
parable
A parable is a story that compares two things. Jesus told parables to help people to know and love God better.

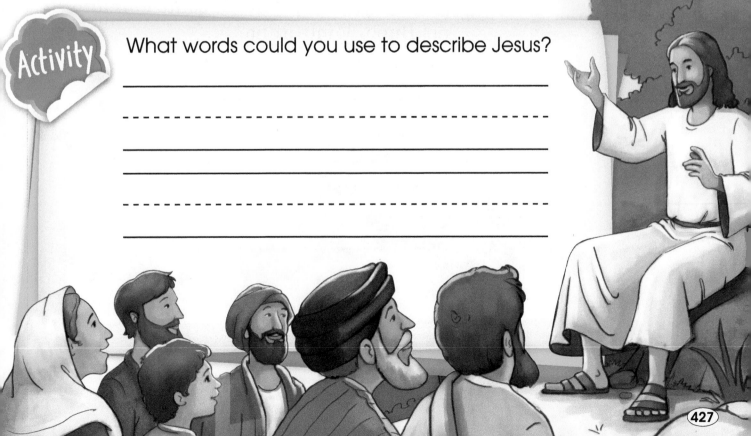

Activity

What words could you use to describe Jesus?

_____

- -

_____

_____

- -

_____

San Isidro Labrador

Isidro pasó gran parte de su vida trabajando en una granja en España. Él y su esposa, también Santa, mostraron su amor por Dios al ser amables con el prójimo. Aunque eran pobres, Isidro y María compartieron su comida con los que eran más pobres que ellos. Isidro es el Santo patrono de los granjeros y trabajadores migrantes. La Iglesia celebra su día el 15 de mayo.

El buen samaritano

Los relatos que contaba Jesús están en los Evangelios. Los Evangelios están en el Nuevo Testamento. Este es un relato que contó Jesús. Él dijo:

Un día unos bandidos atacaron a un hombre en un camino. Hirieron al hombre y lo dejaron tendido en el camino.

Un viajero de Samaria vio al hombre herido. Se detuvo y puso vendajes sobre las heridas del hombre. El samaritano llevó al hombre herido a una posada. Dijo al posadero: "Cuida a este hombre. Te pagaré lo que cueste".

BASADO EN LUCAS 10:30, 33–35

? ¿Por qué crees que Jesús contó el relato del Buen Samaritano?

The Good Samaritan

The stories that Jesus told are in the Gospels. The Gospels are in the New Testament. Here is one story that Jesus told. He said,

One day robbers attacked a man on a road. They hurt the man and left him lying on the road.

A traveler from Samaria saw the injured man. He stopped and put bandages on the man's wounds. The Samaritan brought the injured man to an inn. He told the innkeeper, "Take care of this man. I will pay you whatever it costs."

BASED ON LUKE 10:30, 33–35

? **Why do you think Jesus told the story of the Good Samaritan?**

Somos buenos prójimos cuando rezamos el uno por el otro. Cada domingo en la Misa, rezamos la Oración de los Fieles. En esta oración, rezamos por la Iglesia, por los enfermos y por las personas que han fallecido.

Un buen prójimo

El relato de El buen samaritano nos ayuda a vivir como seguidores de Jesús. Enseña que Dios quiere que nos ayudemos unos a otros. Dios quiere que ayudemos a las personas aun cuando no sentimos ganas. Este relato nos enseña a ser buenos prójimos entre nosotros.

Actividad

Completa el relato en imágenes. Haz un dibujo o escribe la manera en que los niños pueden actuar como buenos samaritanos.

1.

2.

3.

A Good Neighbor

The story of the Good Samaritan helps us to live as followers of Jesus. It teaches that God wants us to help one another. God wants us to help people even when we do not feel like helping. This story teaches us to be good neighbors to one another.

Activity

Finish the picture story. Draw or write about how the children can act as Good Samaritans.

1.

2.

3.

Yo sigo a Jesús

Tú puedes ser un buen prójimo. Puedes mostrarle a las personas cuánto los ama Dios y cuánto los cuida.

Actividad

Vivir como buen prójimo

Colorea una ☺ al lado de dos maneras en las que esta semana puedas ayudar a alguien como Jesús enseñó. Luego escribe otra manera en la que puedas ayudar.

☺ Decir palabras amables a alguien que está triste.

☺ Ayudar a doblar la ropa lavada en casa.

☺ Entregar a alguien una tarjeta de "Que te mejores".

☺ _____

_____

Mi elección de fe

Voy a hacer una de las actividades anteriores. Yo voy a

_____

_____

_____.

 Reza: "Gracias Jesús, por enseñarme a ser un buen prójimo. Amén".

You can be a good neighbor. You can show people how much God loves them and cares about them.

I Follow **Jesus**

Activity

Living as a Good Neighbor

Color a ☺ next to two ways that you can help someone this week as Jesus taught, and then write one other way that you can help.

☺ Say kind words to someone who is sad.

☺ Help to fold laundry at home.

☺ Give a get-well card to someone.

☺ _____
_____

My Faith Choice

I will do one of the things in the activity above. I will

_____
_____
_____.

 Pray, "Thank you, Jesus, for teaching me to be a good neighbor. Amen."

Repaso del capítulo

*Lee cada oración. Encierra en un círculo **Sí** cuando la oración es verdadera. Encierra en un círculo **No** cuando no es verdadera.*

1. Jesús contaba relatos llamados parábolas.

Sí   No

2. El buen samaritano cuidó del hombre herido.

Sí   No

3. Jesús contaba relatos para enseñarnos a ayudar a los demás.

Sí   No

Rezamos por los demás

En la Misa rezamos la Oración de los Fieles. Rezamos por las demás personas.

Líder Dios querido, ayúdanos a mostrar amor. Por el Papa y los líderes de la Iglesia,

Todos **Te rogamos, Señor.**

Líder Por los líderes de nuestro país,

Todos **Te rogamos, Señor.**

Líder Piensen en las personas por las que quieren rezar. *(Pausa.)*

Todos **Te rogamos, Señor.**

Chapter Review

*Read each sentence. Circle **Yes** if the sentence is true. Circle **No** if it is not true.*

1. Jesus told stories called parables.

   Yes   No

2. The Good Samaritan took care of the injured man.

   Yes   No

3. Jesus told stories to teach us to help others.

   Yes   No

TO HELP YOU REMEMBER

1. Jesus told the parable of the Good Samaritan to help us to live as his followers.

2. God wants us to care for others.

3. We show charity when we love our neighbors.

We Pray for Others

We pray the Prayer of the Faithful at Mass. We pray for other people.

Leader Dear God, help us show love. For the Pope and Church leaders,

All **Lord, hear our prayer.**

Leader For our country's leaders,

All **Lord, hear our prayer.**

Leader Think of the people you wish to pray for. *(Pause.)*

All **Lord, hear our prayer.**

Con mi familia

Esta semana...

En el capítulo 23, "Jesús enseña sobre el amor", su niño aprendió que:

▶ Las parábolas de la Biblia nos ayudan a llegar a conocer, amar y servir a Dios.

▶ La parábola de El buen samaritano nos enseña cómo debemos vivir como discípulos de Jesús.

▶ Debemos cuidar de cada una de las personas y mostrar amor por medio de nuestras acciones, tal como lo hizo Jesús.

▶ Practicamos la caridad cuando amamos a nuestro prójimo como Jesús nos enseñó.

Para saber más sobre otras enseñanzas de la Iglesia, consulten el *Catecismo de la Iglesia Católica,* 546, y el *Catecismo Católico de los Estados Unidos para los Adultos,* páginas 27–31, 79–80.

■ Compartir la Palabra de Dios

Lean juntos la parábola de El buen samaritano en Lucas 10:29–37, o pueden leer la adaptación de la parábola de la página 428. Enfaticen que el samaritano fue un buen prójimo porque se detuvo y se tomó el tiempo para ayudar al hombre herido.

■ Vivimos como discípulos

El hogar cristiano con la familia es una escuela de discipulado. Elijan una o más de las siguientes actividades para hacer en familia, o creen una actividad similar ustedes mismos

▶ Esta semana, cuando participen en la celebración de la Misa, ayuden a su niño a rezar la Oración de los Fieles. Después de la Misa, hablen acerca de las peticiones que se usaron en la oración.

▶ Hablen sobre la manera en que su familia puede ser un buen prójimo y mostrar caridad hacia alguien durante esta semana. Por ejemplo, ayuden a alguien sin que se lo pida.

■ Nuestro viaje espiritual

La oración de los fieles es una oración de intercesión. Las oraciones de intercesión son una de las cinco formas principales de oración de la Iglesia. En este capítulo, su niño rezó una oración de los fieles. Como comunidad de fieles, rezamos la Oración de los Fieles en la Misa o durante la Liturgia de las Horas. Como estas son las intenciones de oración de la comunidad, no de un individuo, los temas adecuados para la oración son de naturaleza comunitaria. Los temas pueden incluir la Iglesia y sus ministros, los líderes civiles, el mundo y las naciones, los enfermos o moribundos, los que han fallecido, los afligidos o quienquiera que celebre un Sacramento. Lean y recen juntos la oración de la página 434.

Para hallar más ideas sobre las maneras en que su familia puede vivir como discípulos de Jesús, visiten **seanmisdiscipulos.com**

With My Family

This Week . . .

In chapter 23, "Jesus Teaches about Love," your child learned:

▶ Parables in the Bible help us come to know, love, and serve God.

▶ The parable of the Good Samaritan teaches us how we are to live as disciples of Jesus.

▶ We are to care about one another and to show our love by our actions as Jesus did.

▶ We practice charity when we love our neighbor as Jesus has taught us.

For more about related teachings of the Church, see the *Catechism of the Catholic Church*, 546; and the *United States Catholic Catechism for Adults*, pages 27–31, 79–80.

■ Sharing God's Word

Read together the parable of the Good Samaritan in Luke 10:29–37, or you can read the adaptation of the parable on page 429. Emphasize that the Samaritan was a good neighbor because he stopped and took the time to help the injured man.

■ We Live as Disciples

The Christian home and family is a school of discipleship. Choose one of the following activities to do as a family, or design a similar activity of your own.

▶ This week when you take part in the celebration of Mass, help your child pray the Prayer of the Faithful. After Mass, talk about the petitions that were used in the prayer.

▶ Talk about how your family can be good neighbors and show charity to one another this week. For example, help one another out without having to be asked.

■ Our Spiritual Journey

A prayer of the faithful is a prayer of intercession. Intercessory prayer is one of the Church's five main forms of prayer. In this chapter, your child prayed a prayer of the faithful. As the community of the faithful, we pray the Prayer of the Faithful at Mass or during the Liturgy of the Hours. Because these are the prayer intentions of the community, not individual people, appropriate subjects for the prayer have a communal nature. Subjects may include the Church and her ministers, civil leaders, the world and its people, those who are sick or dying, those who have died, those who are grieving, and anyone celebrating a Sacrament. Read and pray together the prayer on page 435.

For more ideas on ways your family can live as disciples of Jesus, visit **BeMyDisciples.com**

CAPÍTULO 24

El Padre Nuestro

? ¿Quién te ha ayudado a aprender algo nuevo?

Muchas personas nos ayudan a aprender cosas nuevas. Jesús enseñó a sus discípulos cómo rezar.

Jesús dijo: "Reza a Dios a solas. Dios te verá y te premiará. Habla desde el corazón y Dios te escuchará. Dios sabe lo que necesitas".

BASADO EN MATEO 6:6–8

? ¿Qué te dicen estas palabras de la Biblia sobre la oración?

CHAPTER 24

The Our Father

❓ Who has helped you to learn something new?

Many people help us to learn new things. Jesus taught his disciples how to pray.

Jesus said, "Pray to God privately. God will see you and reward you. Speak from your heart and God will hear you. God knows what you need."

BASED ON MATTHEW 6:6–8

❓ What do these words from the Bible tell you about prayer?

Poder de los discipulos

Humildad

La humildad nos ayuda a saber que todas las cosas buenas vienen de Dios.

La Iglesia sigue a **Jesús**

La Santa Teresa de Calcutta

Lee para mí

La Santa Teresa de Calcuta dijo una vez: "La oración lleva nuestro corazón más cerca de Dios. Si nuestro corazón está cerca de Dios, podemos hacer mucho".

La Madre Teresa era muy humilde. Sabía que rezar a diario con frecuencia la ayudaba a cuidar a otras personas.

Por medio de una vida de oración y de cuidar de los demás, mostró que Dios es el Padre de todos.

La Madre Teresa cuidó de las personas que no tenían a nadie más. Estas personas estaban muy enfermas y eran muy pobres. No tenían dónde vivir. La Madre Teresa los alimentó. Los ayudó a lavarse.

La Iglesia honra a la Madre Teresa como la Santa Teresa de Calcuta.

❓ ¿Qué puedes hacer para mostrar que Dios es el Padre de todos?

Saint Teresa de Calcutta

 Read to Me

Saint Teresa of Calcutta once said, "Prayer brings our heart closer to God. If our heart is close to God we can do very much."

Mother Teresa was very humble. She knew that praying often every day helped her to care for other people. Through a life of prayer and caring for others, she showed that God is everyone's Father.

Mother Teresa took care of people who had no one else. These people were very sick and very poor. They had no place to live. Mother Teresa fed them. She washed them.

The Church honors Mother Teresa as Saint Teresa of Calcutta.

? What can you do to show that God is everyone's Father?

Palabra de fe
Padre Nuestro
El Padre Nuestro es la oración que Jesús enseñó a sus discípulos.

Jesús rezó

Jesús rezaba con frecuencia. Hablaba a Dios, su Padre, acerca de todo. Escuchaba a Dios Padre. Siempre hizo lo que su Padre quería que hiciera.

Los seguidores de Jesús estaban con Él cuando rezaba. Lo veían rezar. Querían aprender a rezar como Él lo hacía.

En este marco, haz un dibujo de alguien que te haya ayudado a rezar. Escribe el nombre de la persona debajo del dibujo.

Actividad

Jesus Prayed

Jesus prayed often. He talked to God his Father about everything. He listened to God the Father. He always did what his Father wanted him to do.

The followers of Jesus were with Jesus when he prayed. They saw him pray. They wanted to learn to pray as he prayed.

Faith Focus
What prayer did Jesus teach us to pray?

Faith Word
Our Father
The Our Father is the prayer Jesus taught his disciples.

Activity

In the picture frame draw a picture of someone who has helped you to pray. Write the person's name under the picture.

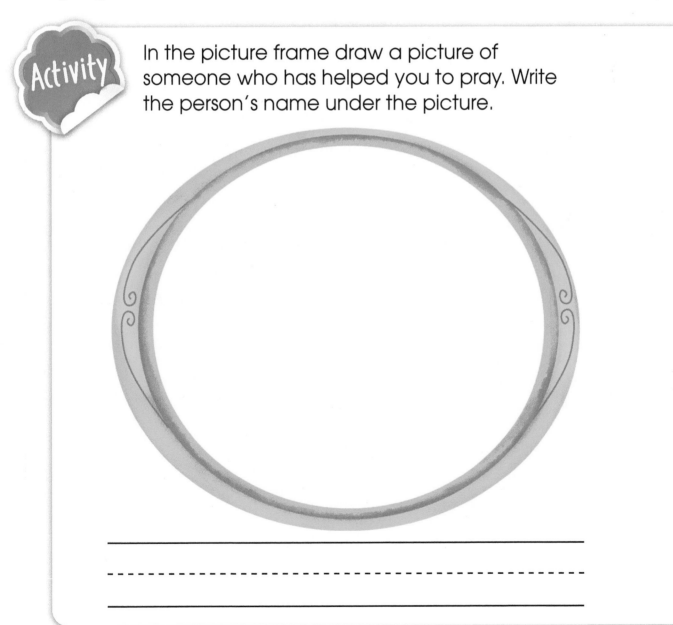

El Padre Nuestro

Un día uno de los discípulos le pidió a Jesús que les enseñara a rezar. Jesús dijo:

"Ustedes, pues, recen así:.

Padre nuestro que estás en el Cielo,

   santificado sea tu Nombre,

   venga tu Reino,

   hágase tu voluntad

      así en la tierra como en el Cielo.

Danos hoy el pan de cada día;

   y perdona nuestras deudas,

   como también nosotros perdonamos

   a nuestros deudores;

   y no nos dejes caer en la tentación,

   sino líbranos del mal".

BASADO EN MATEO 6,9–13

Estas palabras del **Padre Nuestro** nos enseñan la manera de vivir como discípulos de Jesús. Son un resumen del Evangelio entero.

Actividad

En el espacio, dibuja algo que necesites y que quieras pedirle a Dios que te dé.

The Our Father

One day one of the disciples asked Jesus to teach them to pray. Jesus said,

"This is how you are to pray.
Our Father in heaven,
hallowed be your name,
your kingdom come,
your will be done,
    on earth as in heaven.
Give us today our daily bread;
and forgive us our debts, as we
forgive our debtors;
and lead us not into temptation,
but deliver us from evil."

BASED ON MATTHEW 6:9–13

These words of the **Our Father** teach us how to live as disciples of Jesus. They are a summary of the entire Gospel.

Faith-Filled People

Sister Thea Bowman

Sister Thea had the gift of singing. Singing was one way Sister Thea prayed. Everywhere she went, Sister Thea sang about God's love for everyone. She praised God in everything she did. She lived the words of the Our Father every day.

Activity

In the space, draw one thing you need that you want to ask God to give you.

Los católicos creen

La Oración del Señor

La Oración del Señor es otro nombre para el Padre Nuestro. Esto es porque Jesús nuestro Señor nos dio esta oración.

Jesús nos enseña a rezar

Cuando rezamos el Padre Nuestro, le decimos a Dios que creemos que Él es nuestro Padre. Honramos el nombre de Dios. Confiamos en Él con todo nuestro corazón.

Le pedimos a Dios Padre que nos ayude a vivir como sus hijos. Le pedimos perdón. Le decimos a Dios que perdonamos a aquellos que nos hieren. Le pedimos que nos ayude a hacer lo que está bien. Rezamos para vivir con Él para siempre en el Cielo.

Actividad

La Oración del Señor

Los niños de la ilustración están dándole vida a la Oración del Señor. En el espacio haz un dibujo de lo que podrías hacer para llevar a la práctica esta oración.

Jesus Teaches Us to Pray

When we pray the Our Father, we tell God that we believe he is our Father. We honor the name of God. We trust him with all our hearts.

We ask God the Father to help us to live as his children. We ask for forgiveness. We tell God that we forgive those who hurt us. We ask him to help us to do what is good. We pray that we will live with him forever in Heaven.

Catholics Believe

The Lord's Prayer

The Lord's Prayer is another name for the Our Father. This is because Jesus our Lord gave us this prayer.

Activity

The Lord's Prayer

The children in the picture are bringing the Lord's Prayer to life. In the space draw what you could do to live this prayer.

Yo sigo a JESÚS

Cuando rezas el Padre Nuestro, muestras que confías en Dios. Muestras que todo lo bueno viene de Dios. Muestras que crees que todos somos hijos de Dios.

Actividad

Marca (√) el lugar donde puedes rezar el Padre Nuestro.

- ☐ En la Misa
- ☐ En casa
- ☐ En el autobús de la escuela
- ☐ En el carro
- ☐ En el parque

Mi elección de fe

Esta semana elegiré vivir como un hijo de Dios. Llevaré a la práctica la Oración del Señor. Yo

_____

- -

_____.

Reza: "Gracias Jesús, por enseñarme a rezar el Padre Nuestro. Amén".

When you pray the Our Father, you show that you trust God. You show that everything good comes from God. You show that you believe that everyone is a child of God.

Activity

Check (√) where you can pray the Our Father.

- ☐ At Mass
- ☐ At Home
- ☐ On the school bus
- ☐ In the car
- ☐ In the park

This week I will choose to live as a child of God. I will bring the Lord's Prayer to life. I will

_____

- -

_____.

My Faith Choice

 Pray, "Thank you, Jesus, for teaching me to pray the Our Father. Amen."

Repaso del capítulo

Halla y encierra en un círculo las palabras de la sopa de letras. Usa cada palabra en una oración. Cuéntale a un compañero.

Jesús	perdón	Padre	oración

P E R D Ó N E T P

M C J E S Ú S W Z

O R A C I Ó N K H

L P R P A D R E R

El Padre Nuestro

Todos los días los cristianos de todo el mundo rezan el Padre Nuestro.

Líder Recemos juntos el Padre Nuestro.
Padre Nuestro, que estás en el cielo,
santificado sea tu Nombre;

Todos **venga a nosotros tu reino;**
hágase tu voluntad
en la tierra como en el cielo.

Líder Danos hoy nuestro pan de cada día;
perdona nuestras ofensas,

Todos **como también nosotros perdonamos**
a los que nos ofenden;
no nos dejes caer en la tentación,
y líbranos del mal. Amén.

Chapter Review

Find and circle the words in the puzzle. Use each word in a sentence. Tell a partner.

Jesus	forgive	Father	prayer

```
F  O  R  G  I  V  E  T  P
M  C  J  E  S  U  S  W  Z
O  P  R  A  Y  E  R  K  H
L  P  R  F  A  T  H  E  R
```

TO HELP YOU REMEMBER

1. Jesus taught us to pray the Our Father.

2. The Our Father is a prayer for all God's children.

3. The Our Father is also called the Lord's Prayer.

The Our Father

Every day Christians all around the world pray the Our Father.

Leader Let us pray the Our Father together. Our Father, who art in heaven, hallowed be thy name;

All **thy kingdom come; thy will be done on earth as it is in heaven.**

Leader Give us this day our daily bread; and forgive us our trespasses

All **as we forgive those who trespass against us; and lead us not into temptation, but deliver us from evil. Amen.**

Con mi familia

Esta semana...

En el capítulo 24, "El Padre Nuestro", su niño aprendió que:

▶ Jesús le dio el Padre Nuestro a sus primeros discípulos.

▶ Jesús dio su maravillosa oración a todos los cristianos de todos los tiempos.

▶ Recitar el Padre Nuestro nos enseña a rezar. Es un resumen del mensaje completo del Evangelio.

▶ La humildad es una virtud que nos recuerda nuestro lugar correcto ante Dios. Nos ayuda a saber que todo lo que tenemos es un don de Dios.

Para saber más sobre otras enseñanzas de la Iglesia, consulten el *Catecismo de la Iglesia Católica,* 2759–2856, y el *Catecismo Católico de los Estados Unidos para los Adultos,* páginas 483–492.

◼ Compartir la Palabra de Dios

Lean juntos Mateo 6:9–13, el relato de Jesús enseñando a los discípulos a rezar el Padre Nuestro. O lea la adaptación del relato de la página 444. Enfaticen que rezar el Padre Nuestro honra a Dios Padre y muestra nuestra confianza en Él.

◼ Vivimos como discípulos

El hogar cristiano con la familia es una escuela de discipulado. Elijan una o más de las siguientes actividades para hacer en familia, o creen una actividad similar ustedes mismos.

▶ Practiquen las palabras del Padre Nuestro con su niño. Esta semana, cuando participen en la celebración de la Misa, ayuden a su niño a unirse a la oración del Padre Nuestro.

▶ Esta semana, usen el Padre Nuestro como su oración a la hora de comer. Recuerden que el Padre Nuestro es la oración de todos los hijos de Dios. Los cristianos rezan todos los días el Padre Nuestro en todo el mundo.

◼ Nuestro viaje espiritual

San Agustín llamó al Padre Nuestro el resumen del Evangelio. Recen el Padre Nuestro como oración de meditación. Rezar y vivir el Padre Nuestro creará en ustedes un corazón puro y humilde, un corazón que conserva a Dios y su amor por ustedes en el corazón o centro de sus vidas. Asegúrense de que su niño sepa esta oración de memoria.

Para hallar más ideas sobre las maneras en que su familia puede vivir como discípulos de Jesús, visiten **seanmisdiscipulos.com**

With My Family

This Week . . .

In chapter 24, "The Our Father," your child learned that:

► Jesus gave the Our Father to his first disciples.

► Jesus gave this wonderful prayer to all Christians of all times.

► Praying the Our Father teaches us to pray. It is a summary of the entire message of the Gospel.

► Humility is a virtue that reminds us of our right place before God. It helps us know that all we have is a gift from God.

For more about related teachings of the Church, see the *Catechism of the Catholic Church*, 2759–2856; and the *United States Catholic Catechism for Adults*, pages 483–492.

■ Sharing God's Word

Read Matthew 6:9–13 together, the account of Jesus teaching the disciples to pray the Our Father. Or read the adaptation of the story on page 445. Emphasize that praying the Our Father honors God the Father and shows our trust in him.

■ We Live as Disciples

The Christian home and family is a school of discipleship. Choose one of the following activities to do as a family, or design a similar activity of your own.

► Practice saying the words of the Our Father with your child. When you take part in the celebration of Mass this week, help your child join in praying the Our Father.

► Use the Our Father as your mealtime prayer this week. Remember that the Our Father is the prayer of all God's children. Christians pray the Our Father every day all around the world.

■ Our Spiritual Journey

Saint Augustine called the Our Father the summary of the Gospel. Pray the Our Father as a prayer of meditation. Praying and living by the Our Father will create in you a pure and humble heart—a heart that keeps God and his love for you at the heart, or center, of your life. Make sure that your children know this prayer by heart.

For more ideas on ways your family can live as disciples of Jesus, visit **BeMyDisciples.com**

Unidad 6 Repaso

A. Elije la mejor palabra

Completa las oraciones. Colorea el círculo junto a la mejor opción.

1. El relato de El buen samaritano nos enseña que Dios quiere que nos _____ los unos a los otros.

○ respetemos   ○ cuidemos

2. Dios hizo a todas las personas _____.

○ a su imagen   ○ felices

3. Dios quiere que _____ en el Cielo.

○ vivamos   ○ recordemos

4. La Madre Teresa era muy _____.

○ orgullosa   ○ humilde

5. Jesús enseñó a los discípulos a rezar el _____.

○ Ave María   ○ Padre Nuestro

B. Muestra lo que sabes

Encierra en un círculo los números que están al lado de las palabras que te hablan acerca del relato de la bíblico de El buen samaritano.

1. parábola   **4.** un tabernero

2. un hombre de Samaria   **5.** cuidar al prójimo

3. un camello

Unit 6 **Review**

Name _____

A. **Choose the Best Word**

Complete the sentences. Color the circle next to the best choice.

1. The story of the Good Samaritan teaches us that God wants us to _____ one another.

◯ respect   ◯ care for

2. God made all people _____.

◯ in his image   ◯ happy

3. God wants us to _____ Heaven.

◯ live in   ◯ remember

4. Mother Teresa was very _____.

◯ proud   ◯ humble

5. Jesus taught the disciples to pray the

_____.

◯ Hail Mary   ◯ Our Father

B. **Show What You Know**

Circle the numbers next to the words that tell about the Bible story of the Good Neighbor.

1. parable   **4.** an innkeeper

2. a man from Samaria   **5.** care for one another

3. a camel

C. La Escritura y tú

¿Cuál fue tu relato preferido acerca de Jesús en esta unidad? Dibuja algo que sucedió en el relato. Cuéntaselo a tu clase.

D. Sé un discípulo

1. *¿Acerca de qué Santo o persona virtuosa disfrutaste aprender más en esta unidad? Escribe el nombre aquí. Cuenta a tu clase lo que esta persona hizo para seguir a Jesús.*

_____

- -

_____

_____

- -

_____

2. *¿Qué puedes hacer para ser un buen discípulo de Jesús?*

_____

- -

_____

_____

- -

_____

C. Connect with Scripture

What was your favorite story about Jesus in this unit? Draw something that happened in the story. Tell your class about it.

D. Be a Disciple

1. *What Saint or holy person did you enjoy hearing about in this unit? Write the name here. Tell your class what this person did to follow Jesus.*

_____

- -

_____
_____

- -

_____

2. *What can you do to be a good disciple of Jesus?*

_____

- -

_____
_____

- -

_____

Puerto Rico: San Juan Bautista

El día festivo de San Juan Bautista se celebra el 24 de junio.

La isla de Puerto Rico está en el mar Caribe. Las personas que viven allí sienten una devoción especial por San Juan Bautista. Él es su Santo patrono y celebran su día el 24 de junio.

La noche antes del día festivo, las personas caminan de espaldas hacia el mar y se lanzan de espaldas al agua. Creen que el agua es sagrada, por lo que hunden la cabeza bajo el agua. Creen que hacer esto les traerá buena suerte y, a veces, curación.

Muchas personas participan en esta celebración. Tocan música y bailan en la playa. Preparan comidas especiales para comer. La celebración les recuerda el momento en que San Juan Bautista bautizó a Jesús. Y también les recuerda su propio Bautismo.

❓ ¿De qué manera el pueblo de Puerto Rico honra a San Juan Bautista? ¿Por qué cada año se lanzan de espaldas al agua cuando celebran este día?

Puerto Rico: Saint John the Baptist

> The feast day of Saint John the Baptist is celebrated on June 24.

The island of Puerto Rico is in the Caribbean Sea. The people who live there have a special devotion to Saint John the Baptist. He is their patron Saint, and they celebrate his feast on June 24.

The night before the feast day, the people walk backward toward the ocean and fall backwards into the water. They believe the waters are holy, so they dunk their heads underwater. They believe this brings good luck and sometimes healing.

Many people take part in this celebration. They play music and dance on the beach. They make special foods to eat. The celebration reminds them of the time when Saint John the Baptist baptized Jesus. It also reminds them of their own Baptism.

? How do the people of Puerto Rico honor Saint John the Baptist? Why do they fall backwards into the water each year when they celebrate this feast?

El año de la gracia

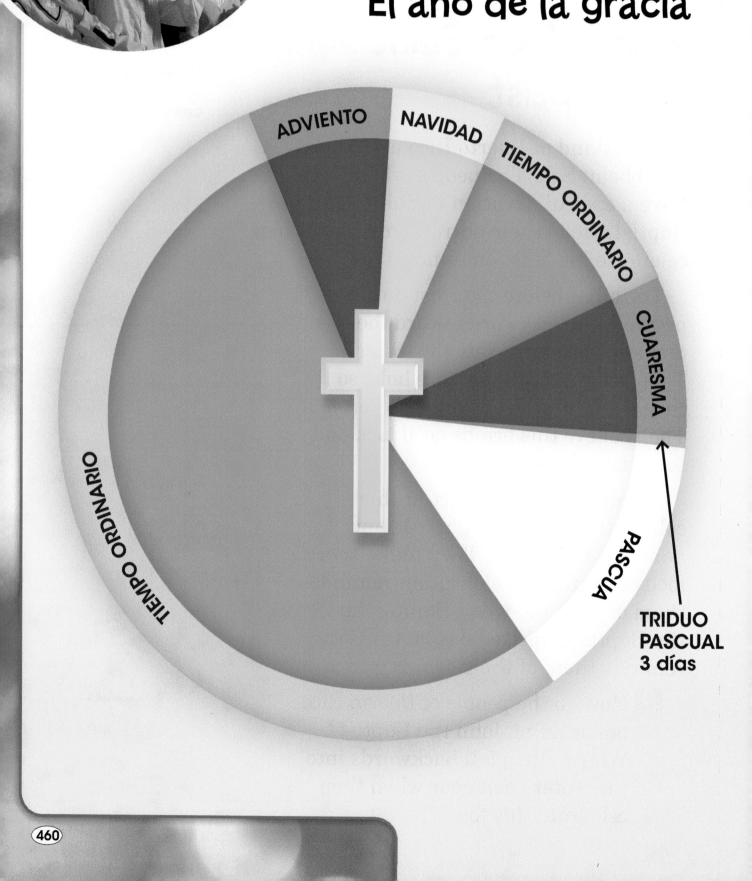

ADVIENTO

NAVIDAD

TIEMPO ORDINARIO

CUARESMA

PASCUA

TRIDUO PASCUAL 3 días

TIEMPO ORDINARIO

The Year of Grace

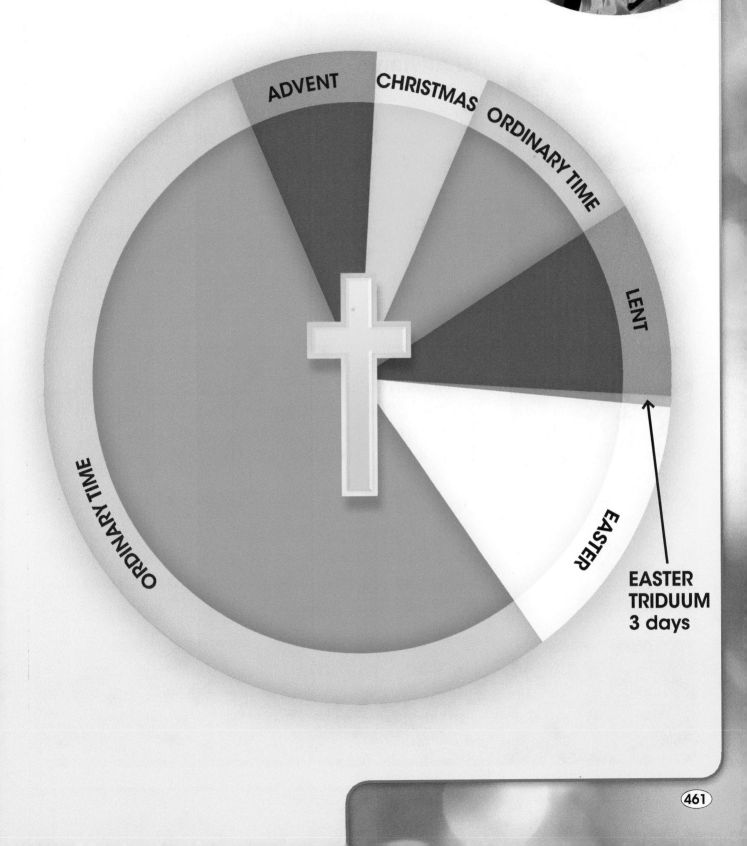

ADVENT

CHRISTMAS

ORDINARY TIME

LENT

EASTER

EASTER TRIDUUM 3 days

ORDINARY TIME

El año litúrgico

El año eclesiástico de oración y adoración se llama año litúrgico.

Marca (✓) tu tiempo o época preferido del año eclesiástico. ¿Por qué es tu preferido?

El Adviento

El Adviento da comienzo al año eclesiástico. Preparamos nuestro corazón para recordar el nacimiento de Jesús. El color del Adviento es el morado.

Navidad

En Navidad la Iglesia celebra el nacimiento de Jesús, Hijo de Dios. El color de la Navidad es el blanco.

La Cuaresma

La Cuaresma es la época del año eclesiástico en que recordamos que Jesús murió por nosotros. Es un tiempo para prepararnos para la Pascua. El color de la Cuaresma es el morado.

Pascua

Durante el tiempo de Pascua celebramos que Jesús resucitó de entre los muertos. Jesús nos dio el don de una nueva vida. El color de la Pascua es el blanco.

Tiempo Ordinario

El Tiempo Ordinario es la etapa más larga del año eclesiástico. El color del Tiempo Ordinario es el verde.

The Liturgical Year

The Church's year of prayer and worship is called the liturgical year.

Check (✓) your favorite season or time of the Church's year. Why is it your favorite?

Advent
Advent begins the Church's year. We get our hearts ready to remember the birth of Jesus. The color for Advent is purple.

Christmas
At Christmas the Church celebrates the birth of Jesus, God's Son. The color for Christmas is white.

Lent
Lent is the time of the Church's year we remember Jesus died for us. It is a time to get ready for Easter. The color for Lent is purple.

Easter
During the Easter season we celebrate that Jesus was raised from the dead. Jesus gave us the gift of new life. The color for Easter is white.

Ordinary Time
Ordinary Time is the longest time of the Church's year. The color for Ordinary Time is green.

Solemnidad de Todos los Santos

Los santos son personas que aman mucho a Dios. Son personas santas. Son miembros de nuestra familia de la Iglesia que nos enseñan a ser buenos discípulos de Jesús. Algunos Santos son adultos. Otros son niños. Hay Santos de todas las culturas y de todas las naciones. Viven con Jesús en el Cielo.

Dios quiere que cada uno de nosotros sea Santo. Nosotros rezamos para que los Santos nos ayuden a vivir como hijos de Dios. María, la madre de Jesús, es la Santa más importante de todos. Nosotros también rezamos a María.

Los Santos escuchan nuestras oraciones y quieren que seamos felices con Dios. La Iglesia honra a todos los Santos el 1 de noviembre de cada año. Este día es la Solemnidad de Todos los Santos.

María, Santa Teresa del Niño Jesús, San Andrés y San Martín de Porres

Solemnity of All Saints

Saints are people who love God very much. They are holy people. They are members of our Church family who show us how to be good disciples of Jesus. Some Saints are adults. Other Saints are children. Saints come from all cultures and all nations. They live with Jesus in Heaven.

God wants each of us to become a Saint. We pray to the Saints to help us live as God's children. Mary, the mother of Jesus, is the greatest Saint. We pray to Mary, too.

The Saints hear our prayers and want us to be happy with God. The Church honors all Saints on November 1 each year. This feast is the Solemnity of All Saints.

Mary, Saint Thérèse of the Chid Jesus, Saint Andrew, and Saint Martin de Porres

La santa más importante

Haz un dibujo de María haciendo lo que Dios pide.
También dibújate a ti mismo ayudando a María.

 **Mi elección de fe**

Esta semana mostraré mi amor por Dios al

_____

- -

_____

Reza: "María, ayúdame a amar a Dios y a seguir a Jesús. Amén".

The Greatest Saint

Draw a picture of Mary doing what God asks.
Also draw a picture of yourself helping Mary.

This week I will show my love for God by

_____

- -

_____.

Pray, "Mary, help me to love God and follow Jesus. Amen."

El Adviento

El tiempo del Adviento da comienzo al año eclesiástico. Durante el Adviento nos preparamos para la Navidad. Encendemos velas para ahuyentar la oscuridad del invierno. Estas velas nos recuerdan que Jesús es la Luz del Mundo.

Jesús nos pide que también nosotros seamos luces del mundo. Durante el Adviento dejamos brillar nuestra luz. Ayudamos a las personas. Hacemos regalos. Hacemos secretamente buenas acciones por los demás.

Nos reunimos en la iglesia y preparamos nuestro corazón para recibir a Jesús. Cantamos y rezamos juntos. Recordamos que Jesús está con nosotros todos los días.

Advent

The Church's season of Advent begins the Church's year. During Advent we prepare for Christmas. We light candles to chase away the winter darkness. These candles remind us that Jesus is the Light of the world.

Jesus asks us to be lights for the world too. During Advent we let our light shine. We help people. We make gifts. We do secret good deeds for each other.

We gather in church and prepare our hearts to welcome Jesus. We sing and pray together. We remember that Jesus is with us every day.

Mi luz brilla

Decide qué puedes hacer para prepararte para la Navidad. Colorea las llamas para mostrar lo que puedes hacer.

Puedo ayudar en casa.

Puedo hacer un regalo.

Puedo ayudar a un vecino.

Puedo rezar.

Mi elección de fe

Durante el Adviento compartiré la luz de Jesús. Yo

_____

- -

_____.

Reza: "¡Jesús, tú eres la Luz del Mundo! Amén".

My Light Shines

Decide what you can do to get ready for Christmas. Color in the flames to show what you can do.

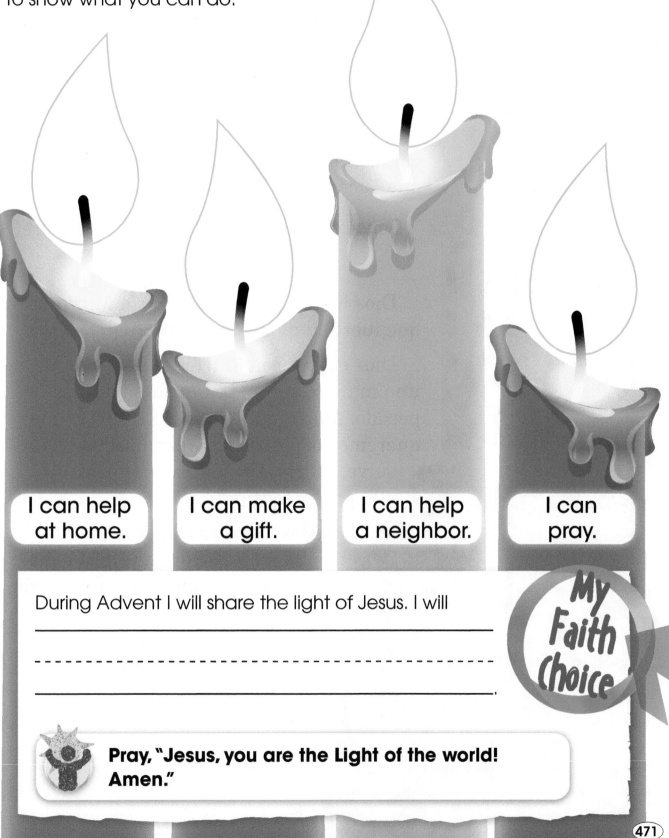

I can help at home.

I can make a gift.

I can help a neighbor.

I can pray.

During Advent I will share the light of Jesus. I will

_____

- -

_____.

My Faith Choice

Pray, "Jesus, you are the Light of the world! Amen."

La Inmaculada Concepción

María es una madre especial. Dios Padre eligió a María para que fuera la madre de Jesús. Jesús es el hijo de María y el Hijo de Dios.

Dios bendijo a María más que a cualquier otra persona. La Biblia cuenta que Dios le dijo:

Bendita tú eres entre todas las mujeres.

BASADO EN LUCAS 1:42

Dios hizo esto porque eligió a María para que fuera la madre de Jesús.

Dios estuvo con María toda su vida de una manera especial. María nació sin pecado. María nunca pecó. Esto es lo que queremos decir cuando rezamos: "Dios te salve, María, llena eres de gracia; el Señor es contigo".

Todos los años celebramos esta bendición especial que Dios le dio a María. Celebramos la Inmaculada Concepción el 8 de diciembre. Honramos a María y honramos a Dios. Agradecemos a Dios por la manera especial en que bendijo a María.

The Immaculate Conception

Mary is a very special mother. God the Father chose Mary to be the mother of Jesus. Jesus is the son of Mary and the Son of God.

God blessed Mary more than any other person. The Bible tells us that God said to Mary:

> You are blessed among all women.
>
> BASED ON LUKE 1:42

God did this because he chose Mary to be Jesus' mother.

God was with Mary in a special way all of her life. Mary was born without sin. Mary never sinned. This is what we mean when we pray, "Hail, Mary, full of grace, the Lord is with thee."

We celebrate this special blessing God gave Mary each year. We celebrate the Immaculate Conception on December 8th. We honor Mary, and we honor God. We thank God for the special way that he blessed Mary.

Ave María

Cuéntale a María qué tan especial es. Decora el espacio alrededor de estas palabras del Ave María. Reza la primera parte de la oración con tu clase.

Dios te salve, María,
llena eres de gracia;
el Señor es contigo.
Bendita Tú eres
entre todas las mujeres,
y bendito es
el fruto de tu vientre,
Jesús.

Mi elección de fe

Esta semana honraré a María. Aprenderé a rezar el Ave María de memoria.

Reza: "María, Dios te ama. Yo también te amo. ¡Bendita Tú eres! Amén".

Hail Mary

Tell Mary how special she is. Decorate the space around these words from the Hail Mary. Pray this first part of the prayer with your class.

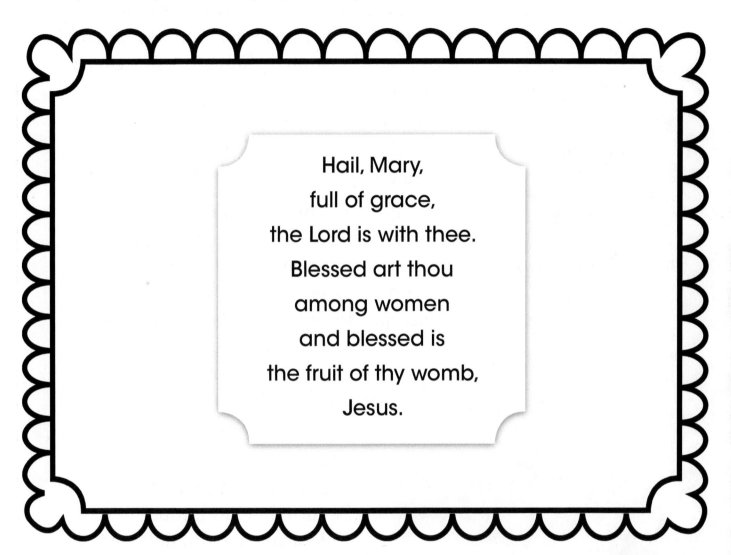

Hail, Mary,
full of grace,
the Lord is with thee.
Blessed art thou
among women
and blessed is
the fruit of thy womb,
Jesus.

This week I will honor Mary. I will learn to pray the Hail Mary by heart.

 Pray, "Mary, God loves you. I love you too. Blessed are you! Amen."

Nuestra Señora de Guadalupe

Nuestra Bienaventurada Madre María ama a todas las personas. Una vez María le contó a un hombre llamado Juan Diego cuánto nos quiere.

Juan Diego vivía en México. Un día, mientras caminaba a Misa, vio a una señora. Esta señora era María.

Ella le dio un mensaje para el obispo. Quería que el obispo construyera una iglesia en su nombre. María le dio a Juan rosas para que se las mostrara al obispo. Juan las envolvió en su capa y se las llevó. Cuando abrió la capa, todos se sorprendieron por lo que veían. En la tela estaba la bella imagen de María.

La Iglesia que el obispo construyó se llama Nuestra Señora de Guadalupe. Celebramos el día de Nuestra Señora de Guadalupe el 12 de diciembre.

Our Lady of Guadalupe

Faith Focus
Who does our
Blessed Mother
Mary want us
to love?

Our Blessed Mother Mary loves all people. One day Mary told a man named Juan Diego how much she loves us.

Juan Diego lived in Mexico. One day as he was walking to Mass, Juan saw a lady. This lady was Mary.

Mary gave Juan a message to give his bishop. She wanted the bishop to build a church in her name. Mary gave Juan roses to show the bishop. Juan rolled the roses up in his cloak and took them to the bishop. When he opened his cloak, everyone was very surprised at what they saw. There was a beautiful image of Mary on the cloth.

The Church that the bishop built is named Our Lady of Guadalupe. We celebrate the Feast of Our Lady of Guadalupe on December 12.

Nuestra Bienaventurada Madre

Colorea el dibujo de Nuestra Señora de Guadalupe.
En los renglones de abajo, escribe: "Te amo, María".

Esta semana honraré a María. Haré todo lo posible para amar a los demás. Dibuja una ☺ junto a las acciones que harás.

_____ Ser bueno con un amigo.

_____ Ayudar en casa.

_____ Devolver los creyones que me prestaron.

 Reza: María, Nuestra Señora de Guadalupe, ayúdame a amar a Dios como lo haces tú. Amén".

Our Blessed Mother

Color the picture of Our Lady of Guadalupe. On the lines below the picture write, "I love you, Mary."

This week I will honor Mary. I will try my best to love others. Draw a ☺ next to the actions that you will do.

_____ Be kind to a friend.

_____ Help at home.

_____ Return crayons that I borrow.

Pray, "Mary, Our Lady of Guadalupe. Help me to love God as you do. Amen."

Enfoque en la fe
¿Por qué
los ángeles
visitaron a los
pastores?

Navidad

Nos gustan las buenas noticias o buenas nuevas. Nos hacen felices. La noche del nacimiento de Jesús, algunos pastores recibieron una Buena Nueva. Los ángeles les dijeron:

"Hoy ha nacido en Belén el Salvador que Dios prometió enviarles".

BASADO EN LUCAS 2:11

Los pastores fueron rápidamente a Belén. Encontraron a Jesús acostado en un pesebre, como los ángeles habían dicho. Los pastores fueron los primeros visitantes de Jesús. Contaron a todos los demás lo que había sucedido.

Nosotros queremos recibir a Jesús como lo hicieron los pastores. Agradecemos a Dios por darnos un gozo que nunca terminará. Compartimos la Buena Nueva con los demás.

Christmas

Faith Focus
Why did the
angels visit the
shepherds?

We like good news. It makes us happy.
On the night of Jesus' birth, some
shepherds heard Good News. Angels
said to them,

*"Today in Bethlehem the savior
God promised to send you has
been born."* BASED ON LUKE 2:11

The shepherds hurried to Bethlehem.
They found Jesus there lying in a
manger, just as the angels said. The
shepherds were Jesus' first visitors.
They told others all that happened.

We want to welcome Jesus just as
the shepherds did. We thank God for
bringing joy that will never end. We
share the Good News with others.

Las Posadas

En México, se celebra el viaje de María y José hasta la posada de Belén. La palabra *posadas* significa "hospedajes". Puedes representar esta obra con tu clase.

María y José En el nombre de Dios, ¿podemos quedarnos aquí?

Posadero uno No tenemos lugar para ustedes. ¡Tenemos demasiada gente!

María y José En el nombre de Dios, ¿tienen lugar para nosotros?

Posadero dos No tenemos lugar.

María y José En el nombre de Dios, ¿tienen lugar para nosotros?

Posadero tres Mi posada está completa. Pero hay un establo en las colinas que es cálido.

Lector *Leamos Lucas 2:1–20.*

Líder Dios nuestro Padre, nos alegramos por el nacimiento de tu Hijo. Que siempre le demos la bienvenida cuando venga. Amén.

Mi elección de fe

Esta semana trataré a los demás con amor. Yo

_____

- -

_____

Reza: "Que el nacimiento de Jesús brinde alegría, paz y amor a todas las personas. Amén".

Las Posadas

People in Mexico celebrate the journey of Mary and Joseph to the inn in Bethlehem. The words *las posadas* mean "the inns." You can perform this skit with your class.

Mary and Joseph In the name of God, can we stay here?

Innkeeper One We have no room for you. We are too crowded!

Mary and Joseph In the name of God, do you have room for us?

Innkeeper Two We have no room here.

Mary and Joseph In the name of God, do you have room for us?

Innkeeper Three My inn is full. There is a stable in the hills. It is warm there.

Reader *Read Luke 2:1–20.*

Leader God our Father, we rejoice in the birth of your Son. May we always welcome him when he comes. Amen.

My Faith Choice

This week I will treat others with love. I will

_____

- -

_____.

Pray, "May Jesus' birth bring joy, peace, and love to all people. Amen."

Enfoque en la fe
¿Quién es la
Madre de Dios?

María, Madre de Dios

Los regalos nos hacen sentir queridos. Cuando alguien nos da un regalo, sabemos que piensa en nosotros. Dios nos dio el mejor regalo. Dios Padre nos dio a Jesús, su Hijo. Celebramos el nacimiento de Jesús en Navidad.

Dios Padre eligió a la Bienaventurada Virgen María para que fuera la madre de su Hijo, Jesús. María es la Madre de Dios. La Bienaventurada Virgen María también es nuestra madre. Ella ama y cuida a todos los niños del mundo.

Nosotros honramos a María, Madre de Dios, de una manera especial el 1 de enero. Ese día vamos a Misa. Damos gracias a Dios por el regalo de nuestra Bienaventurada Madre. ¡Qué manera especial de empezar el Año Nuevo!

Mary, the Mother of God

Faith Focus
Who is the
Mother of God?

Gifts make us feel special. When someone gives us a gift we know they care about us. God gave us the best gift. God the Father gave us Jesus, his Son. On Christmas day we celebrate the birth of Jesus.

God the Father chose the Blessed Virgin Mary to be the mother of his Son, Jesus. Mary is the Mother of God. The Blessed Virgin Mary is our mother, too. She loves and cares for all the children of the world.

We honor Mary, the Mother of God, in a special way on January 1. On this day we go to Mass. We give thanks to God for the gift of our Blessed Mother. What a special way to start the New Year!

Amor de madre

Nuestra Bienaventurada Madre hizo muchas cosas por su Hijo, Jesús. También las hace por nosotros. Busca las palabras del borde. Cuéntale a tu clase cuándo hacen estas cosas las madres. Luego decora el borde.

Aman

Enseñan

Santa María,
Madre de Dios,
ruega por nosotros.

Rezan

Protegen

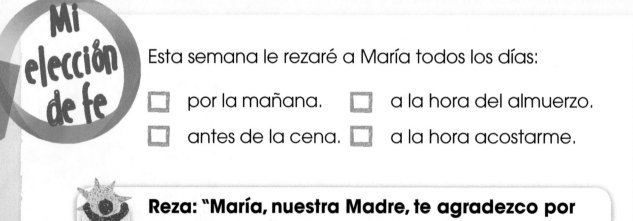

Mi elección de fe

Esta semana le rezaré a María todos los días:

☐ por la mañana. ☐ a la hora del almuerzo.

☐ antes de la cena. ☐ a la hora acostarme.

Reza: "María, nuestra Madre, te agradezco por amarme a mí y a mi familia. Amén".

A Mother's Love

Our Blessed Mother did many things for her Son, Jesus. She does them for us too. Find the words in the border. Tell your class about times that mothers do these things. Then decorate the border.

Love

Teach

Pray

Holy Mary,
Mother of God,
Pray for us.

Protect

This week I will pray to Mary every day:

☐ in the morning. ☐ at lunch.

☐ before dinner. ☐ at bedtime.

My Faith Choice

Pray, "Mary, our Mother, thank you for loving me and my family. Amen."

Epifanía

Durante el Adviento esperamos y nos preparamos para la Navidad. Esperamos y nos preparamos para recibir a Jesús, Hijo de Dios.

En la Epifanía oímos el relato de los Reyes Magos. Estos hombres sabios recorrieron una larga distancia para ver a Jesús. Fueron a Belén y honraron a Jesús.

Queremos que todo el mundo celebrara el nacimiento del Salvador recién nacido. Queremos que el Cielo y la naturaleza cantaran y se alegraran. Jesús es el Salvador del mundo.

Epiphany

Faith Focus
What do we celebrate on the Feast of Epiphany?

During Advent we waited and prepared for Christmas. We waited and prepared to welcome Jesus, the Son of God.

On Epiphany we hear the story of the Magi. These wise men traveled a long distance to find Jesus. They went to Bethlehem and honored Jesus.

We want the whole world to celebrate the birth of the newborn Savior. We want Heaven and nature to sing and rejoice. Jesus is the Savior of the world.

Anunciamos el nacimiento del Salvador

Haz la tapa de una tarjeta de Navidad. Usa dibujos y palabras. Cuéntales a todos que Jesús es el Salvador del mundo.

Mi elección de fe

Los Reyes Magos honraron a Jesús. Yo honraré a Jesús al

_____

- -

_____.

Reza: "¡Jesús, Tú eres el Salvador del mundo! Amén".

We Announce the Birth of the Savior

Make the cover for a Christmas card. Draw a picture and use words. Tell everyone that Jesus is the Savior of the world.

The Magi honored Jesus. I will honor Jesus by

_____

- -

_____

My Faith Choice

 Pray, "Jesus, you are the Savior of the world! Amen."

Miércoles de Ceniza

¡Prepárate! Es lo que hacemos cada vez que va a suceder algo importante. Los padres se preparan para un nuevo bebé. Visitan al médico y preparan todo en casa. Los estudiantes se preparan para los exámenes para aprender lo máximo posible.

La época más importante del año para la Iglesia es la Pascua. La Cuaresma es el momento en el que nos preparamos para la Pascua. El Miércoles de Ceniza es el primer día de la Cuaresma. Es el primer día de nuestra preparación para la Pascua.

El Miércoles de Ceniza vamos a la iglesia. Con cenizas nos hacen la señal de la cruz en nuestra frente. Rezamos y pedimos a Dios que nos ayude a parecernos más a Jesús. Le pedimos a Dios que nos ayude a celebrar la Cuaresma.

Ash Wednesday

Prepare! That's what we do whenever something important is going to happen. Parents prepare for a new baby. They visit the doctor and get everything ready at home. Students prepare for tests so they can learn as much as possible.

The most important time of the year for the Church is Easter. Lent is the time when we prepare for Easter. Ash Wednesday is the first day of Lent. It is the first day of our preparation for Easter.

On Ash Wednesday we go to church. The sign of the cross is made on our foreheads with ashes. We pray and ask God to help us to be more like Jesus. We ask God to help us celebrate Lent.

Ser como Jesús

La Cuaresma es un momento especial de oración. Escribe palabras o haz dibujos en los espacios para completar tu oración.

Querido Dios,

te alabo y te agradezco por

.

Te pido que cuides

.

Mantenlos bajo tu protección.

Amén.

Mi elección de fe

Esta semana recordaré rezar como lo hizo Jesús. Yo

_____

- -

_____.

Reza: "Padre Celestial, gracias por ayudarme a parecerme más a tu Hijo, Jesús. Amén".

Being Like Jesus

Lent is a special time of prayer. In the spaces put words or pictures to complete your prayer.

Dear God,

I praise and thank you for

Creating me

.

I ask you to watch over

Catholism

.

Keep them in your care.

Amen.

This week I will remember to pray as Jesus did. I will

Follow Jesus moves

My Faith Choice

Pray, "Father in Heaven, thank you for helping me become more like your Son, Jesus. Amen."

La Cuaresma

Piensa en la primavera. Recuerda cómo las plantas se abren camino por el suelo. Los árboles retoñan hojas y capullos. Los pájaros cantan sus mejores canciones.

En primavera plantamos semillas nuevas. Quitamos las ramitas y los tallos muertos. Nos preparamos para una nueva vida.

Jesús habló sobre la muerte y la nueva vida. Alzó una semilla y dijo:

"En verdad les digo: Si el grano de trigo no cae en tierra y muere, queda solo; pero si muere, da mucho fruto".

JUAN 12:24

Durante la Cuaresma hacemos lugar para plantar las semillas de la fe y el amor. Trabajamos y rezamos. Crecemos en la fe y el amor. Nos estamos preparando para la Pascua.

Lent

Faith Focus
How does celebrating Lent help us to get ready for Easter?

Think about Spring. Remember how plants push their way up through the earth. Trees sprout leaves and buds. Birds sing their best songs.

During Spring we plant new seeds. We cut away dead twigs and stems. We prepare for new life.

Jesus talked about death and new life. He held up a seed and said,

"I say to you, unless a grain of wheat falls to the ground and dies,
it remains just a grain of wheat;
but if it dies, it produces much fruit."

JOHN 12:24

During Lent we clear a place to plant seeds of faith and love. We work and pray. We grow in faith and love. We are getting ready for Easter.

497

Nueva Vida

Ordena el relato en imágenes. Numera las imágenes del 1 al 6. Comparte el relato con un amigo. Cuenta cómo el relato nos ayuda a entender la Cuaresma.

Mi elección de fe

Durante la Cuaresma, puedo hacer buenas acciones y sacrificios en preparación para la Pascua. Yo

_____

- -

_____

Reza: "Gracias, Jesús, por ayudarnos a cambiar y crecer durante la Cuaresma. Amén".

New Life

Put this picture story in order. Number the pictures from 1 to 6. Share the story with a friend. Tell how the story helps us to understand Lent.

During Lent I can do good deeds and make sacrifices to get ready for Easter. I will

_____

— — — — — — — — — — — — — — — — — — — —

_____

Pray, "Thank you, Jesus, for helping us to change and grow during Lent. Amen."

Domingo de Ramos de la Pasión del Señor

A veces vienen a nuestra ciudad o nuestra escuela personas importantes. Salimos y los recibimos. ¡Nos alegramos y regocijamos!

Una vez Jesús llegó a la ciudad de Jerusalén. Amaba a las personas de allí. Quería reunirse con ellos como la mamá gallina se reúne con sus polluelos.

Cuando Jesús llegó a la ciudad, las personas celebraron. Agitaban ramas de palmeras. También extendían sus mantos en el camino para honrar a Jesús.

Recordamos este día al comienzo de la Semana Santa, el Domingo de Ramos de la Pasión del Señor. Este día llevamos ramas de palmeras y también honramos a Jesús.

Palm Sunday of the Passion of the Lord

Faith Focus
How do we begin our celebration of Holy Week?

Sometimes important people come to our town or school. We go out and greet them. We cheer and rejoice!

Once Jesus came to the city of Jerusalem. He loved the people there. He wanted to gather them as a mother hen gathers her little chicks.

When Jesus came to the city, the people cheered. They waved branches from palm trees. They also spread their cloaks on the road to honor Jesus.

We remember this day at the beginning of Holy Week on Palm Sunday of the Passion of the Lord. On this day we carry palm branches and honor Jesus too.

Honrar a Jesús

Estas palabras están escondidas en la sopa de letras. Encuéntralas y enciérralas en un círculo. Usa las palabras para contarle a un compañero sobre el Domingo de Ramos.

Jesús	manto	Jerusalén	Semana Santa	palmeras

S	E	M	A	N	A	S	A	N	T	A
P	A	L	M	E	R	A	S	L	K	B
G	J	E	R	U	S	A	L	É	N	C
L	F	B	M	A	N	T	O	B	K	D
S	E	D	P	J	E	S	Ú	S	T	E

Mi elección de fe

El Domingo de Ramos, al comienzo de la Semana Santa, puedo honrar a Jesús. Yo

_____

- -

_____.

Reza: "¡Hosanna en las alturas! Nos regocijamos y te honramos, Jesús. Amén".

Honoring Jesus

These words are hidden in the puzzle. Find and circle the words. Use the words to tell a partner about Palm Sunday.

Jesus	cloak	Jerusalem	Holy Week	palms

T	H	O	L	Y	W	E	E	K	E
P	A	L	M	S	P	C	R	L	K
G	J	E	R	U	S	A	L	E	M
L	F	M	C	L	O	A	K	B	K
S	E	D	M	J	E	S	U	S	T

On Palm Sunday, the beginning of Holy Week, I can honor Jesus. I will

_____

- -

_____.

My Faith Choice

Pray, "Hosanna in the highest! We rejoice and honor you, Jesus. Amen."

Jueves Santo

El Jueves Santo es uno de los días más importantes para nuestra Iglesia. Este día recordamos y celebramos el día en el que Jesús nos dio la Eucaristía.

La noche antes de morir, Jesús celebró una comida especial con sus discípulos. A esta comida la llamamos la Última Cena. En la Última Cena, Jesús tomó pan y dijo a sus discípulos: "Este es mi cuerpo". También tomó una copa de vino y dijo: "Esta es la copa de mi sangre". Luego Jesús les dijo: "Hagan esto en memoria mía" (basado en Lucas 22:14–19).

Celebramos la Eucaristía cada vez que celebramos la Misa. Cuando lo hacemos, estamos haciendo lo que pidió Jesús.

Holy Thursday

Faith Focus
What does the Church celebrate on Holy Thursday?

Holy Thursday is one of the most important days for our Church. On this day we remember and celebrate the day on which Jesus gave us the Eucharist.

On the night before he died, Jesus celebrated a special meal with his disciples. We call this meal the Last Supper. At the Last Supper Jesus took bread and said to the disciples, "This is my body." He also took a cup of wine and said, "This is the cup of my blood." Then Jesus said to them, "Do this in memory of me" (based on Luke 22:14–19).

We celebrate the Eucharist every time we celebrate Mass. When we do, we are doing what Jesus asked.

¡Gracias, Jesús!

Usa el código para colorear el vitral. Usa el vitral para contar lo que sucedió en la Última Cena.

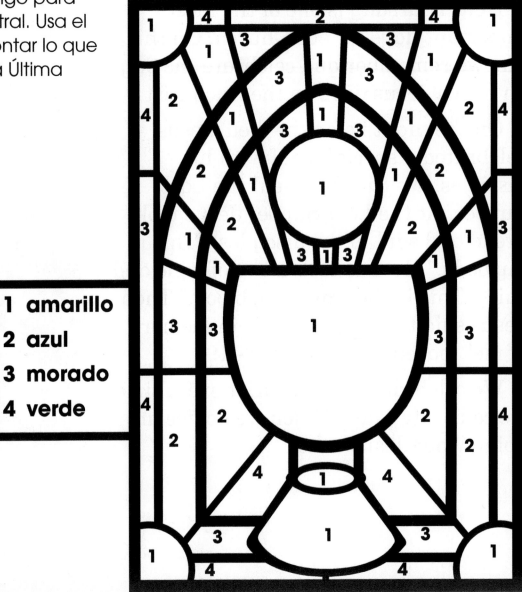

1 **amarillo**
2 **azul**
3 **morado**
4 **verde**

Jesús celebró una comida especial con sus discípulos y nos pidió que hiciéramos lo mismo. En memoria de Jesús, yo voy a

_____

- -

_____

Reza: "Gracias Jesús, por el don de la Eucaristía. Amén".

Thank You, Jesus!

Use the code to color the stained-glass window. Use the stained-glass window to tell what happened at the Last Supper.

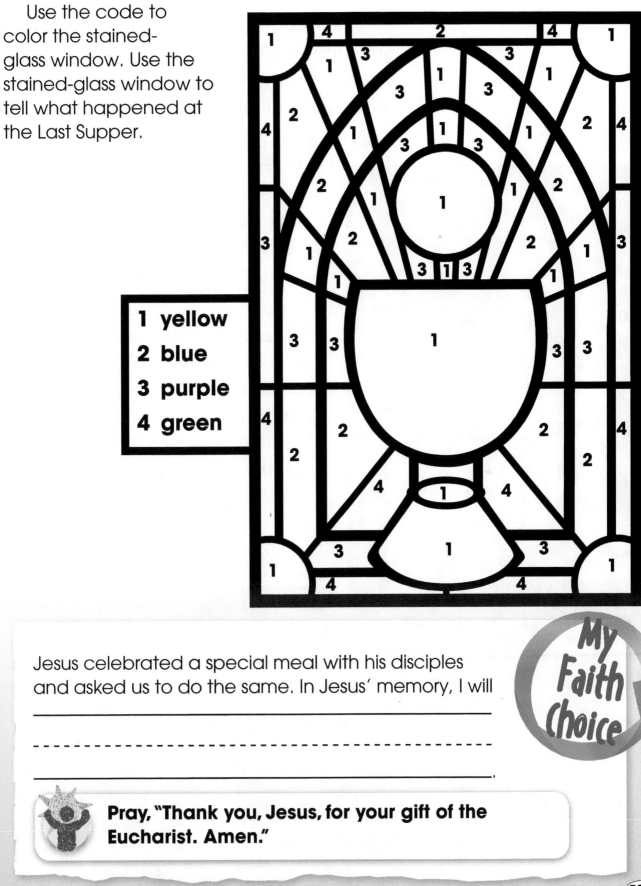

1 yellow
2 blue
3 purple
4 green

Jesus celebrated a special meal with his disciples and asked us to do the same. In Jesus' memory, I will

_____

- -

_____

My Faith Choice

Pray, "Thank you, Jesus, for your gift of the Eucharist. Amen."

Enfoque en la fe
¿Qué celebra la
Iglesia el Viernes
Santo?

Viernes Santo

A veces miramos imágenes o un regalo
que alguien nos ha dado. Esto nos ayuda
a recordar y pensar en esa persona. ¿Qué
miras para ayudarte a recordar a alguien?

El Viernes de la Semana Santa se llama
Viernes Santo. Es un día muy
especial para todos los cristianos.
Es el día en el que recordamos de
manera especial que Jesús sufrió
y murió por nosotros.

En Viernes Santo, el diácono o
sacerdote sostiene una cruz para
que la miremos. Al mirar la cruz,
pensamos en Jesús y recordamos
cuánto nos ama. Una manera de
mostrar nuestro amor por Jesús
es amándonos unos a otros.

Good Friday

Sometimes we look at pictures or a gift that someone has given us. This helps us to remember and think about that person. What do you look at to help you remember someone?

The Friday of Holy Week is called Good Friday. It is a very special day for all Christians. It is the day we remember in a special way that Jesus suffered and died for us.

On Good Friday the deacon or priest holds up a cross for us to look at. Looking at the cross, we think about and remember how much Jesus loves us. One way we show our love for Jesus is by loving one another.

Mostrar nuestro amor por los demás

Dibuja una ✝ Junto a las maneras en las que puedes mostrar tu amor por los demás. Escribe una cosa más que harás.

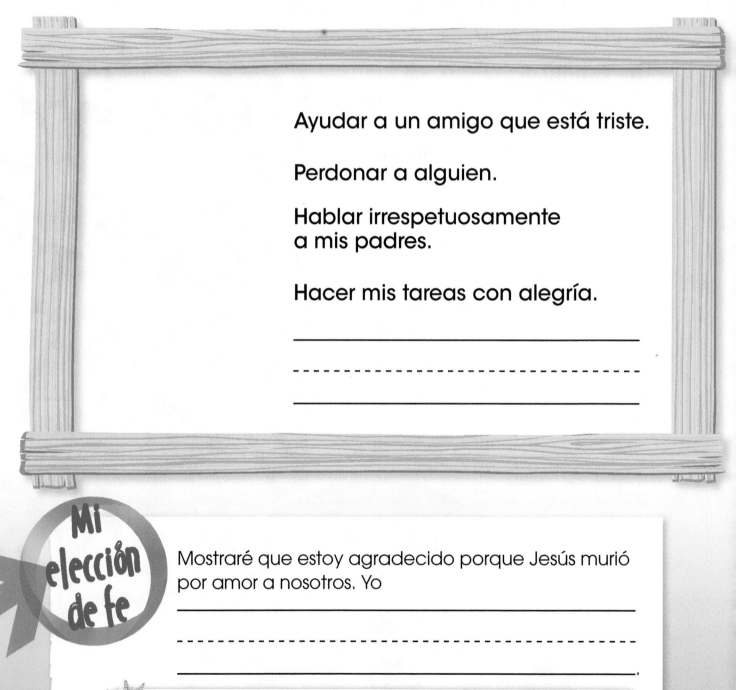

Ayudar a un amigo que está triste.

Perdonar a alguien.

Hablar irrespetuosamente a mis padres.

Hacer mis tareas con alegría.

_____

- -

_____

Mi elección de fe

Mostraré que estoy agradecido porque Jesús murió por amor a nosotros. Yo

_____

- -

_____.

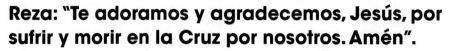

Reza: "Te adoramos y agradecemos, Jesús, por sufrir y morir en la Cruz por nosotros. Amén".

Showing Our Love for Others

Draw a ✝ next to the ways you can show your love for others. Write one more thing you will do.

Help a friend who is sad.

Forgive someone.

Talk back to my parents.

Do my chores cheerfully.

_____

- - - - - - - - - - - - - - - - - -

_____

I will show that I am thankful that Jesus died out of love for us. I will

_____

- - - - - - - - - - - - - - - - - -

_____.

My Faith Choice

Pray, "We adore you and thank you, Jesus, for suffering and dying on the Cross for us. Amen."

Domingo de Pascua

En la Pascua vemos señales de vida nueva a nuestro alrededor. Estas señales nos recuerdan que Jesús resucitó de la muerte a una nueva vida. A esto lo llamamos la Resurrección de Jesús. El Domingo de Pascua, los cristianos celebramos la Resurrección de Jesús.

¡Somos el pueblo de la Pascua! ¡Aleluya es nuestra canción! Cantamos Aleluya una y otra vez durante los cincuenta días del tiempo de la Pascua. La palabra *Aleluya* significa "¡Alaben al Señor!" Alabamos a Dios por resucitar a Jesús de entre los muertos a una nueva vida.

Todos los domingos del año es una pequeña Pascua. Cantamos. Descansamos. Disfrutamos unos de los otros.

Todo el año alabamos y agradecemos a Dios.

Easter Sunday

At Easter we see signs of new life all around us. These signs remind us that Jesus was raised from the dead to new life. We call this the Resurrection of Jesus. On Easter Sunday Christians celebrate Jesus' Resurrection.

We are Easter people! Alleluia is our song! We sing Alleluia over and over during the fifty days of the Easter season. The word *Alleluia* means "Praise the Lord!" We praise God for raising Jesus from the dead to new life.

Every Sunday in the year is a little Easter. We sing. We rest. We enjoy one another. All year long we praise and thank God.

¡Alabemos al Señor!

Decora el cartel de Pascua. Usa colores y palabras que hablen de la vida nueva. Muestra tu cartel terminado a tus amigos y a tu familia. Cuéntales sobre la Resurrección de Jesús.

Mi elección de fe

Esta semana alabaré al Señor. Yo

_____

- -

_____.

Reza: "Jesús, resucitaste. ¡Aleluya!"

Praise the Lord

Decorate the Easter banner. Use colors and words about new life. Show your finished banner to your friends and your family. Tell them about the Resurrection of Jesus.

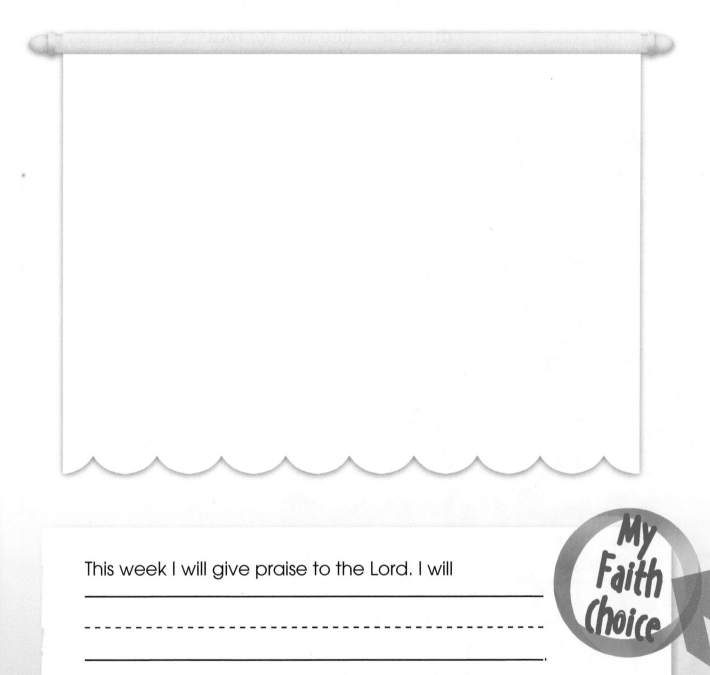

This week I will give praise to the Lord. I will

_____

- -

_____

My Faith Choice

Pray, "Jesus, you are risen. Alleluia!"

La Ascensión

Cuarenta días después de la Pascua, Jesús guió a sus discípulos fuera de Jerusalén. Les recordó que había sufrido, muerto y resucitado a nueva vida. Jesús dijo que debíamos compartir esta Buena Nueva con todos.

Luego bendijo a los discípulos y volvió con su Padre al Cielo. La Iglesia celebra el día en que Jesús volvió con su Padre. A este día lo llamamos Solemnidad de la Ascensión del Señor.

The Ascension

Forty days after Easter, Jesus led his disciples outside Jerusalem. He reminded them that he had suffered, died, and was raised to new life. Jesus said that we should share this Good News with everyone.

Then he blessed the disciples and returned to his Father in Heaven. The Church celebrates the day Jesus returned to his Father. We call this day the Solemnity of the Ascension of the Lord.

Canta al Cielo

Canta esta canción. Usa la melodía de *Frère Jacques (Martinillo)*. Enseña la canción a tu familia y cántenla juntos.

Resucitó. Resucitó.
Sí, resucitó. Sí, resucitó.
Vendrá lleno de gloria.
Vendrá lleno de gloria.
Sí, vendrá. Sí, vendrá.

Suena la trompeta.
Suena la trompeta.
Asciende Él. Asciende Él.
Viene el Espíritu.
Viene el Espíritu.
Sí, vendrá. Sí, vendrá.

Espíritu Santo, Espíritu Santo.
Ven aquí; ven aquí.
Ven a guiarnos.
Ven a guiarnos.
Sí, vendrá. Sí, vendrá.

Mi elección de fe

Jesús nos pide que compartamos su Buena Nueva con los demás. Yo

_____

- -

_____

Reza: "Bendícenos siempre, Jesús, mientras te esperamos que regreses con gloria. Amén".

Sing to Heaven

Sing this song. Use the melody to "Frère Jacques." Teach the song to your family and sing it together.

He is risen. He is risen.
Yes, he is. Yes, he is.
He will come in glory.
He will come in glory.
Yes, he will. Yes, he will.

Sound the trumpet.
Sound the trumpet.
He ascends. He ascends.
We await the Spirit.
We await the Spirit.
Yes, we do. Yes, we do.

Holy Spirit, Holy Spirit.
Come to us; come to us.
He will come and guide us.
He will come and guide us.
Yes, he will. Yes, he will.

Jesus asks us to share his Good News with others.
I will

_____

- -

_____.

 Pray, "Bless us always, Jesus, as we wait for you to come again in glory. Amen."

Pentecostés

A veces recibimos un don que usamos para ayudar a los demás. Hemos recibido ese tipo de don de Jesús.

Después de que Jesús volviera con su Padre, los discípulos recibieron el don del Espíritu Santo. El Espíritu Santo los ayudó a compartir la Buena Nueva acerca de Jesús con los demás. Los ayudó a hacer un buen trabajo en el nombre de Jesús.

El domingo de Pentecostés, recordamos que el Espíritu Santo vino a los discípulos. También nosotros hemos recibido el don del Espíritu Santo. El Espíritu Santo nos ayuda a hacer el bien. Cuando hacemos cosas buenas en el nombre de Jesús, guiamos a otros hacia Jesús.

Pentecost Sunday

Faith Focus
When does
the Holy Spirit
help us to live
as followers of
Jesus?

Sometimes we receive a gift that we use to help others. We have received that kind of gift from Jesus.

After Jesus returned to his Father, the disciples received the gift of the Holy Spirit. The Spirit helped them to share the Good News about Jesus with others. He helped them to do good work in Jesus' name.

On Pentecost Sunday, we remember that the Holy Spirit came to the disciples. We too have received the gift of the Holy Spirit. The Holy Spirit helps us to do good. When we do good things in Jesus' name, we lead others to Jesus.

El Don del Espíritu Santo

Trabaja con un compañero y sigue este laberinto.
En cada lugar, detente a compartir la Buena Nueva
acerca de Jesús con los demás.

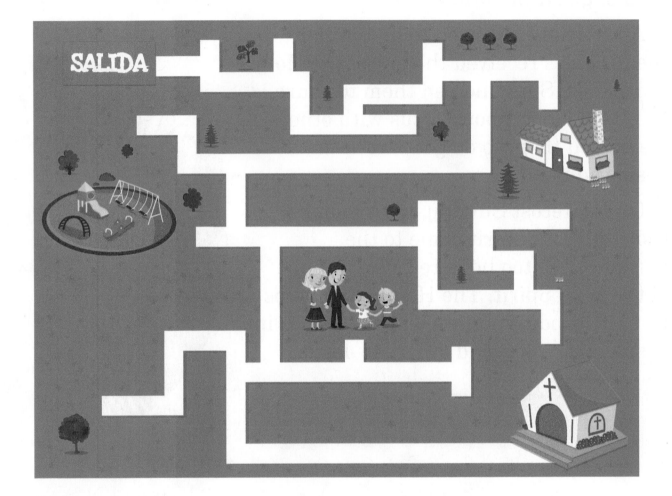

Esta semana honraré al Espíritu Santo. Haré el bien.
Yo

_____

- -

_____.

Reza: "Ven, Espíritu Santo, y llena mi corazón
con tu amor. Amén".

The Gift of the Holy Spirit

Work with a partner and follow this maze. At each place, stop to share the Good News about Jesus with each other.

This week I will honor the Holy Spirit. I will do good. I will

_____

- -

_____

My Faith Choice

 Pray, "Come, Holy Spirit, and fill my heart with your love. Amen."

Oraciones y prácticas católicas

Señal de la cruz

En el nombre del Padre
y del Hijo
y del Espíritu Santo.
Amén.

Padre Nuestro

Padre nuestro, que estás
en el cielo,
santificado sea tu Nombre;
venga a nosotros tu reino;
hágase tu voluntad
en la tierra como en el cielo.
Danos hoy nuestro pan de cada día;
perdona nuestras ofensas,
como también nosotros perdonamos
a los que nos ofenden;
no nos dejes caer en la tentación,
y líbranos del mal.
Amén.

Gloria al Padre (Doxología)

Gloria al Padre
y al Hijo
y al Espíritu Santo.
Como era en el principio,
ahora y siempre,
por los siglos de los siglos. Amén.

Ave María

Dios te salve, María, llena eres
de gracia;
el Señor es contigo.
Bendita Tú eres entre todas
las mujeres,
y bendito es el fruto de tu
vientre, Jesús.
Santa María, Madre de Dios,
ruega por nosotros, pecadores,
ahora y en la hora de nuestra muerte.
Amén.

Los Diez Mandamientos

1. Yo soy el Señor, tu Dios. No tendrás otros dioses fuera de mí.
2. No tomes en vano el nombre del Señor, tu Dios.
3. Acuérdate del Día del Señor, para santificarlo.
4. Respeta a tu padre y a tu madre.
5. No mates.
6. No cometas adulterio.
7. No robes.
8. No digas mentiras.
9. No codicies la mujer de tu prójimo.
10. No codicies nada que sea de tu prójimo.

Basado en Éxodo 20:2–3, 7–17

Preceptos de la Iglesia

1. Oír misa entera los domingos y demás fiestas de precepto y no realizar trabajos serviles.
2. Confesar los pecados mortales al menos una vez al año.
3. Recibir el sacramento de la Eucaristía al menos durante la Pascua.
4. Abstenerse y ayunar en los días establecidos por la Iglesia.
5. Ayudar a la Iglesia en sus necesidades, cada uno según su posibilidad.

El Gran Mandamiento

"Amarás al Señor tu Dios con todo tu corazón, con toda tu alma y con toda tu mente.
Amarás a tu prójimo como a ti mismo".

Mateo 22:37, 39

La Ley del Amor

"Este es mi mandamiento: que se amen unos a otros como yo los he amado".

Juan 15:12

Catholic Prayers and Practices

Sign of the Cross

In the name of the Father,
and of the Son,
and of the Holy Spirit. Amen.

Our Father

Our Father, who art in heaven,
hallowed be thy name;
thy kingdom come,
thy will be done
   on earth as it is in heaven.
Give us this day our daily bread,
and forgive us our trespasses,
as we forgive those who trespass
   against us;
and lead us not into temptation,
   but deliver us from evil.
Amen.

Glory Be (Doxology)

Glory be to the Father
and to the Son
and to the Holy Spirit,
as it was in the beginning
is now, and ever shall be
world without end. Amen.

The Hail Mary

Hail, Mary, full of grace,
the Lord is with thee.
Blessed art thou among women
and blessed is the fruit
   of thy womb, Jesus.
Holy Mary, Mother of God,
pray for us sinners,
now and at the hour of our death.
Amen.

The Ten Commandments

1. I am the LORD your God: you shall not have strange gods before me.
2. You shall not take the name of the LORD your God in vain.
3. Remember to keep holy the LORD's Day.
4. Honor your father and your mother.
5. You shall not kill.
6. You shall not commit adultery.
7. You shall not steal.
8. You shall not lie.
9. You shall not covet your neighbor's wife.
10. You shall not covet your neighbor's goods.

Based on Exodus 20:2–3, 7–17

Precepts of the Church

1. Participate in Mass on Sundays and holy days of obligation, and rest from unnecessary work.
2. Confess sins at least once a year.
3. Receive Holy Communion at least during the Easter season.
4. Observe the prescribed days of fasting and abstinence.
5. Provide for the material needs of the Church, according to one's abilities.

The Great Commandment

"You shall love the Lord, your God, with all your heart, with all your soul, and with all your mind. . . . You shall love your neighbor as yourself." Matthew 22:37, 39

The Law of Love

"This is my commandment: love one another as I love you."

John 15:12

El Credo de los Apóstoles

(tomado del Misal Romano)

Creo en Dios, Padre Todopoderoso,
Creador del cielo y de la tierra.
     Creo en Jesucristo, su único Hijo,
     Nuestro Señor,

(*En las palabras que siguen, hasta*
María Virgen, *todos se inclinan.*)

          que fue concebido por obra y gracia
             del Espíritu Santo,
          nació de santa María Virgen,
          padeció bajo el poder de Poncio
             Pilato,
          fue crucificado, muerto y sepultado,
          descendió a los infiernos,
          al tercer día resucitó de entre los
             muertos,
          subió a los cielos
          y está sentado a la derecha de
             Dios, Padre todopoderoso.
          Desde allí ha de venir a juzgar a
             vivos y muertos.
Creo en el Espíritu Santo,
          la santa Iglesia católica,
          la comunión de los santos,
          el perdón de los pecados,
          la resurrección de la carne
          y la vida eterna.
Amén.

El Credo de Nicea

(tomado del Misal Romano)

Creo en un solo Dios,
          Padre Todopoderoso, Creador
             del cielo y de la tierra, de todo lo
             visible y lo invisible.
Creo en un solo Señor, Jesucristo, Hijo
          único de Dios,

nacido del Padre antes de todos los
     siglos:
Dios de Dios, Luz de Luz,
Dios verdadero de Dios verdadero,
engendrado, no creado,
de la misma naturaleza del Padre,
por quien todo fue hecho;
que por nosotros, los hombres,
y por nuestra salvación bajó del
     cielo,

(*En las palabras que siguen, hasta*
se hizo hombre, *todos se inclinan.*)

          y por obra del Espíritu Santo
          se encarnó de María, la Virgen, y
             se hizo hombre;
          y por nuestra causa fue crucificado
          en tiempos de Poncio Pilato,
          padeció y fue sepultado,
          y resucitó al tercer día, según las
             Escrituras,
          y subió al cielo, y está sentado
             a la derecha del Padre;
          y de nuevo vendrá con gloria
          para juzgar a vivos y muertos,
          y su reino no tendrá fin.
Creo en el Espíritu Santo, Señor y
     dador de vida,
          que procede del Padre y del Hijo,
          que con el Padre y el Hijo
          recibe una misma adoración y
             gloria,
          y que habló por los profetas.
Creo en la Iglesia,
          que es una, santa, católica y
             apostólica.
Confieso que hay un solo bautismo
          para el perdón de los pecados.
Espero la resurrección de los muertos
          y la vida del mundo futuro.
Amén.

Apostles' Creed

(from the Roman Missal)

I believe in God,
the Father almighty,
Creator of heaven and earth,
and in Jesus Christ, his only Son,
    our Lord,

(At the words that follow, up to and including the Virgin Mary, *all bow.)*

who was conceived by the Holy Spirit,
born of the Virgin Mary,
suffered under Pontius Pilate,
was crucified, died and was buried;
he descended into hell;
on the third day he rose again from
    the dead;
he ascended into heaven,
and is seated at the right hand of
    God the Father almighty;
from there he will come to judge the
    living and the dead.
I believe in the Holy Spirit,
the holy catholic Church,
the communion of saints,
the forgiveness of sins,
the resurrection of the body,
and life everlasting. Amen.

Nicene Creed

(from the Roman Missal)

I believe in one God,
the Father almighty,
maker of heaven and earth,
of all things visible and invisible.

I believe in one Lord Jesus Christ,
the Only Begotten Son of God,
born of the Father before all ages.

God from God, Light from Light,
true God from true God,
begotten, not made, consubstantial
    with the Father;
through him all things were made.
For us men and for our salvation
he came down from heaven,

(At the words that follow, up to and including and became man, *all bow.)*

and by the Holy Spirit was incarnate
    of the Virgin Mary,
and became man.

For our sake he was crucified under
    Pontius Pilate,
he suffered death and was buried,
and rose again on the third day
in accordance with the Scriptures.
He ascended into heaven
and is seated at the right hand of
    the Father.
He will come again in glory
to judge the living and the dead
and his kingdom will have no end.

I believe in the Holy Spirit, the Lord,
    the giver of life,
who proceeds from the Father and
    the Son,
who with the Father and the Son is
    adored and glorified,
who has spoken through the prophets.

I believe in one, holy, catholic and
    apostolic Church.
I confess one Baptism for the
    forgiveness of sins
and I look forward to the resurrection
    of the dead
and the life of the world to come. Amen.

Oración de la mañana

Querido Dios,

al comenzar este día,

guárdame en tu amor y cuidado.

Ayúdame hoy a vivir como hijo tuyo.

Bendíceme a mí, a mi familia y mis
   amigos en todo lo que hagamos.

Mantennos junto a ti. Amén.

Oración antes de comer

Bendícenos, Señor, junto con estos
   dones que vamos a recibir de tu
   generosidad, por Cristo Nuestro Señor.

Amén.

Acción de gracias después de comer

Te damos gracias por todos tus dones,
   Dios todopoderoso, Tú que vives
   y reinas ahora y siempre.

Amén.

Oración vespertina

Querido Dios,

te doy gracias por el día de hoy.

Mantenme a salvo durante la noche.

Te agradezco por todo lo bueno que
   hice hoy.

Y te pido perdón por hacer algo que
   está mal.

Bendice a mi familia y a mis amigos.
Amén.

Oración por las vocaciones

Dios, sé que me llamarás

para darme una tarea especial
   en mi vida.

Ayúdame a seguir a Jesús cada día

y a estar listo para responder
   a tu llamado.

Amén.

Oración del Penitente

Dios mío, me arrepiento de todo corazón
de todo lo malo que hecho y de todo lo
bueno que he dejado de hacer, porque
pecando te he ofendido a ti, que eres el
sumo bien y digno de ser amado sobre
todas las cosas.

Propongo firmemente, con tu gracia,
cumplir la penitencia, no volver a pecar
y evitar las ocasiones de pecado.

Perdóname, Señor, por los méritos de la
pasión de nuestro salvador Jesucristo.
Amén.

Morning Prayer

Dear God,
as I begin this day,
keep me in your love and care.
Help me to live as your child today.
Bless me, my family, and my friends
   in all we do.
Keep us all close to you. Amen.

Grace Before Meals

Bless us, O Lord,
   and these thy gifts,
which we are about to receive
   from thy bounty,
    through Christ our Lord.
Amen.

Grace After Meals

We give thee thanks,
   for all thy benefits, almighty God,
who lives and reigns forever. Amen.

Evening Prayer

Dear God,
I thank you for today.
Keep me safe throughout the night.
Thank you for all the good I did today.
I am sorry for what I have chosen
   to do wrong.
Bless my family and friends. Amen.

A Vocation Prayer

God, I know you will call me
for special work in my life.
Help me follow Jesus each day
and be ready to answer your call.
Amen.

Act of Contrition

My God,
I am sorry for my sins
   with all my heart.
In choosing to do wrong
and failing to do good,
I have sinned against you,
whom I should love above all things.
I firmly intend, with your help,
to do penance,
to sin no more,
and to avoid whatever leads me
   to sin.
Our Savior Jesus Christ
suffered and died for us.
In his name, my God, have mercy.
Amen.

El Rosario

Los católicos rezan el Rosario para honrar a María y recordar los sucesos importantes en la vida de Jesús y María. Hay veinte misterios del Rosario. Sigue los pasos del 1 al 5.

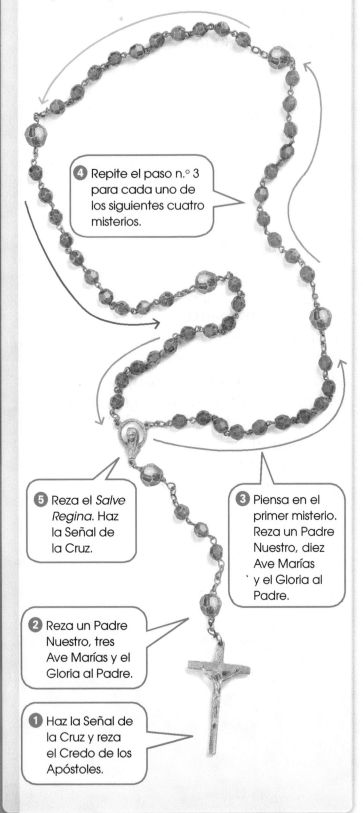

4 Repite el paso n.° 3 para cada uno de los siguientes cuatro misterios.

5 Reza el *Salve Regina*. Haz la Señal de la Cruz.

3 Piensa en el primer misterio. Reza un Padre Nuestro, diez Ave Marías y el Gloria al Padre.

2 Reza un Padre Nuestro, tres Ave Marías y el Gloria al Padre.

1 Haz la Señal de la Cruz y reza el Credo de los Apóstoles.

Misterios gozosos
1. La Anunciación
2. La Visitación
3. La Natividad
4. La Presentación
5. El hallazgo de Jesús en el Templo

Misterios luminosos
1. El Bautismo de Jesús en el río Jordán
2. El milagro de Jesús en la boda de Caná
3. La proclamación del Reino de Dios
4. La transfiguración
5. La institución de la Eucaristía

Misterios dolorosos
1. La agonía en el Huerto
2. La flagelación en la columna
3. La coronación de espinas
4. La cruz a cuestas
5. La Crucifixión

Misterios gloriosos
1. La Resurrección
2. La Ascensión
3. La venida del Espíritu Santo
4. La Asunción de María
5. La Coronación de María

Salve Regina
Dios te salve, Reina y Madre
   de misericordia,
vida, dulzura y esperanza nuestra;
Dios te salve.
A ti llamamos los desterrados hijos
   de Eva;
a ti suspiramos, gimiendo y llorando
en este valle de lágrimas.
Ea, pues, Señora, abogada nuestra,
vuelve a nosotros esos tus
   ojos misericordiosos;
y después de este destierro,
   muéstranos a Jesús,
fruto bendito de tu vientre.
¡Oh, clementísima, oh piadosa, oh dulce
   Virgen María!

Rosary

Catholics pray the Rosary to honor Mary and remember the important events in the life of Jesus and Mary. There are twenty mysteries of the Rosary. Follow the steps from 1 to 5.

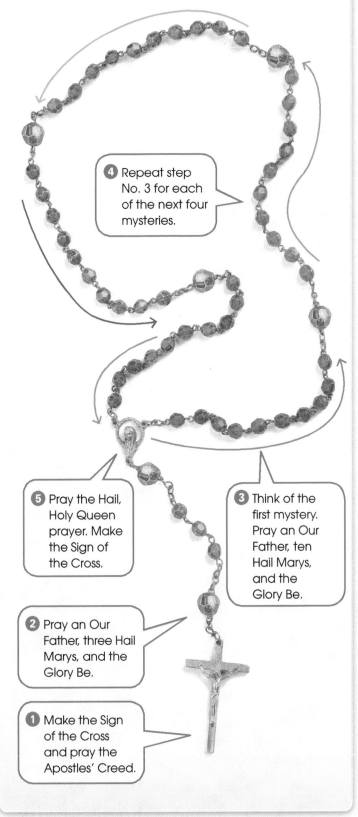

4 Repeat step No. 3 for each of the next four mysteries.

5 Pray the Hail, Holy Queen prayer. Make the Sign of the Cross.

3 Think of the first mystery. Pray an Our Father, ten Hail Marys, and the Glory Be.

2 Pray an Our Father, three Hail Marys, and the Glory Be.

1 Make the Sign of the Cross and pray the Apostles' Creed.

Joyful Mysteries

1. The Annunciation
2. The Visitation
3. The Nativity
4. The Presentation
5. The Finding of the Child Jesus After Three Days in the Temple

Mysteries of Light

1. The Baptism of Jesus in the Jordan River
2. The Miracle at Cana
3. The Proclamation of the Kingdom
4. The Transfiguration
5. The Institution of the Eucharist

Sorrowful Mysteries

1. The Agony in the Garden
2. The Scourging at the Pillar
3. The Crowning with Thorns
4. The Carrying of the Cross
5. The Crucifixion and Death

Glorious Mysteries

1. The Resurrection
2. The Ascension
3. The Descent of the Holy Spirit at Pentecost
4. The Assumption of Mary
5. The Crowning of the Blessed Virgin Mary as Queen of Heaven and Earth

Hail, Holy Queen

Hail, holy Queen, Mother of mercy:
hail, our life, our sweetness,
and our hope.
To you do we cry, poor banished children of Eve;
to you do we send up our sighs,
mourning and weeping
in this valley of tears.
Turn, then, most gracious advocate,
your eyes of mercy toward us;
and after this our exile
show unto us the blessed fruit
of your womb, Jesus.
O clement, O loving, O sweet
Virgin Mary.

Los Siete Sacramentos

Jesús le dio los Siete Sacramentos a la Iglesia. Los Siete Sacramentos son signos del amor de Dios por nosotros. Cuando celebramos los Sacramentos, Jesús está verdaderamente presente con nosotros. Compartimos la vida de la Santísima Trinidad.

Bautismo

Estamos unidos a Cristo. Nos hacemos miembros del Cuerpo de Cristo, la Iglesia.

Confirmación

El Espíritu Santo nos fortalece para vivir hijos de Dios.

Eucaristía

Recibimos el Cuerpo y la Sangre de Jesús.

Penitencia y Reconciliación

Recibimos de Dios el don de perdón y paz.

Unción de los Enfermos

Recibimos la fuerza sanadora de Dios cuando estamos enfermos, débiles por edad avanzada o moribundos.

Orden Sagrado

Se ordena un hombre bautizado para servir a la Iglesia como obispo, sacerdote o diácono.

Matrimonio

Un hombre bautizado y una mujer bautizada prometen amarse y respetarse como esposo y esposa para toda la vida. Prometen aceptar de Dios el don de los hijos.

The Seven Sacraments

Jesus gave the Church the Seven Sacraments. The Seven Sacraments are signs of God's love for us. When we celebrate the Sacraments, Jesus is really present with us. We share in the life of the Holy Trinity.

Baptism

We are joined to Christ. We become members of the Body of Christ, the Church.

Confirmation

The Holy Spirit strengthens us to live as children of God.

Eucharist

We receive the Body and Blood of Jesus.

Penance and Reconciliation

We receive God's gift of forgiveness and peace.

Anointing of the Sick

We receive God's healing strength when we are sick or dying, or weak because of old age.

Holy Orders

A baptized man is ordained to serve the Church as a bishop, priest, or deacon.

Matrimony

A baptized man and a baptized woman make a lifelong promise to love and respect each other as husband and wife. They promise to accept the gift of children from God.

Celebramos la Misa

Los Ritos Iniciales

Recordamos que somos la comunidad de la Iglesia.
Nos preparamos para escuchar la Palabra de Dios
y celebrar la Eucaristía.

La entrada

Nos ponemos de pie mientras el sacerdote, el diácono y otros ministros entran a la asamblea. Cantamos un canto de entrada. El sacerdote y el diácono besan el altar. Luego el sacerdote va hacia una silla, desde donde preside la celebración.

Saludo al altar y al pueblo congregado

El sacerdote nos guía para hacer la Señal de la Cruz. El sacerdote nos saluda y respondemos:

"Y con tu espíritu".

El Acto Penitencial

Admitimos nuestras culpas y clamamos a Dios por su misericordia.

El Gloria

Alabamos a Dios todo lo bueno que Él ha hecho por nosotros.

La colecta

El sacerdote nos guía para rezar la oración de colecta.
Respondemos: **"Amén"**.

We Celebrate the Mass

The Introductory Rites

We remember that we are the community
of the Church. We prepare to listen to the Word of God
and to celebrate the Eucharist.

The Entrance

We stand as the priest, deacon, and other ministers enter the assembly. We sing a gathering song. The priest and deacon kiss the altar. The priest then goes to the chair, where he presides over the celebration.

Greeting of the Altar and of the People Gathered

The priest leads us in praying the Sign of the Cross. The priest greets us, and we say,

"And with your spirit."

The Penitential Act

We admit our wrongdoings. We bless God for his mercy.

The Gloria

We praise God for all the good that he has done for us.

The Collect

The priest leads us in praying the Collect.
We respond, **"Amen."**

La Liturgia de la Palabra

Dios habla con nosotros hoy.
Escuchamos y respondemos a la Palabra de Dios.

La primera lectura de la Sagrada Escritura

Nos sentamos y escuchamos mientras el lector lee del Antiguo Testamento o de los Hechos de los Apóstoles. El lector termina diciendo: "Palabra de Dios". Respondemos:

"Te alabamos, Señor".

El Salmo Responsorial

El líder de canto nos guía para cantar un salmo.

La segunda lectura de la Sagrada Escritura

El lector lee del Nuevo Testamento pero no lee de los cuatro Evangelios. El lector termina diciendo: "Palabra de Dios". Respondemos:

"Te alabamos, Señor".

La aclamación

Nos ponemos de pie para honrar a Cristo, presente con nosotros en el Evangelio. El líder de canto nos guía para cantar el "**Aleluya**" u otra canción durante la Cuaresma.

El Evangelio

El diácono o el sacerdote proclama: "Lectura del santo Evangelio según san (nombre del escritor del Evangelio)". Respondemos:

"Gloria a ti, Señor".

Proclama el evangelio y al finalizar dice: "Palabra del Señor". Respondemos:

"Gloria a ti, Señor Jesús".

La homilía

Nos sentamos. El sacerdote o el diácono predica la homilía. Ayuda a que el pueblo entienda la Palabra de Dios oída en las lecturas.

La profesión de fe

Nos ponemos de pie y profesamos nuestra fe. Todos juntos rezamos el Credo de Nicea.

La Oración de los Fieles

El sacerdote nos guía para rezar por la Iglesia y sus líderes, por nuestro país y sus líderes, por nosotros y por los demás, por los enfermos y por quienes han muerto. Podemos responder a cada oración de diferentes maneras. Una manera de responder es:

"Te rogamos, Señor".

The Liturgy of the Word

God speaks to us today.
We listen and respond to God's Word.

The First Reading from Scripture

We sit and listen as the reader reads from the Old Testament or from the Acts of the Apostles. The reader concludes, "The word of the Lord." We respond,

"Thanks be to God."

The Responsorial Psalm

The song leader of cantor leads us in singing a psalm.

The Second Reading from Scripture

The reader reads from the New Testament, but not from the four Gospels. The reader concludes, "The word of the Lord." We respond,

"Thanks be to God."

The Acclamation

We stand to honor Christ, present with us in the Gospel. The song leader leads us in singing "**Alleluia, Alleluia, Alleluia,**" or another chant during Lent.

The Gospel

The deacon or priest proclaims, "A reading from the holy Gospel according to (name of Gospel writer)." We respond,

"Glory to you, O Lord."

He proclaims the Gospel. At the end he says, "The Gospel of the Lord."

We respond,

"Praise to you, Lord Jesus Christ."

The Homily

We sit. The priest or deacon preaches the homily. He helps the people gathered to understand the Word of God spoken to us in the readings.

The Profession of Faith

We stand and profess our faith.
We pray the Nicene Creed together.

The Prayer of the Faithful

The priest leads us in praying for our Church and her leaders, for our country and its leaders, for ourselves and others, for those who are sick and those who have died. We can respond to each prayer in several ways. One way that we respond is,

"Lord, hear our prayer."

La Liturgia Eucarística

Nos unimos a Jesús y al Espíritu Santo
para agradecer y alabar a Dios Padre.

La preparación de los dones

Nos sentamos mientras se prepara la mesa de altar y se recibe la colecta. Compartimos nuestras bendiciones con la comunidad de la Iglesia y en especial con los necesitados. El líder de canto puede guiarnos en una canción. Se llevan al altar los dones del pan y el vino.

El sacerdote alza el pan y bendice a Dios por todos nuestros dones. Reza: "Bendito seas, Señor Dios del universo…". Respondemos:

"Bendito seas por siempre, Señor".

El sacerdote alza la copa y reza: "Bendito seas, Señor Dios del universo…". Respondemos:

"Bendito seas por siempre, Señor".

El sacerdote nos invita:

"Oremos, hermanos,
para que este sacrificio, mío y suyo,
sea agradable a Dios, Padre todopoderoso".

Nos ponemos de pie y respondemos:

"El Señor reciba de tus manos este sacrificio,

**para alabanza y gloria de su nombre,
para nuestro bien
y el de toda su santa Iglesia".**

La Oración sobre las Ofrendas

El sacerdote nos guía para rezar la Oración sobre las Ofrendas.
Respondemos: **"Amen."**

The Liturgy of the Eucharist
We join with Jesus and the Holy Spirit
to give thanks and praise to God the Father.

The Preparation of the Gifts

We sit as the altar is prepared and the collection is taken up. We share our blessings with the community of the Church and especially with those in need. The song leader may lead us in singing a song. The gifts of bread and wine are brought to the altar.

The priest lifts up the bread and blesses God for all our gifts. He prays, "Blessed are you, Lord God of all creation . . ." We respond,

"Blessed be God for ever."

The priest lifts up the cup of wine and prays, "Blessed are you, Lord God of all creation . . . " We respond,

"Blessed be God for ever."

The priest invites us,
"Pray, brothers and sisters, that my sacrifice and yours may be acceptable to God, the almighty Father."

We stand and respond,
"May the Lord accept the sacrifice at your hands for the praise and glory of his name, for our good, and the good of all his holy Church."

The Prayer over the Offerings

The priest leads us in praying the Prayer over the Offerings.
We respond, "**Amen**."

Prefacio

El sacerdote nos invita a unirnos para rezar la importante oración de la Iglesia de alabanza y acción de gracias a Dios Padre.

Sacerdote: "El Señor esté con ustedes".

Asamblea: "Y con tu espíritu".

Sacerdote: "Levantemos el corazón".

Asamblea: "Lo tenemos levantado hacia el Señor".

Sacerdote: "Demos gracias al Señor, nuestro Dios".

Asamblea: "Es justo y necesario".

Después de que el sacerdote canta o reza en voz alta el prefacio, nos unimos para proclamar:

"Santo, santo, santo es el Señor, Dios del universo.
Llenos están el cielo y la tierra de tu gloria.
Hosanna en el cielo.
Bendito el que viene en el nombre del Señor.
Hosanna en el cielo."

La Plegaria Eucarística

El sacerdote guía a la asamblea para rezar la Plegaria Eucarística.

Rogamos al Espíritu Santo para que santifique nuestros dones del pan y el vino y los convierta en el Cuerpo y la Sangre de Jesús. Recordamos lo sucedió en la Última Cena. El pan y el vino se convierten en el Cuerpo y la Sangre del Señor. Jesús está verdadera y realmente presente bajo la apariencia del pan y el vino.

El sacerdote canta o reza en voz alta el "Misterio de la fe". Respondemos usando esta u otra aclamación de la Iglesia:

"Anunciamos tu muerte, proclamamos resurrección. ¡Ven, Señor Jesús!".

Luego el sacerdote reza por la Iglesia. Reza por los vivos y los muertos.

Doxología

El sacerdote termina de rezar la Plegaria Eucarística. Canta o reza en voz alta:

"Por Cristo, con él y en él, a ti, Dios Padre omnipotente, en la unidad del Espíritu Santo, todo honor y toda gloria por los siglos de los siglos".

Respondemos cantando: **"Amén"**.

Preface

The priest invites us to join in praying the Church's great prayer of praise and thanksgiving to God the Father.

Priest: "The Lord be with you."
Assembly: "And with your spirit."
Priest: "Lift up your hearts."
Assembly: "We lift them up to the Lord."
Priest: "Let us give thanks to the Lord our God."
Assembly: "It is right and just."

After the priest sings or prays aloud the Preface, we join in acclaiming,

"Holy, Holy, Holy Lord God of hosts.
Heaven and earth are full of your glory.
Hosanna in the highest.
Blessed is he who comes in the name of the Lord.
Hosanna in the highest."

The Eucharistic Prayer

The priest leads the assembly in praying the Eucharistic Prayer. We call on the Holy Spirit to make our gifts of bread and wine holy and that they become the Body and Blood of Jesus. We recall what happened at the Last Supper. The bread and wine become the Body and Blood of the Lord. Jesus is truly and really present under the appearances of bread and wine.

The priest sings or says aloud, "The mystery of faith." We respond using this or another acclamation used by the Church,

"We proclaim your Death, O Lord, and profess your Resurrection until you come again."

The priest then prays for the Church. He prays for the living and the dead.

Doxology

The priest concludes the praying of the Eucharistic Prayer. He sings or prays aloud,

"Through him, and with him, and in him,
O God, almighty Father,
in the unity of the Holy Spirit, all glory and honor is yours,
for ever and ever."

We respond by singing, **"Amen."**

El Rito de la Comunión

La Oración del Señor

Rezamos juntos el Padre Nuestro.

El Rito de la Paz

El sacerdote nos invita a compartir una señal de la paz diciendo: "La paz del Señor esté siempre con ustedes". Respondemos:

"Y con tu espíritu".

Compartimos una señal de la paz.

La Fracción del Pan

El sacerdote parte la hostia o pan consagrado. Cantamos o rezamos en voz alta:

"Cordero de Dios, que quitas el pecado del mundo, ten piedad de nosotros. Cordero de Dios, que quitas el pecado del mundo, ten piedad de nosotros. Cordero de Dios, que quitas el pecado del mundo, danos la paz."

Comunión

El sacerdote alza la hostia y dice en voz alta:

"Éste es el Cordero de Dios, que quita el pecado del mundo. Dichosos los invitados a la cena del Señor".

Nos unimos a él y decimos:

"Señor, no soy digno de que entres en mi casa, pero una palabra tuya bastará para sanarme".

El sacerdote recibe la Comunión. Luego, el diácono y los ministros extraordinarios de la Sagrada Comunión y los miembros de la asamblea reciben la Comunión.

El sacerdote, el diácono o el ministro extraordinario de la Sagrada Comunión alza la hostia. Nos inclinamos y el sacerdote, el diácono o el ministro extraordinario de la Sagrada Comunión dice: "El Cuerpo de Cristo". Respondemos: **"Amén"**. Entonces recibimos la hostia consagrada en nuestras manos o sobre la lengua.

Si nos corresponde recibir la Sangre de Cristo, el sacerdote, el diácono o el ministro extraordinario de la Sagrada Comunión alza la copa que contiene el vino consagrado. Nos inclinamos y el sacerdote, el diácono o el ministro extraordinario de la Sagrada Comunión dice: "La Sangre de Cristo". Respondemos: **"Amén"**. Tomamos la copa en las manos y bebemos de ella.

La Oración después de la Comunión

Nos ponemos de pie mientras el sacerdote nos invita a rezar, diciendo: "Oremos". Él reza la Oración después de la Comunión. Respondemos: **"Amen."**

The Communion Rite

The Lord's Prayer

We pray the Lord's Prayer together.

The Sign of Peace

The priest invites us to share a sign of peace, saying, "The peace of the Lord be with you always." We respond,

"And with your spirit."

We share a sign of peace.

The Fraction, or the Breaking of the Bread

The priest breaks the host, the consecrated bread. We sing or pray aloud,

"Lamb of God, you take away the sins of the world,
    have mercy on us.
Lamb of God, you take away the sins of the world,
    have mercy on us.
Lamb of God, you take away the sins of the world,
    grant us peace."

Communion

The priest raises the host and says aloud,

"Behold the Lamb of God,
behold him who takes away the
    sins of the world.
Blessed are those called to the
    supper of the Lamb."

We join with him and say,

"Lord, I am not worthy that you should enter under my roof, but only say the word and my soul shall be healed."

The priest receives Communion. Next, the deacon and the extraordinary ministers of Holy Communion and the members of the assembly receive Communion.

The priest, deacon, or extraordinary minister of Holy Communion holds up the host. We bow, and the priest, deacon, or extraordinary minister of Holy Communion says, "The Body of Christ." We respond, **"Amen."** We then receive the consecrated host in our hands or on our tongues.

If we are to receive the Blood of Christ, the priest, deacon, or extraordinary minister of Holy Communion holds up the cup containing the consecrated wine. We bow, and the priest, deacon, or extraordinary minister of Holy Communion says, "The Blood of Christ." We respond, **"Amen."** We take the cup in our hands and drink from it.

The Prayer after Communion

We stand as the priest invites us to pray, saying, "Let us pray." He prays the Prayer after Communion. We respond,

"Amen."

El Rito de Conclusión

Se nos envía a hacer buenas obras, alabando y bendiciendo al Señor.

Saludo

Nos ponemos de pie. El sacerdote nos saluda mientras nos preparamos para irnos. Dice: "El Señor esté con ustedes". Respondemos:

"Y con tu espíritu".

Bendición final

El sacerdote o el diácono puede invitarnos diciendo:

"Inclinen la cabeza y oren para recibir la bendición de Dios".

El sacerdote nos bendice diciendo:

"La bendición de Dios todopoderoso, Padre, Hijo y Espíritu Santo, descienda sobre ustedes".

Respondemos: **"Amén"**.

Despedida del pueblo

El sacerdote o el diácono nos despide, usando estas palabras u otras similares:

"Glorifiquen al Señor con su vida. Pueden ir en paz".

Respondemos:

"Demos gracias a Dios".

Cantamos un himno.

El sacerdote y el diácono besan el altar. El sacerdote, el diácono y los otros ministros se inclinan ante el altar y salen en procesión.

El Sacramento de la Penitencia y la Reconciliación

Rito individual

Saludo

Lectura de la Escritura

Confesión de los pecados y aceptación de la penitencia

Oración del Penitente

Absolución

Oración de cierre

Rito comunitario

Saludo

Lectura de la Escritura

Homilía

Examen de Conciencia, una Letanía de Contrición y el Padre Nuestro

Confesión individual y absolución

Oración de cierre

The Concluding Rites
We are sent forth to do good works,
praising and blessing the Lord.

Greeting
We stand. The priest greets us as we prepare to leave. He says, "The Lord be with you." We respond,
   "And with your spirit."

Final Blessing
The priest or deacon may invite us,
   "Bow down for the blessing."
The priest blesses us, saying,
   "May almighty God bless you:
   the Father, and the Son,
   and the Holy Spirit."
We respond, **"Amen**."

Dismissal of the People
The priest or deacon sends us forth, using these or similar words,
   "Go in peace, glorifying the Lord by your life."
We respond,
   "Thanks be to God."
We sing a hymn. The priest and the deacon kiss the altar. The priest, deacon, and other ministers bow to the altar and leave in procession.

The Sacrament of Penance and Reconciliation

Individual Rite
Greeting
Scripture Reading
Confession of Sins
   and Acceptance of Penance
Act of Contrition
Absolution
Closing Prayer

Communal Rite
Greeting
Scripture Reading
Homily
Examination of Conscience, a
   Litany of Contrition, and the
   Lord's Prayer
Individual Confession and Absolution
Closing Prayer

Enseñanzas clave de la Iglesia Católica

El Misterio de Dios

Revelación Divina

¿Quién soy?

Eres una persona creada por Dios. Dios quiere que vivas en amistad con Él aquí en la Tierra y en el Cielo para siempre.

¿Cómo sabemos esto acerca de nosotros mismos?

Dios conoce y ama a todas las personas. Dios también quiere que lo conozcas y lo ames. Dios nos habla acerca de nosotros. Dios también nos habla acerca de Él.

¿Cómo nos habló Dios?

Dios nos habla de muchas maneras. Primero, todas las cosas que Dios creó nos hablan de Él. Vemos la bondad y la belleza de Dios en la creación. Segundo, Dios vino a nosotros y nos habló acerca de sí mismo. Por sobre todo, nos habló cuando envió a su Hijo, Jesucristo. El Hijo de Dios se hizo como uno de nosotros y vivió entre nosotros. Él nos mostró quién es Dios.

¿Qué es la fe?

La fe es un don de Dios. Nos ayuda a conocer a Dios y a creer en Él.

¿Qué es un misterio de fe?

Nunca podremos saber un misterio de fe por completo. No podemos saber todo acerca de Dios. Solo sabemos quién es Dios porque Él nos habló acerca de Él mismo.

¿Qué es la Revelación Divina?

Dios quiere que lo conozcamos. La Revelación Divina es cómo Él se da a conocer a sí mismo. Dios nos ha hablado acerca de sí mismo y de su plan para nosotros. Él ha hecho esto para que podamos vivir en amistad con Él y con los demás para siempre.

¿Qué es la Sagrada Tradición?

La palabra *tradición* significa "transmitir". La Sagrada Tradición de la Iglesia nos transmite lo que Dios nos ha dicho. El Espíritu Santo guía a la Iglesia para hablarnos acerca de Dios.

Sagrada Escritura

¿Qué es la Sagrada Escritura?

La Sagrada Escritura significa "escritos santos". La Sagrada Escritura son los escritos que nos cuentan el relato de Dios.

¿Qué es la Biblia?

La Biblia es la Palabra de Dios. Es un libro sagrado. Los relatos de la Biblia nos enseñan acerca de Dios. La Biblia nos cuenta relatos acerca de Jesús. Cuando escuchas la Biblia, estás escuchando a Dios.

¿Qué significa decir que la Biblia fue inspirada?

Esto significa que el Espíritu Santo ayudó a personas a escribir acerca de Dios. El Espíritu Santo ayudó a los escritores a decir lo que Dios quiere que sepamos acerca de Él.

¿Qué es el Antiguo Testamento?

El Antiguo Testamento es la primera parte de la Biblia. Tiene cuarenta y seis libros. Fueron escritos antes del nacimiento de Jesús. El Antiguo Testamento nos cuenta el relato de la creación. Nos cuenta acerca de Adán y Eva. Nos cuenta acerca de la promesa, o Alianza, entre Dios y su pueblo.

¿Qué es la Alianza?

La Alianza es la promesa que Dios y su pueblo se hicieron libremente. La promesa de Dios es que siempre amará y será bondadoso con su pueblo.

Key Teachings of the Catholic Church

The Mystery of God

Divine Revelation

Who am I?

You are a person created by God. God wants you to live in friendship with him on Earth and forever in Heaven.

How do we know this about ourselves?

God knows and loves all people. God wants us to know and love him too. God tells us about ourselves. God also tells us about himself.

How did God tell us?

God tells us in many ways. First, all the things God has created tell us about him. We see God's goodness and beauty in creation. Second, God came to us and he told us about himself. He told us the most when he sent his Son, Jesus Christ. God's Son became one of us and lived among us. He showed us who God is.

What is faith?

Faith is a gift from God. It helps us to know and to believe in God.

What is a mystery of faith?

A mystery of faith can never be known completely. We cannot know everything about God. We only know who God is because he told us about himself.

What is Divine Revelation?

God wants us to know about him. Divine Revelation is how he freely makes himself known to us. God has told us about himself and his plan for us. He has done this so that we can live in friendship with him and with one another forever.

What is Sacred Tradition?

The word *tradition* means "to pass on." The Church's Sacred Tradition passes on what God has told us. The Holy Spirit guides the Church to tell us about God.

Sacred Scripture

What is Sacred Scripture?

Sacred Scripture means "holy writings." Sacred Scripture are writings that tell God's story.

What is the Bible?

The Bible is God's Word. It is a holy book. The stories in the Bible teach about God. The Bible tells the stories about Jesus. When you listen to the Bible, you are listening to God.

What does it mean to say that the Bible is inspired?

This means that the Holy Spirit helped people write about God. The Holy Spirit helped the writers tell what God wants us to know about him.

What is the Old Testament?

The Old Testament is the first part of the Bible. It has forty-six books. They were written before the birth of Jesus. The Old Testament tells the story of creation. It tells about Adam and Eve. It tells about the promise, or Covenant, between God and his people.

What is the Covenant?

The Covenant is the promise that God and his people freely made. It is God's promise always to love and be kind to his people.

¿Qué son los escritos de los profetas?

Dios eligió a personas para que hablaran en su nombre. A estas personas las llamaban profetas. Leemos el mensaje de los profetas en la Biblia. Los profetas le recuerdan al pueblo de Dios que Él es fiel. Le recuerdan al pueblo de Dios que deben ser fieles a la Alianza.

¿Qué es el Nuevo Testamento?

El Nuevo Testamento es la segunda parte de la Biblia. Tiene veintisiete libros. Estos libros fueron inspirados por el Espíritu Santo. Fueron escritos en la época de los Apóstoles. Nos hablan acerca de Jesucristo. Nos cuentan acerca de su obra de salvación.

¿Qué son los Evangelios?

Los Evangelios son los cuatro libros al comienzo del Nuevo Testamento. Nos cuentan la historia de Jesús y sus enseñanzas. Los cuatro Evangelios son Mateo, Marcos, Lucas y Juan.

¿Qué son las cartas de San Pablo?

Las cartas de San Pablo están en el Nuevo Testamento. Las cartas nos enseñan acerca de la Iglesia. Nos explican cómo seguir a Jesús. Algunas de estas cartas se escribieron antes que los Evangelios.

La Santísima Trinidad

¿Quién es el Misterio de la Santísima Trinidad?

La Santísima Trinidad es el misterio de Un Dios en Tres Personas: Dios Padre, Dios Hijo y Dios Espíritu Santo.

¿Quién es Dios Padre?

Dios Padre es la Primera Persona de la Santísima Trinidad.

¿Quién es Dios Hijo?

Jesucristo es Dios Hijo. Él es la Segunda Persona de la Santísima Trinidad. Dios Padre envió a su Hijo a ser como uno de nosotros y a vivir entre nosotros.

¿Quién es Dios Espíritu Santo?

El Espíritu Santo es la Tercera Persona de la Santísima Trinidad. Dios nos envía al Espíritu Santo para ayudarnos a conocer mejor a Dios y a amarlo. El Espíritu Santo nos ayuda a vivir como hijos de Dios.

Obra divina de la Creación

¿Qué quiere decir llamar a Dios el Creador?

Dios es el Creador. Él nos hizo a todos y a todas las cosas por amor. Él nos ha creado a todos y a todas las cosas sin ninguna ayuda.

¿Quiénes son los ángeles?

Los ángeles son seres espirituales. Ellos no tienen un cuerpo como nosotros. Los ángeles glorifican a Dios en todo momento. A veces sirven a Dios llevando su mensaje a las personas.

¿Por qué son especiales los seres humanos?

Dios crea a cada ser humano a su imagen y semejanza. Dios comparte su vida con nosotros. Dios quiere que seamos felices con Él para siempre.

¿Qué es el alma?

El alma es la parte espiritual de una persona. El alma nunca muere. Es una parte de nosotros que vive para siempre. Lleva la imagen de Dios.

¿Qué es el libre albedrío?

El libre albedrío es el poder que Dios nos da de elegir entre el bien y el mal. El libre albedrío nos da el poder de dirigirnos a Dios.

What are the writings of the prophets?

God chose people to speak in his name. These people are called the prophets. We read the message of the prophets in the Bible. The prophets remind God's people that God is faithful. They remind God's people to be faithful to the Covenant.

What is the New Testament?

The New Testament is the second part of the Bible. It has twenty-seven books. These books were inspired by the Holy Spirit. They were written during the time of the Apostles. They are about Jesus Christ. They tell about his saving work.

What are the Gospels?

The Gospels are the four books at the beginning of the New Testament. They tell the story of Jesus and his teachings. The four Gospels are Matthew, Mark, Luke, and John.

What are the letters of Saint Paul?

The letters of Saint Paul are in the New Testament. The letters teach about the Church. They tell how to follow Jesus. Some of these letters were written before the Gospels.

The Holy Trinity

Who is the Mystery of the Holy Trinity?

The Holy Trinity is the mystery of One God in Three Persons—God the Father, God the Son, and God the Holy Spirit.

Who is God the Father?

God the Father is the First Person of the Holy Trinity.

Who is God the Son?

God the Son is Jesus Christ. He is the Second Person of the Holy Trinity. God the Father sent his Son to be one of us and live with us.

Who is God the Holy Spirit?

The Holy Spirit is the Third Person of the Holy Trinity. God sends us the Holy Spirit to help us to know and love God better. The Holy Spirit helps us live as children of God.

Divine Work of Creation

What does it mean to call God the Creator?

God is the Creator. He has made everyone and everything out of love. He has created everyone and everything without any help.

Who are angels?

Angels are spiritual beings. They do not have bodies like we do. Angels give glory to God at all times. They sometimes serve God by bringing his message to people.

Why are human beings special?

God creates every human being in his image and likeness. God shares his life with us. God wants us to be happy with him forever.

What is the soul?

The soul is the spiritual part of a person. The soul will never die. It is the part of us that lives forever. It bears the image of God.

What is free will?

Free will is the power God gives us to choose between good and evil. Free will gives us the power to turn toward God.

¿Qué es el Pecado Original?

El Pecado Original es el pecado de Adán y Eva. Ellos eligieron desobedecer a Dios. Como resultado del Pecado Original, la muerte, el pecado y el sufrimiento llegaron al mundo.

Jesucristo, Hijo de Dios, Hijo de María

¿Qué es la Anunciación?

En la Anunciación el ángel Gabriel visitó a María. El ángel tenía un mensaje para ella. Dios la había elegido para ser la Madre de su Hijo, Jesús.

¿Qué es la Encarnación?

La Encarnación es el hecho de que el Hijo de Dios se hace hombre sin dejar de ser Dios. Jesucristo es verdadero Dios y verdadero hombre.

¿Qué significa que Jesús es el Señor?

La palabra *señor* significa "amo o soberano". Cuando llamamos "Señor" a Jesús, queremos decir que Jesús es verdaderamente Dios.

¿Qué es el Misterio Pascual?

El Misterio Pascual es la Pasión, Muerte, Resurrección y Ascensión de Jesucristo. Jesús pasó de la muerte a una vida nueva y gloriosa.

¿Qué es la Salvación?

La palabra *salvación* significa "salvar". Significa salvar a todas las personas del pecado y de la muerte por medio de Jesucristo.

¿Qué es la Resurrección?

La Resurrección es el hecho de que Dios hace volver a Jesús de entre los muertos a una nueva vida.

¿Qué es la Ascensión?

La Ascensión es el regreso del Cristo Resucitado a su Padre en el Cielo.

¿Qué significa la Segunda Venida de Cristo?

Cristo vendrá nuevamente en su gloria al final de los tiempos. Esto es la Segunda Venida de Cristo. Él juzgará a los vivos y a los muertos. Es el cumplimiento del plan de Dios.

¿Qué significa que Jesús es el Mesías?

La palabra *mesías* significa "ungido". Él es el Mesías. Dios prometió enviar al Mesías para salvar a su pueblo. Jesús es el Salvador del mundo.

El Misterio de la Iglesia

¿Qué es la Iglesia?

La palabra *iglesia* significa "los llamados a reunirse". La Iglesia es el Cuerpo de Cristo. Es el nuevo Pueblo de Dios.

¿Qué hace la Iglesia?

La Iglesia le lleva a todas las personas la Buena Nueva de Jesucristo. La Iglesia invita a todas las personas a conocer, amar y servir a Jesús.

¿Qué es el Cuerpo de Cristo?

La Iglesia es el Cuerpo de Cristo en la Tierra. Jesucristo es la Cabeza de la Iglesia y todas las personas bautizadas son los miembros.

¿Quiénes son Pueblo de Dios?

La Iglesia es el Pueblo de Dios. Dios invita a las personas a pertenecer al Pueblo de Dios. El Pueblo de Dios vive como una familia en Dios.

¿Qué es la Comunión de los Santos?

La Comunión de los Santos son las personas santas que forman parte de la Iglesia. Son los fieles seguidores de Jesús en la Tierra. Son aquellos que han muerto y que están purificándose. También son aquellos que han muerto y que son felices para siempre con Dios en el Cielo.

What is Original Sin?

Original Sin is the sin of Adam and Eve. They chose to disobey God. As a result of Original Sin, death, sin, and suffering came into the world.

Jesus Christ, Son of God, Son of Mary

What is the Annunciation?

At the Annunciation the angel Gabriel came to Mary. The angel had a message for her. God had chosen her to be the Mother of his Son, Jesus.

What is the Incarnation?

The Incarnation is the Son of God becoming a man and still being God. Jesus Christ is true God and true man.

What does it mean that Jesus is Lord?

The word *lord* means "master or ruler." When we call Jesus "Lord," we mean that he is truly God.

What is the Paschal Mystery?

The Paschal Mystery is the Passion, Death, Resurrection, and Ascension of Jesus Christ. Jesus passed over from death into new and glorious life.

What is Salvation?

The word *salvation* means "to save." It is the saving of all people from sin and death through Jesus Christ.

What is the Resurrection?

The Resurrection is God's raising Jesus from the dead to new life.

What is the Ascension?

The Ascension is the return of the Risen Jesus to his Father in Heaven.

What is the Second Coming of Christ?

Christ will come again in glory at the end of time. This is the Second Coming of Christ. He will judge the living and the dead. This is the fulfillment of God's plan.

What does it mean that Jesus is the Messiah?

The word *messiah* means "anointed one." He is the Messiah. God promised to send the Messiah to save all people. Jesus is the Savior of the world.

The Mystery of the Church

What is the Church?

The word *church* means "those who are called together." The Church is the Body of Christ. It is the new People of God.

What does the Church do?

The Church tells all people the Good News of Jesus Christ. The Church invites all people to know, love, and serve Jesus.

What is the Body of Christ?

The Church is the Body of Christ on Earth. Jesus Christ is the Head of the Church and all baptized people are its members.

Who are the People of God?

The Church is the People of God. God invites all people to belong to the People of God. The People of God live as one family in God.

What is the Communion of Saints?

The Communion of Saints is all of the holy people that make up the Church. It is the faithful followers of Jesus on Earth. It is those who have died who are still becoming holier. It is also those who have died and are happy forever with God in Heaven.

¿Cuáles son los Atributos de la Iglesia?

Existen cuatro maneras principales de describir a la Iglesia. Las llamamos los Cuatro Atributos de la Iglesia. La Iglesia es una, santa, católica y apostólica.

¿Quiénes son los Apóstoles?

Los Apóstoles son los discípulos que Jesús eligió. Él los envió a predicar el Evangelio a todo el mundo en su nombre. Algunos de ellos fueron Pedro, Andrés, Santiago y Juan.

¿Qué es Pentecostés?

Pentecostés es el día en que Espíritu Santo descendió a los discípulos de Jesús. Esto sucedió cincuenta días después de la Resurrección. Ese día comenzó la obra de la Iglesia.

¿Quiénes son el clero?

El clero son los obispos, sacerdotes y diáconos. Ellos recibieron el Sacramento del Orden Sagrado. Ellos sirven a toda la Iglesia.

¿Cuál es el trabajo del Papa?

Jesucristo es la verdadera Cabeza de la Iglesia. El Papa y los obispos guían a la Iglesia en su nombre. El Papa es el obispo de Roma. Él es el sucesor de San Pedro Apóstol, el primer Papa. El Papa mantiene la unidad de la Iglesia. El Espíritu Santo guía al Papa cuando trata cuestiones de fe y de lo que creen los católicos.

¿Cuál es el trabajo de los obispos?

Los obispos son los sucesores de los otros Apóstoles. Ellos enseñan y guían a la Iglesia en las diócesis. El Espíritu Santo siempre guía al Papa y a todos los obispos. Él los guía cuando toman decisiones importantes.

¿Qué es la vida religiosa?

Algunos hombres y mujeres quieres seguir a Jesús de una manera especial. Ellos eligen la vida religiosa. Ellos prometen no casarse. Dedican toda su vida a hacer la obra de Jesús. Ellos prometen llevar vidas santas. Prometen vivir con sencillez. Comparten lo que tienen con los demás. Viven juntos en grupos y prometen obedecer las reglas de su comunidad. Pueden llevar vidas simples de oración, o enseñar, o cuidar de los pobres o los enfermos.

¿Quiénes son los laicos?

Muchas personas no reciben el Sacramento del Orden Sagrado. Muchos de ellos no son miembros de ninguna comunidad religiosa. Ellos son los laicos. Los laicos siguen a Cristo cada día con lo que hacen y lo que dicen.

La Santísima Virgen María

¿Quién es María?

Dios eligió a María para ser la madre de su único Hijo, Jesús. María es la Madre de Dios. Ella es la Madre de Jesús. Ella es la Madre de la Iglesia. María es la Santa más importante.

¿Qué es la Inmaculada Concepción?

Desde el primer momento de su existencia, María fue preservada del pecado. Dios le concedió esta gracia especial durante toda su vida. Llamamos a esta gracia la Inmaculada Concepción.

¿Qué es la Asunción de María?

Al final de su vida en la Tierra, la Santísima Virgen María fue llevada en cuerpo y alma al Cielo. María escucha nuestras oraciones. Ella le dice a su Hijo lo que necesitamos. Ella nos recuérda la vida que todos esperamos compartir cuando Cristo, su Hijo, venga de nuevo en su gloria.

What are the Marks of the Church?

There are four main ways to describe the Church. We call these the four Marks of the Church. The Church is one, holy, catholic, and apostolic.

Who are the Apostles?

The Apostles were the disciples who Jesus chose. He sent them to preach the Gospel to the whole world in his name. Some of their names are Peter, Andrew, James, and John.

What is Pentecost?

Pentecost is the day the Holy Spirit came to the disciples of Jesus. This happened fifty days after the Resurrection. The work of the Church began on this day.

Who are the clergy?

The clergy are bishops, priests, and deacons. They have received the Sacrament of Holy Orders. They serve the whole Church.

What is the work of the Pope?

Jesus Christ is the true Head of the Church. The Pope and the bishops lead the Church in his name. The Pope is the bishop of Rome. He is the successor to Saint Peter the Apostle, the first Pope. The Pope brings the Church together. The Holy Spirit guides the Pope when he speaks about faith and about what Catholics believe.

What is the work of the bishops?

The other bishops are the successors of the other Apostles. They teach and lead the Church in their dioceses. The Holy Spirit always guides the Pope and all of the bishops. He guides them when they make important decisions.

What is religious life?

Some men and women want to follow Jesus in a special way. They choose the religious life. They promise not to marry. They dedicate their whole lives to doing Jesus' work. They promise to live holy lives. They promise to live simply. They share what they have with others. They live together in groups and they promise to obey the rules of their community. They may lead quiet lives of prayer, or teach, or take care of people who are sick or poor.

Who are lay people?

Many people do not receive the Sacrament of Holy Orders. Many are not members of a religious community. These are lay people. Lay people follow Christ every day by what they do and say.

The Blessed Virgin Mary

Who is Mary?

God chose Mary to be the mother of his only Son, Jesus. Mary is the Mother of God. She is the Mother of Jesus. She is the Mother of the Church. Mary is the greatest Saint.

What is the Immaculate Conception?

From the first moment of her being, Mary was preserved from sin. This special grace from God continued throughout her whole life. We call this the Immaculate Conception.

What is the Assumption of Mary?

At the end of her life on Earth, the Blessed Virgin Mary was taken body and soul into Heaven. Mary hears our prayers. She tells her Son what we need. She reminds us of the life that we all hope to share when Christ, her Son, comes again in glory.

¿Qué es la vida eterna?

La vida eterna es la vida después de la muerte. Al morir, el alma deja el cuerpo y pasa a la vida eterna.

¿Qué es el Cielo?

El Cielo es vivir con Dios y con María y con todos los Santos en felicidad para siempre después de la muerte.

¿Qué es el Reino de Dios?

Al Reino de Dios también se los llama el Reino de los Cielos. Es todas las personas y la creación viviendo en amistad con Dios.

¿Qué es el Purgatorio?

El Purgatorio es la oportunidad de crecer en nuestro amor por Dios después de la muerte para que podamos vivir para siempre en el Cielo.

¿Qué es el infierno?

El infierno es vivir apartados de Dios y de los Santos para siempre después de la muerte.

Celebración de la vida y el misterio cristianos

La liturgia y el culto

¿Qué es el culto?

El culto es la alabanza que dirigimos a Dios. La Iglesia adora a Dios en la liturgia.

¿Qué es la liturgia?

La liturgia es el culto de Dios de la Iglesia. Es la obra del Cuerpo de Cristo. Cristo está presente por el poder del Espíritu Santo.

¿Qué es el año litúrgico?

El año litúrgico es el nombre de los tiempos y días festivos que forman un año en el culto de la Iglesia. Los tiempos más importantes del año eclesiástico son Adviento, Navidad, Cuaresma y Pascua. El Triduo son los tres días santos justo antes de la Pascua. Al resto del año litúrgico se lo llama Tiempo Ordinario.

Los Sacramentos

¿Qué son los Sacramentos?

Los Sacramentos son los siete signos del amor de Dios por nosotros y que Jesús dio a la Iglesia. Compartimos el amor de Dios cuando celebramos los Sacramentos.

¿Cuáles son los Sacramentos de la Iniciación Cristiana?

Los Sacramentos de la Iniciación Cristiana son el Bautismo, la Confirmación y la Eucaristía.

¿Qué es el Sacramento del Bautismo?

El Bautismo nos une a Cristo. Nos hace miembros de la Iglesia. Recibimos el don del Espíritu Santo. Se nos perdonan el Pecado Original y nuestros pecados personales. A través del Bautismo, pertenecemos a Cristo.

¿Qué es el Sacramento de la Confirmación?

En la Confirmación recibimos el don del Espíritu Santo. El Espíritu Santo nos fortalece para vivir nuestro Bautismo.

¿Qué es el Sacramento de la Eucaristía?

En la Eucaristía, nos unimos a Cristo. Agradecemos, honramos y glorificamos a Dios Padre. A través del poder del Espíritu Santo, el pan y el vino se convierten en el Cuerpo y la Sangre de Jesucristo.

Life Everlasting

What is eternal life?

Eternal life is life after death. At death the soul leaves the body. It passes into eternal life.

What is Heaven?

Heaven is living with God and with Mary and all the Saints in happiness forever after we die.

What is the Kingdom of God?

The Kingdom of God is also called the Kingdom of Heaven. It is all people and creation living in friendship with God.

What is Purgatory?

Purgatory is the chance to grow in love for God after we die so we can live forever in Heaven.

What is Hell?

Hell is life away from God and the Saints forever after death.

Celebration of the Christian Life and Mystery

Liturgy and Worship

What is worship?

Worship is the praise we give God. The Church worships God in the liturgy.

What is liturgy?

The liturgy is the Church's worship of God. It is the work of the Body of Christ. Christ is present by the power of the Holy Spirit.

What is the liturgical year?

The liturgical year is the name of the seasons and feasts that make up the Church's year of worship. The main seasons of the Church year are Advent, Christmas, Lent, and Easter. The Triduum is the three holy days just before Easter. The rest of the liturgical year is called Ordinary Time.

The Sacraments

What are the sacraments?

The Sacraments are the seven signs of God's love for us that Jesus gave the Church. We share in God's love when we celebrate the Sacraments.

What are the Sacraments of Christian Initiation?

The Sacraments of Christian Initiation are Baptism, Confirmation, and Eucharist.

What is the Sacrament of Baptism?

Baptism joins us to Christ. It makes us members of the Church. We receive the gift of the Holy Spirit. Original Sin and our personal sins are forgiven. Through Baptism, we belong to Christ.

What is the Sacrament of Confirmation?

At Confirmation we receive the gift of the Holy Spirit. The Holy Spirit strengthens us to live our Baptism.

What is the Sacrament of Eucharist?

In the Eucharist, we join with Christ. We give thanksgiving, honor, and glory to God the Father. Through the power of the Holy Spirit, the bread and wine become the Body and Blood of Jesus Christ.

¿Por qué debemos participar en la Misa del domingo?

Los católicos participan en la Eucaristía los domingos y los días de precepto. El domingo es el Día del Señor. Para los cristianos es necesario participar en la Misa y recibir la Sagrada Comunión, el Cuerpo y la Sangre de Cristo.

¿Qué es la Misa?

La Misa es la celebración más importante de la Iglesia. En la Misa adoramos a Dios. Escuchamos la Palabra de Dios. Celebramos y participamos de la Eucaristía.

¿Qué son los Sacramentos de Curación?

Los dos Sacramentos de Curación son el Sacramento de la Penitencia y de la Reconciliación, y el Sacramento de la Unción de los Enfermos.

¿Qué es la confesión?

La confesión es contarle nuestros pecados a un sacerdote en el Sacramento de la Penitencia. La confesión es otro nombre del Sacramento de la Penitencia.

¿Qué es la contrición?

La contrición es estar verdaderamente arrepentidos de nuestros pecados. Queremos reparar el daño que causaron nuestros pecados. No queremos pecar nuevamente.

¿Qué es la penitencia?

La penitencia es una oración o un acto de bondad. La penitencia que hacemos muestra que estamos verdaderamente arrepentidos de nuestros pecados. El sacerdote nos da una penitencia para reparar el daño que causó nuestro pecado.

¿Qué es la absolución?

La absolución es el perdón de nuestros pecados, otorgado por Dios, a través de las palabras y las acciones del sacerdote.

¿Qué es el Sacramento de la Unción de los Enfermos?

El Sacramento de la Unción de los Enfermos es uno de los dos Sacramentos de Curación. Las personas muy enfermas, ancianas o moribundas reciben este Sacramento. Este sacramento ayuda a fortalecer nuestra fe y confianza en Dios.

¿Cuáles son los Sacramentos al Servicio de la Comunidad?

El Orden Sagrado y el Matrimonio son los dos Sacramentos al Servicio de la Comunidad. Las personas que reciben estos Sacramentos sirven a Dios.

¿Qué es el Sacramento del Orden Sagrado?

En este Sacramento, los hombres bautizados se consagran como obispos, sacerdotes o diáconos. Ellos sirven a toda la Iglesia. Sirven en el nombre y persona de Cristo.

¿Quién es un obispo?

Un obispo es un sacerdote. Él recibe la plenitud del Sacramento del Orden Sagrado. Es un sucesor de los Apóstoles. Él guía y sirve a la diócesis. Enseña y dirige el culto en el nombre de Jesús.

¿Quién es un sacerdote?

Un sacerdote es un hombre bautizado que recibe el Sacramento del Orden Sagrado. Los sacerdotes trabajan con sus obispos. El sacerdote enseña sobre la fe católica. Él celebra la Misa. Los sacerdotes ayudan a guiar la Iglesia.

¿Quién es un diácono?

Un diácono se ordena para ayudar a los obispos y los sacerdotes. Él no es un sacerdote. Se ordenó para servir a la Iglesia.

Why do we have to participate at Sunday Mass?

Catholics participate in the Eucharist on Sundays and holy days of obligation. Sunday is the Lord's Day. Participating at the Mass, and receiving Holy Communion, the Body and Blood of Christ, when we are old enough, are necessary for Christians.

What is the Mass?

The Mass is the main celebration of the Church. At Mass we worship God. We listen to God's Word. We celebrate and share in the Eucharist.

What are the Sacraments of Healing?

The two Sacraments of Healing are the Sacrament of Penance and Reconciliation and the Sacrament of the Anointing of the Sick.

What is confession?

Confession is telling our sins to a priest in the Sacrament of Penance. Confession is another name for the Sacrament of Penance.

What is contrition?

Contrition is being truly sorry for our sins. We want to make up for the hurt our sins have caused. We do not want to sin again.

What is penance?

A penance is a prayer or act of kindness. The penance we do shows that we are truly sorry for our sins. The priest gives us a penance to help repair the hurt caused by our sin.

What is absolution?

Absolution is the forgiveness of sins by God through the words and actions of the priest.

What is the Sacrament of the Anointing of the Sick?

The Sacrament of the Anointing of the Sick is one of the two Sacraments of Healing. We receive this Sacrament when we are very sick, old, or dying. This Sacrament helps make our faith and trust in God strong.

What are the Sacraments at the Service of Communion?

Holy Orders and Matrimony, or Marriage, are the two Sacraments at the Service of Communion. People who receive these Sacraments serve God.

What is the Sacrament of Holy Orders?

In this Sacrament, baptized men are consecrated as bishops, priests, or deacons. They serve the whole Church. They serve in the name and person of Christ.

Who is a bishop?

A bishop is a priest. He receives the fullness of the Sacrament of Holy Orders. He is a successor to the Apostles. He leads and serves in a diocese. He teaches and leads worship in the name of Jesus.

Who is a priest?

A priest is a baptized man who receives the Sacrament of Holy Orders. Priests work with their bishops. The priest teaches about the Catholic faith. He celebrates Mass. Priests help to guide the Church.

Who is a deacon?

A deacon is ordained to help bishops and priests. He is not a priest. He is ordained to serve the Church.

¿Qué es el Sacramento del Matrimonio?

En el Sacramento del Matrimonio, un hombre bautizado y una mujer bautizada se hacen una promesa para toda la vida. Ellos prometen servir a la Iglesia como una pareja casada. Prometen amarse mutuamente. Ellos muestran el amor de Cristo a los demás.

¿Qué son los sacramentales de la Iglesia?

Los sacramentales son objetos y bendiciones que usa la Iglesia. Nos ayudan a adorar a Dios.

Vida en el Espíritu

La vida moral

¿Por qué nos creó Dios?

Dios nos creó para honrarlo y glorificarlo. Dios nos creó para vivir una vida de bendición con Él, aquí en la Tierra y para siempre en el Cielo.

¿Qué significa vivir una vida moral?

Dios quiere que seamos felices. Él nos da el don de su gracia. Cuando aceptamos el don de Dios al vivir de la manera en que Jesús nos enseñó, vivimos con moralidad.

¿Qué es el Gran Mandamiento?

Jesús nos enseñó a amar a Dios por sobre todas las cosas. Él nos enseñó a amar a nuestro prójimo como a nosotros mismos. Este es el camino a la felicidad.

¿Cuáles son los Diez Mandamientos?

Los Diez Mandamientos son las leyes que Dios le dio a Moisés. Nos enseñan a vivir como el pueblo de Dios. Nos enseñan a amar a Dios, a los demás y a nosotros mismos.

Los Mandamientos están escritos en el corazón de todas las personas.

¿Qué son las Bienaventuranzas?

Las Bienaventuranzas son las enseñanzas de Jesús. Nos enseñan qué es la verdadera felicidad. Las Bienaventuranzas nos cuentan acerca del Reino de Dios. Nos ayudan a vivir como seguidores de Jesús. Nos ayudan a mantener nuestra vida centrada en Dios.

¿Qué son las Obras de Misericordia?

El amor y la bondad de Dios obran en el mundo. Esto es la misericordia. Las obras de misericordia humanas son actos de caridad y bondad. Le tendemos la mano a las personas. Los ayudamos cuando tienen necesidades corporales y espirituales.

¿Qué son los preceptos de la Iglesia?

Los preceptos de la Iglesia son cinco reglas. Estas reglas nos ayudan a adorar a Dios y a crecer en amor por Dios y por nuestro prójimo.

Santidad de vida y gracia

¿Qué es la santidad?

La santidad es la vida con Dios. Las personas santas tienen una buena relación con Dios, con las personas y con toda la creación.

¿Qué es la gracia?

La gracia es el don de Dios de compartir su vida y su amor con nosotros.

¿Qué es la gracia santificante?

La gracia santificante es la gracia que recibimos en el Bautismo. Es un don de Dios concedido libremente y dado por el Espíritu Santo.

What is the Sacrament of Matrimony?

In the Sacrament of Matrimony, or Marriage, a baptized man and a baptized woman make a lifelong promise. They promise to serve the Church as a married couple. They promise to love each other. They show Christ's love to others.

What are the sacramentals of the Church?

Sacramentals are objects and blessings the Church uses. They help us worship God.

Life in the Spirit

The Moral Life

Why did God create us?

God created us to give honor and glory to him. God created us to live a life of blessing with him here on Earth and forever in Heaven.

What does it mean to live a moral life?

God wants us to be happy. He gives us the gift of his grace. When we accept God's gift by living the way Jesus taught us, we are being moral.

What is the Great Commandment?

Jesus taught us to love God above all else. He taught us to love our neighbor as ourselves. This is the path to happiness.

What are the Ten Commandments?

The Ten Commandments are the laws that God gave Moses. They teach us to live as God's people. They teach us to love God, others, and ourselves. The Commandments are written on the hearts of all people.

What are the Beatitudes?

The Beatitudes are teachings of Jesus. They tell us what real happiness is. The Beatitudes tell us about the Kingdom of God. They help us live as followers of Jesus. They help us keep God at the center of our lives.

What are the Works of Mercy?

God's love and kindness is at work in the world. This is what mercy is. Human works of mercy are acts of loving kindness. We reach out to people. We help them with what they need for their bodies and their spirits.

What are the precepts of the Church?

The precepts of the Church are five rules. These rules help us worship God and grow in love of God and our neighbor.

Holiness of Life and Grace

What is holiness?

Holiness is life with God. Holy people are in the right relationship with God, with people, and with all of creation.

What is grace?

Grace is the gift of God sharing of his life and love with us.

What is sanctifying grace?

Sanctifying grace is the grace we receive at Baptism. It is a free gift of God, given by the Holy Spirit.

¿Cuáles son los Dones del Espíritu Santo?

Los siete Dones del Espíritu Santo nos ayudan a vivir nuestro Bautismo. Ellos son: sabiduría, entendimiento, consejo, valor, ciencia, reverencia y admiración y veneración.

Las virtudes

¿Qué son las virtudes?

Las virtudes son poderes o hábitos espirituales. Las virtudes nos ayudan a hacer el bien.

¿Cuáles son las virtudes más importantes?

Las virtudes más importantes son las tres virtudes de la fe, la esperanza y el amor. Estas virtudes son dones de Dios. Nos ayudan a mantener nuestra vida centrada en Dios.

¿Qué es la conciencia?

Cada persona tiene una conciencia. Es un don que Dios da a cada persona. Nos ayuda a saber y a juzgar lo que está bien y lo que está mal. Nuestra conciencia nos mueve a hacer el bien y a evitar el mal.

El mal y el pecado

¿Qué es el mal?

El mal es el daño que elegimos hacernos unos a otros y a la creación de Dios.

¿Qué es la tentación?

Las tentaciones son sentimientos, personas y cosas que tratan de alejarnos del amor de Dios y de vivir una vida santa.

¿Qué es el pecado?

El pecado es la elección de hacer o decir libremente algo que sabemos que Dios no quiere que hagamos o digamos.

¿Qué es el pecado mortal?

Un pecado mortal es hacer o decir algo muy malo a propósito. Un pecado mortal está en contra de lo que Dios quiere que hagamos o digamos. Cuando cometemos un pecado mortal, perdemos la gracia santificante.

¿Qué son los pecados veniales?

Los pecados veniales son pecados menos graves que los pecados mortales. Debilitan nuestro amor por Dios y por los demás. Reducen nuestra santidad.

Oración cristiana

¿Qué es la oración?

La oración es hablar con Dios y escucharlo. Cuando rezamos, elevamos nuestra mente y nuestro corazón a Dios Padre, Dios Hijo y Dios Espíritu Santo.

¿Qué es el Padre Nuestro?

La Oración del Señor, o el Padre Nuestro, es la oración de todos los cristianos. Jesús enseñó el Padre Nuestro a sus discípulos. Jesús le dio esta oración a la Iglesia. Cuando rezamos el Padre Nuestro, nos acercamos a Dios y a Jesucristo, su Hijo. El Padre Nuestro nos ayuda a ser como Jesús.

¿Qué formas de oración hay?

Algunas forma de oración usan palabras que se dicen en voz alta o en silencio en nuestro corazón. Algunas oraciones silenciosas usan nuestra imaginación para acercarnos a Dios. Otra forma de oración silenciosa es simplemente estar con Dios.

What are the Gifts of the Holy Spirit?

The seven Gifts of the Holy Spirit help us to live our Baptism. They are wisdom, understanding, right judgment, courage, knowledge, reverence, and wonder and awe.

The Virtues

What are the virtues?

The virtues are spiritual powers or habits. The virtues help us to do what is good.

What are the most important virtues?

The most important virtues are the three virtues of faith, hope, and love. These virtues are gifts from God. They help us keep God at the center of our lives.

What is conscience?

Every person has a conscience. It is a gift God gives to every person. It helps us know and judge what is right and what is wrong. Our consciences move us to do good and avoid evil.

Evil and Sin

What is evil?

Evil is the harm we choose to do to one another and to God's creation.

What is temptation?

Temptations are feelings, people, and things that try to get us to turn away from God's love and not live a holy life.

What is sin?

Sin is freely choosing to do or say something that we know God does not want us to do or say.

What is mortal sin?

A mortal sin is doing or saying something on purpose that is very bad. A mortal sin is against what God wants us to do or say. When we commit a mortal sin, we lose sanctifying grace.

What are venial sins?

Venial sins are sins that are less serious than mortal sins. They weaken our love for God and for one another. They make us less holy.

Christian Prayer

What is prayer?

Prayer is talking to and listening to God. When we pray, we raise our minds and hearts to God the Father, Son, and Holy Spirit.

What is the Our Father?

The Lord's Prayer, or Our Father, is the prayer of all Christians. Jesus taught his disciples the Our Father. Jesus gave this prayer to the Church. When we pray the Our Father, we come closer to God and to his Son, Jesus Christ. The Our Father helps us become like Jesus.

What kinds of prayer are there?

Some kinds of prayer use words that we say aloud or quietly in our hearts. Some silent prayers use our imagination to bring us closer to God. Another silent prayer is simply being with God.

Glosario

admiración
[página 54]

_____

- -

La _____ es un don de Dios que nos ayuda saber cuán bueno es Él.

adorar
[página 336]

_____

- -

_____ a Dios es amar y honrar a Dios por sobre todas las personas y sobre todas las cosas.

ángeles
[página 98]

_____

- -

Los _____ son los mensajeros y los ayudantes de Dios.

año eclesiástico
[página 172]

_____

- -

El _____ se compone de cuatro tiempos principales. Estos son: Adviento, Navidad, Cuaresma y Pascua.

Bautismo
[página 188]

_____

- -

El _____ es el primer Sacramento que celebramos. En el Bautismo, recibimos el don de Dios de la vida y nos hacemos miembros de la Iglesia.

benignidad
[página 38]

Compartimos nuestras cosas con los demás. Les _____

- -

mostramos nuestra _____.

Biblia
[página 24]

_____

- - - - - - - - - - - - - - - -

La _____ es la Palabra de Dios escrita.

bondad
[página 202]

_____

- -

La _____ es un signo de que vivimos nuestro Bautismo. Cuando somos buenos con las personas, honramos a Dios.

caridad
[página 424]

_____

- -

La _____ es amar a los
demás como Dios nos ama a nosotros.

católicos
[página 146]

_____

- -

Los _____ son
seguidores de Jesús y miembros de la Iglesia Católica.

ciencia
[página 334]

_____

- -

El don de la _____
nos ayuda a conocer las reglas de Dios y a seguirlas.

comunidad
[página 368]

_____

- -

Una _____ es un grupo
de personas que se respetan y se cuidan unas a otras.

consejo
[página 128]

_____

- -

El _____ es otra palabra
para describir la ayuda que nos da un buen maestro.
El consejo es un don del Espíritu Santo.

Creador
[página 56]

_____

- -

Dios es el _____. Él creó
desde el amor y sin ninguna ayuda.

creer
[página 40]

_____

- -

_____ significa que tenemos
fe en Dios.

cristianos
[página 320]

_____

- -

Los _____
creen en Jesucristo y viven como Él les enseñó.

cruz
[página 114]

Jesús murió en una _____
para que podamos vivir en el Cielo para siempre.

Diez Mandamientos
[página 336]

Los _____ son las diez leyes que Dios nos
ha dado para ayudarnos a vivir como hijos de Dios.

discípulos
[página 114]

Los _____ son los seguidores
de Jesús.

entendimiento
[página 318]

Dios Espíritu Santo nos da el don del _____ .
Los relatos de la Biblia nos ayudan a entender el amor que
Dios siente por nosotros.

esperanza
[página 112]

La virtud de la _____
nos ayuda a recordar que un día viviremos en plena
felicidad con Dios en el Cielo para siempre.

Espíritu Santo
[página 130]

El _____ es la Tercera Persona
de la Santísima Trinidad.

Eucaristía
[página 278]

La _____ es el Sacramento en el que
recibimos el Cuerpo y la Sangre de Cristo.

Evangelio
[página 204]

El _____ es la Buena Nueva que
Jesús nos dijo acerca del amor de Dios.

fe
[página 40]

La _____ es un don de Dios. Nos ayuda a conocer a Dios y a creer en Él.

fidelidad
[página 218]

Los padres demuestran _____ cuando aman y cuidan de sus hijos.

fiel
[página 22]

Los buenos amigos de Jesús son _____ es a Él. Son leales a Él.

Galilea
[página 294]

_____ fue uno de los lugares más importantes donde Jesús enseñó y ayudó a las personas.

gloria
[página 410]

_____ es otra palabra para alabanza.

gozo
[página 392]

Vivimos con _____ cuando reconocemos que la felicidad verdadera viene de conocer a Jesús y seguirlo.

Gran Mandamiento
[página 368]

El _____ es amar a Dios por sobre todas las cosas y amar a los demás como a nosotros mismos.

Hijo de Dios
[página 72]

Jesús es el _____ .

hijos de Dios
[página 410]

_____

- - - - - - - - - - - - - - - - - - -

Todas las personas son _____,
creados a imagen de Dios.

honrar
[página 352]

_____

- - - - - - - - - - - - - - - -

Nosotros _____ a las personas
cuando las tratamos con mucho respeto.

hospitalidad
[página 186]

_____

- -

Demostramos _____
cuando recibimos a los demás como hijos de Dios.

humildad
[página 440]

_____

- - - - - - - - - - - - - - - - -

La _____ nos ayuda a saber
que todas las cosas buenas vienen de Dios.

Iglesia
[página 146]

_____

- -

La _____ es
el Pueblo de Dios que cree en Jesús y vive como sus
seguidores.

imagen de Dios
[página 56]

_____

- - - - - - - - - - - - - - - - - - -

Somos creados a _____ .

justicia
[página 366]

_____

- - - - - - - - - - - - - - - -

Practicamos la _____ cuando
tratamos a las personas de manera imparcial.

longanimidad
[página 70]

_____

- - - - - - - - - - - - - - - -

Vivimos la virtud de la _____
tratando a los demás como queremos que nos traten
a nosotros.

mansedumbre
[página 408]

Las personas gentiles actúan con calma. Tratan

_____

- -

a todas las personas con _____ .

Matrimonio
[página 220]

_____

- -

El _____ es la promesa entre
un hombre y una mujer de amarse para toda la vida y de
vivir como una familia. El Matrimonio es el Sacramento
que los católicos celebran cuando se casan.

milagro
[página 294]

_____

- -

Un _____ es algo que solo
Dios puede hacer. Es un signo del amor de Dios.

Misa
[página 278]

_____

- -

La _____ es la celebración
más importante de la Iglesia.

oración
[página 246]

_____

- -

La _____ es escuchar
a Dios y hablar con Él.

paciencia
[página 244]

_____

- -

Actuamos con _____ cuando
escuchamos atentamente a los demás.

Padre Nuestro
[página 442]

_____

- -

El _____ es la
oración que Jesús le enseñó a sus discípulos.

parábola
[página 426]

_____

- -

Jesús solía contar una _____
para ayudar a las personas a conocer mejor a Dios y
a amarlo.

Pascua
[página 172]

La _____ es el tiempo en el que celebramos que Jesús resucitó.

paz
[página 260]

Vivimos como mediadores de _____ cuando perdonamos a quienes nos han herido.

pecado
[página 262]

El _____ es la elección de hacer o decir algo que sabemos que está en contra las Leyes de Dios.

perseverancia
[página 276]

La _____ nos ayuda a vivir nuestra fe aun cuando es difícil.

prudencia
[página 170]

La _____ nos ayuda a pedir consejo a otros cuando tomamos decisiones importantes.

Reino de Dios
[página 394]

El _____ es el Cielo. El Cielo es la felicidad con Dios para siempre.

respeto
[página 352]

Mostramos _____ por los demás cuando los amamos porque son hijos de Dios.

Resurrección
[página 114]

Llamamos _____ al momento cuando Dios hace volver a Jesús de entre los muertos a una nueva vida.

reverencia

[página 144]

Mostramos _____
por los demás cuando los honramos y los tratamos
con mucho respecto.

sabiduría

[página 292]

La _____ nos
ayuda a saber lo que Dios quiere que hagamos. Nos
ayuda a vivir una vida santa.

Sacramentos

[página 188]

Los _____ son los siete signos
del amor de Dios y las celebraciones que Jesús le dio
a la Iglesia.

Sagrada Familia

[página 72]

La _____ es la
familia de Jesús, María y José.

Santísima Trinidad

[página 130]

La _____ es un Dios
en Tres Personas Divinas: Dios Padre, Dios Hijo y
Dios Espíritu Santo.

templanza

[página 350]

La _____ nos ayuda a
saber la diferencia entre lo que necesitamos y lo que
tan solo queremos tener.

valor

[página 96]

La virtud del _____ nos
ayuda a confiar en Dios y a vivir nuestra fe.

Glossary

angels
[page 99]

_____

- - - - - - - - - - - - - - - - - -

_____ are God's messengers and helpers.

Baptism
[page 189]

_____

- - - - - - - - - - - - - - - - - -

_____ is the first Sacrament that we celebrate. In Baptism, we receive the gift of God's life and become members of the Church.

believe
[page 41]

_____

- - - - - - - - - - - - - - - - - -

To _____ means to have faith in God.

Bible
[page 25]

_____

- - - - - - - - - - - - - - - - - -

The _____ is the written Word of God.

Catholics
[page 147]

_____

- - - - - - - - - - - - - - - - - -

_____ are followers of Jesus and members of the Catholic Church.

charity
[page 425]

_____

- - - - - - - - - - - - - - - - - -

_____ is loving others as God loves us.

children of God
[page 411]

_____

- - - - - - - - - - - - - - - - - -

All people are _____, created in God's image.

Christians
[page 321]

_____

- - - - - - - - - - - - - - - - - -

_____ believe in Jesus Christ and live as he taught.

Church
[page 147]

The _____ is the People of God who believe in Jesus and live as his followers.

Church's year
[page 173]

The _____ is made up of four main seasons. They are Advent, Christmas, Lent, and Easter.

community
[page 369]

A _____ is a group of people who respect and care for one another.

counsel
[page 129]

_____ is another word for the help that a good teacher gives us. Counsel is a gift of the Holy Spirit.

courage
[page 97]

The virtue of _____ helps us to trust in God and live our faith.

Creator
[page 57]

God is the _____. He created out of love and without any help.

cross
[page 115]

Jesus died on a _____ so that we could live forever in Heaven.

disciples
[page 115]

_____ are followers of Jesus.

Easter
[page 173]

_____
- -
_____ is the season when
we celebrate that Jesus is risen.

Eucharist
[page 279]

_____
- -
The _____
is the Sacrament in which we receive the Body and
Blood of Christ.

faith
[page 41]

_____
- - - - - - - - - - - - - - - - - - -
_____ is a gift from God. It
helps us to know God and to believe in him.

faithful
[page 23]

_____
- - - - - - - - - - - - - - - - - - - -
Good friends of Jesus are _____
to him. They are loyal to him.

fidelity
[page 219]

_____
- -
Parents demonstrate _____
when they love and care for their children.

Galilee
[page 295]

_____
- -
_____ was one of the
main places where Jesus taught and helped people.

generosity
[page 39]

We share our things with others. We show
_____
- -
_____ to them.

gentleness
[page 409]

Gentle people act calmly. They treat all people
_____
- -
with _____.

glory
[page 411]

_____

- - - - - - - - - - - - - - - - -

_____ is another word for praise.

goodness
[page 203]

_____

- -

_____ is a sign
that we are living our Baptism. When we are
good to people, we honor God.

Gospel
[page 205]

_____

- -

The _____ is the
Good News that Jesus told us about God's love.

**Great
Commandment**
[page 369]

_____

- -

The _____
is to love God above all else and to love others as
we love ourselves.

Holy Family
[page 73]

_____

- -

The _____
is the family of Jesus, Mary, and Joseph.

Holy Spirit
[page 131]

_____

- -

The _____
is the Third Person of the Holy Trinity.

Holy Trinity
[page 131]

_____

- -

The _____
is One God in Three Divine Persons—God the
Father, God the Son, and God the Holy Spirit.

honor
[page 353]

_____

- -

We _____ people
when we treat them with great respect.

hope
[page 113]

_____

- - - - - - - - - - - - - - - - - - - -

The virtue of _____ helps
us to remember that one day we may live in
happiness with God forever in Heaven.

hospitality
[page 187]

_____

- - - - - - - - - - - - - - - - - - - -

We demonstrate _____
when we welcome others as God's children.

humility
[page 441]

_____

- - - - - - - - - - - - - - - - - - - -

_____ helps us
know that all good things come from God.

image of God
[page 57]

_____

- - - - - - - - - - - - - - - - - - - -

We are created in the _____ .

joy
[page 393]

_____

- - - - - - - - - - - - - - - - - - - -

We live with _____ when
we recognize that true happiness comes from
knowing and following Jesus.

justice
[page 367]

_____

- - - - - - - - - - - - - - - - - - - -

We practice _____
when we treat people fairly.

kindness
[page 71]

_____

- - - - - - - - - - - - - - - - - - - -

We live the virtue of _____
by treating others as we want to be treated.

Kingdom of God
[page 395]

_____

- - - - - - - - - - - - - - - - - - - -

The _____ is
Heaven. Heaven is happiness with God forever.

knowledge
[page 335]

marriage
[page 221]

Mass
[page 279]

Matrimony
[page 221]

miracle
[page 295]

Our Father
[page 443]

parable
[page 426]

patience
[page 245]

The gift of _____ helps you to know and to follow God's rules.

A _____ is the lifelong promise of love made by a man and a woman to live as a family.

The _____ is the most important celebration of the Church.

_____ is the Sacrament that Catholics celebrate when they marry.

A _____ is something only God can do. It is a sign of God's love.

The _____ is the prayer Jesus taught his disciples.

Jesus often told a _____ to help people to know and love God better.

We act with _____ when we listen carefully to others.

peace
[page 261]

_____

- -

We live as _____ makers when we forgive those who have hurt us.

perseverance
[page 277]

_____

- -

_____ helps us to live our faith when it is difficult.

prayer
[page 247]

_____

- -

_____ is listening and talking to God.

prudence
[page 171]

_____

- - - - - - - - - - - - - - - - - - - -

_____ helps us ask advice from others when making important decisions.

respect
[page 353]

_____

- - - - - - - - - - - - - - - - - - - -

We show people _____ when we love them because they are children of God.

Resurrection
[page 115]

God's raising Jesus from the dead to new life is _____

- -

called the _____.

reverence
[page 144]

_____

- -

We show _____ to others when we honor them and give them great respect.

Sacraments
[page 188]

_____

- -

The _____ are the seven signs and celebrations of God's love that Jesus gave the Church.

sin
[page 263]

_____

- - - - - - - - - - - - - - - - - - -

_____ is choosing to do or say something that we know is against God's Laws.

Son of God
[page 73]

_____

- -

Jesus is the _____.

temperance
[page 351]

_____

- -

_____ helps us to know the difference between what we need and what we just want to have.

Ten Commandments
[page 337]

_____

- -

The _____ are the ten laws that God has given us to help us live as children of God.

understanding
[page 319]

God the Holy Spirit gives us the gift of _____

- -

_____. Stories in the Bible help us understand God's love for us.

wisdom
[page 293]

_____

- - - - - - - - - - - - - - - - - - -

_____ helps us to know what God wants us to do. It helps us to live a holy life.

wonder
[page 55]

_____

- -

_____ is a gift from God to help us know how good He is.

worship
[page 337]

_____

- - - - - - - - - - - - - - - -

We _____ God when we love and honor God more than anyone and anything else.

Índice

Index

Créditos

Credits

Cover Illustration: Marcia Adams Ho

PHOTO CREDITS

Frontmatter: Page 11, © Laurence Monneret/Getty Images; 13, © Ladushka/Shutterstock.
Chapter 1: Page 21, © Andersen Ross; 33, © Ken Seet/Corbis; 35, © Ocean/Corbis.
Chapter 2: Page 37, © Fever Images/Jupiterimages; 51, © Asia Images Group Pte Ltd/Alamy.
Chapter 3: Page 59, © Dmitriy Shironosov/Shutterstock.com; 67, © Jupiterimages.
Chapter 4: Page 77, © Bounce/Getty Images; 77, © Design Pics Inc./Alamy; 77, © Fuse/Getty Images; 83, © Design Pics Inc./Alamy.
Chapter 5: Page 95, © Roger Cracknell 01/classic/Alamy; 101, © LWA/Jay Newman/Jupiterimages; 103, © Jupiterimages; 107, © Plush Studios/Jupiterimages; 109, © Design Pics/Kristy-Anne Glubish/Getty Images.
Chapter 6: Page 113, © AFP/Getty Images; 115, © Bill Wittman; 123, © Jose Luis Pelaez Inc/Jupiterimages; 125, © kali9/iStockphoto.
Chapter 7: Page 127, iofoto/Shutterstock; 129, © The Crosiers/Gene Plaisted, OSC; 133, © Tischenko Irina/Shutterstock; 135, © Fuse/Jupiterimages; 135, © Bruce Forster/Getty Images; 135, © Fuse/Jupiterimages; 139, © Bill Wittman; 141, © Blend Images/Alamy.
Chapter 8: Page 151, © Paul Haring/Catholic News Service; 155, © Design Pics/Don Hammond/Jupiterimages; 157, © Blend Images/Alamy; 163, © Michael McGrath / © Bee Still Studio, www.beestill.com, 410.398.3057.
Chapter 9: Page 169, © Dorling Kindersley/Jupiterimages; 181, © Tetra Images/Jupiterimages; 183, © AFP/Getty Images.
Chapter 10: Page 189, © Dmitry Naumov/Shutterstock; 191, © Bill Wittman; 193, © Ted Foxx/Alamy; 199, © a la france/Alamy.
Chapter 11: Page 207, © Tim Graham/Getty Images; 215, © Michael Hitoshi/Jupiterimages.
Chapter 12: Page 217, © OJO Images/Jupiterimages; 219, © Jose Luis Pelaez Inc/Jupiterimages; 219, © Fancy/Veer/Corbis; 221, © Jupiterimages; 221, © Monkey Business Images/Shutterstock; 229, © Fuse/Jupiterimages; 231, © Purestock/Getty Images; 237, © Francisco Castillo.
Chapter 13: Page 247, © Brand X Pictures/Jupiterimages; 255, © The Crosiers/Gene Plaisted, OSC; 257, © Fuse/Jupiterimages.
Chapter 14: Page 261, © AFP/Getty Images; 267, © Steve Gorton/Getty Images; 271, © Myrleen Ferguson Cate/Photo Edit; 273, © moodboard/Alamy.
Chapter 15: Page 275, © SW Productions/Jupiterimages; 277, © Design Pics Inc./Alamy; 287, © Stockbyte/Jupiterimages; 289, © Bill Wittman.
Chapter 16: Page 291, © Juice Images/Jupiterimages; 293, © CRS; 293, © Jim Stipe/CRS; 293, © Jim Stipe/CRS; 299, © Ariel Skelley/Jupiterimages; 299, © SW Productions/Jupiterimages; 299, © Andersen Ross/Jupiterimages; 303, © Design Pics Inc./Alamy; 305, © Juice Images/Alamy.
Chapter 17: Page 317, © Danita Delimont/Alamy; 329, © Inspirestock Inc./Alamy; 331, © Tony Freeman/Photo Edit.

Chapter 18: Page 335, © 501room/Shutterstock; 335, © Ritu Manoj Jethani/Shutterstock; 335, © Neil Jacobs/Getty Images; 337, © sonya etchison/Shutterstock; 339, © Colorblind/Jupiterimages; 339, © George Doyle/Jupiterimages; 339, © Daniel Pangbourne/Jupiterimages; 345, © Stockbyte/Jupiterimages; 347, © Jupiterimages.
Chapter 19: Page 349, ©Monkey Business Images/Shutterstock; 351, © Tony Freeman/Photo Edit; 353, © Karl Kost/Alamy; 353, © SW Productions/Getty Images; 361, © Paul Burns/Jupiterimages; 363, © BananaStock/Jupiterimages.
Chapter 20: Page 365, © Zigy Kaluzny/Getty Images; 369, © Fuse/Jupiterimages; 369, © Tom Merton/Jupiterimages; 369, © Colin Hawkins/Jupiterimages; 371, © AP Photo; 377, © Brand X Pictures/Jupiterimages; 379, © Ocean/Corbis; 385, © AP Photo.
Chapter 21: Page 391, © Stockbyte/Getty Images; 393, © Photograph courtesy of the Pontifical Mission Societies; 393, © taelove7/Shutterstock; 399, © Dmitriy Shironosov/Shutterstock; 399, © GlowImage/Alamy; 399, © Blend Images/Alamy; 403, © Digital Vision/Jupiterimages; 405, © Michael Newman/Photo Edit.
Chapter 22: Page 409, © William Thomas Cain/Getty Images; 413, © Thomas M Perkins/Shutterstock; 413, © laszlo a. lim/Shutterstock; 419, © Zdorov Kirill Vladimirovich/Shutterstock; 421, © Dave & Les Jacobs/Jupiterimages.
Chapter 23: Page 435, © Bill Wittman 437, © Design Pics/SW Productions/Jupiterimages.
Chapter 24: Page 439, © Image Source/Jupiterimages; 441, © Jean-Claude FRANCOLON/Gamma-Rapho via Getty Images; 441, © Luciano Mortula/Shutterstock; 447, © Peter Zander/Getty Images; 451, © ONOKY - Photononstop/Alamy; 453, © Jupiterimages.
Liturgical Seasons: Page 461, © Design Pics Inc./Alamy; 463, © Chris Salvo/Getty Images; 463, © sodapix sodapix/Getty Images; 463, © ATTILA KISBENEDEK/AFP/Getty Images; 463, © The Crosiers/Gene Plaisted, OSC; 463, © ClassicStock/Alamy; 465, © Stockbyte/Jupiterimages; 465, © The Crosiers/Gene Plaisted, OSC; 465, © The Crosiers/Gene Plaisted, OSC; 465, © The Crosiers/Gene Plaisted, OSC; 469, © McPHOTO/SHU; 473, © The Crosiers/Gene Plaisted, OSC; 477, © The Crosiers/Gene Plaisted, OSC; 481, © Serp/Shutterstock; 481, © Cathy Baxter/Private Collection/The Bridgeman Art Library; 483, © Spencer Grant/Photo Edit; 485, © The Crosiers/Gene Plaisted, OSC; 489, © The Crosiers/Gene Plaisted, OSC; 493, © AP Photo/The Miami Herald, Walter Michot; 493, © Amanda Brown/Star Ledger/Corbis; 497, © Dejan Ristovski/Getty Images; 501, © asharkyu/Shutterstock; 501, © Bill Wittman; 501, © The Crosiers/Gene Plaisted, OSC; 505, © Bill Wittman; 509, © The Crosiers/Gene Plaisted, OSC; 509, © Bill Wittman; 513, © Ocean/Corbis; 513, © Bill Wittman; 513, © Cornelia Doerr/Getty Images; 517, © The Crosiers/

Gene Plaisted, OSC; 521, © The Crosiers/Gene Plaisted, OSC; 521, © Stephanie Neal Photography/Getty Images.
Backmatter: Page 525, © Fuse/Jupiterimages; 529, © Blend Images/Alamy; 535, © Bill Wittman; 537, © Bill Wittman; 539, © Bill Wittman; 541, © Bill Wittman; 543, © Bill Wittman; 545, © Bill Wittman; 549, © Bill Wittman.

ILLUSTRATION CREDITS
Listed from Top to Bottom; Left to Right
Frontmatter: Page 15,
Chapter 1: Page 23, Q2A Media; 27–29 Julia Woolf
Chapter 2: Page 39, Q2A Media; 41, Julia Woolf; 43, Q2A Media; 45, Q2A Media; 49, Q2A Media.
Chapter 3: Page 53, Q2A Media; 55, Kristin Sorra; 57, Q2A Media; 63, Q2A Media; 65, Q2A Media.
Chapter 4: Page 69, Julia Woolf; 71, Q2A Media; 73, Julia Woolf; 75, Julia Woolf; 81, Q2A Media.
Chapter 5: Page 97, Q2A Media; 99, Julia Woolf.
Chapter 6: Page 111, Julia Woolf; 117–119, Julia Woolf.
Chapter 7: Page 129, Q2A Media; 133, Q2A Media.
Chapter 8: Page 143, Q2A Media; 145, Q2A Media; 147, Julia Woolf; 151, Q2A Media.
Chapter 9: Page 171, Q2A Media; 173, Q2A Media; 175, Q2A Media; 177, Q2A Media; 179, Q2A Media.
Chapter 10: Page 185, Julia Woolf; 187, Q2A Media; 191, Q2A Media.
Chapter 11: Page 201, Julia Woolf; 203, Q2A Media; 205, Julia Woolf; 209, Q2A Media; 211, Q2A Media; 213, Q2A Media.
Chapter 12: Page 223, Q2A Media; 225, Julia Woolf.
Chapter 13: Page 245, Q2A Media; 249, Q2A Media; 251, Q2A Media.
Chapter 14: Page 259, Sole Otero; 263, Q2A Media; 265, Q2A Media; 269, Q2A Media.
Chapter 15: Page 279, Q2A Media; 283, Julia Woolf.
Chapter 16: Page 295, Lyn Boyer; 297, Julia Woolf.
Chapter 17: Page 319, Q2A Media; 323–5, Julia Woolf.
Chapter 18: Page 333, Ivanke and Lola; 341, Q2A Media.
Chapter 19: Page 355, Q2A Media; 357, Rémy Simard.
Chapter 20: Page 367, Colleen Madden; 371, Q2A Media; 373, Q2A Media.
Chapter 21: Page 395, Kristin Sorra; 397, Julia Woolf.
Chapter 22: Page 407, Julia Woolf; 411, Q2A Media.
Chapter 23: Page 423, Julia Woolf; 425, Q2A Media; 427, Q2A Media; 429, Julia Woolf; 431, Rémy Simard.
Chapter 24: Page 443, Q2A Media.
Liturgical Seasons: 479, Pamela Becker; 499, Ivanke and Lola; 523, Ivanke and Lola.